经济匡时·上财名家思想录

The New Economy Revolution

新经济革命

互联网时代的商业基因

劳帼龄　著

上海财经大学出版社

本书由上海财经大学资助出版

图书在版编目(CIP)数据

新经济革命:互联网时代的商业基因/劳帼龄著.—上海:上海财经大学出版社,2018.3

(经济匡时·上财名家思想录)

ISBN 978-7-5642-2983-2/F·2983

Ⅰ.①新… Ⅱ.①劳… Ⅲ.①电子商务 Ⅳ.①F713.36

中国版本图书馆 CIP 数据核字(2018)第 048665 号

□ 责任编辑 陈 明

□ 装帧设计 张克瑶

XINJINGJI GEMING

新经济革命

——互联网时代的商业基因

劳帼龄 著

上海财经大学出版社出版发行

(上海市中山北一路 369 号 邮编 200083)

网 址:http://www.sufep.com

电子邮箱:webmaster @ sufep.com

全国新华书店经销

上海华教印务有限公司印刷装订

2018 年 3 月第 1 版 2018 年 3 月第 1 次印刷

710mm×960mm 1/16 22.75 印张 291 千字

定价:49.00 元

总 序

2017年11月，时值上海财经大学的百年校庆，我校决定出版《经济匡时·上财名家思想录》系列丛书，将上海财经大学几位学者近几年接受媒体采访、在媒体上发表的评论等汇编成书。

作为中国办学历史最悠久的高等财经学府，上海财经大学长期以来以富民强国、推动人类文明进步为价值追求，始终秉持“厚德博学，经济匡时”之校训，扎根中国大地办大学，有着丰厚的思想积淀。新中国成立后我校首任校长、著名经济学者孙冶方倡导知行合一、推动经济研究与经济工作的密切结合，他要求上海财经大学的师生“走出校门到实践中再学习”；改革开放后，复校后的第一任校长姚耐“一切为了建设祖国”的题词，激励我们继续践行理论联系实际的办学思想，主动对接国家和上海重大战略。经过几代人的艰苦创业和努力奋斗，上海财经大学已成为一所以经济管理学科为主，经、管、法、文、理协调发展的多科性重点大学。百年来薪火相传，上财人励精图治、奋发进取，为国家经济和社会发展输送了数以万计的财经管理和相关专业人才。学校正在为成为国际知名具有鲜明财经特色的高水平研究型大学而努力。

清华大学的老校长梅贻琦说过这样一句话：“所谓大学者，非谓有大楼之谓也，有大师之谓也。"大学不仅仅应拥有一流的硬件，还更需要有一流的学者。同时，作为大学精神的精髓，学者的责任和担当不仅仅是教书育人和科学研究，还应走出象牙塔，参与、关注和服务社会，为民族复兴、国家强盛负起责任、贡献才智、担当中坚。因此，欲成为一所国际知名大学，就要求我校学者不仅能伏案疾书做研究，还要关注时事、与时俱进、理论联系实际，以学术人的学理和思想关注、思考、讨论和引导社会，以学术能力和成果服务社会，当好"智囊团"和"思想库"，为国家经济建设和社会发展提供强大的智力支持。

现如今大众媒体的影响力已经无所不在。随着信息化的日益发展，更是使其传播速度与规模如虎添翼。因此，学术成果的传播也需要与时俱进，借助电视、电台等媒体途径传播新知、分享学者独到的学术思想，将最前沿的学术动态传播到社会。

我们欣喜地看到，在人才荟萃的上海财经大学，近年来已经涌现出多位勇于发声的资深教授。庄子云："且夫水之积也不厚，则其负大舟也无力；风之积也不厚，则其负大翼也无力。"这些"大舟"和"大翼"之所以能破浪乘风，是靠他们长期积累形成的深广学问大海和辽阔学问天空的有力托举。长期以来，学校诸多学者的学说思想和观点熏陶我们，其治学路径和方法启迪我们。更难能可贵的是，他们以雅俗共赏的语言、权威性与前卫性并重的原则，通过媒体的形式为广大群众带来了精神食粮与思想冲击，展示学术人的学术信念与追求、学术立场与态度、学术人格与勇气、学术知识与能力、学术成果与成就。例如，在自贸区建设、上海未来 30 年城市发展、"营改增"政策、房地产新政、宏观经济预测、财政透明度等领域，上海财经大学的学者们基于长期潜心研究，提出了富有洞察力的见解，利国利民，在资政启民方面都起了重要的作用。

总之，上海财经大学学者们在媒体访谈和评论文章中展示出的独到的思想、理性的解读以及专业化的讲解是我们编辑这套丛书的期望。为了使上海财经大学的学者们过去在媒体发表的零散的言论更加系统化和便于阅读，故此次将其转换为文字整理成书,以更加清晰地进行梳理归类,供渴求知识的广大读者参考学习,共享上海财经大学宝贵的精神财富。于是,《经济匡时·上财名家思想录》系列丛书应运而生,汇聚了各位学者在电视、报刊、网络、电台等公开媒体上精彩的时事热点评论、研究成果与见解。媒体涵盖了中央电视台、上海电视台、凤凰卫视、东方卫视、第一财经等电视媒体;《人民日报》《光明日报》《中国社会科学报》《解放日报》《文汇报》等报纸媒体;人民网、新华网等网络媒体;中央人民广播电台、上海人民广播电台等电台媒体。在本套丛书中,学者们将宣秉铎之声,铸弘人之道,展示给读者的是与众不同的功力和气象。相信上海财经大学的学者们定能以广博的学识、儒雅的风度令广大读者耳目一新、受益匪浅。

上海财经大学党委书记　丛树海 教授
2018 年 4 月

序

时光飞梭，自 1997 年完成论文《论网络经济时代的电子商务及对企业的影响》起，笔者浸润互联网电商领域已逾 20 年了。在这 20 多年里，互联网时代的商业基因逐步根植于企业、社会的各个领域，新经济革命的浪潮势不可挡。

现在做电商研究的大有人在，但在千禧年前就投入电商研究的，确实不多，而且那时做电商研究绝对是需要学校大力支持的。幸运的是，笔者于 1999 年被学校委派赴中国香港从事电子商务研究，又于 2000 年应中国香港俅槎基金邀请再次赴港从事电子商务研究，因此接触到了全球最早的电子商务著作和学者；于 1999 年以最早的电商学者身份参与教育部电子商务专业的筹备工作，见证了这一新专业的诞生；于 1999 年下半年在上海财经大学开始着手电子商务研究生方向的设置工作（这在国内是起步较早的）；于 2000 年上半年在 MBA 中开设了国内最早的“电子商务”课程，并指导 MBA 学生撰写了中国内地最早的电子商务论文；于 2000 年 9 月在当时的系领导、如今的副校长刘兰娟教授的支持下，在上海财经大学招收了国内最早的电子商务专业本科生；于 2000 年成为教育部电子商务专业核心课程专家组 9 位成员之一，并负责“电子商务安全与风险管理”课程的开发，随后又出版了国内最早的电子商务安全教材《电子商务安全与管理》(该教材入选“十五”国家级规划教材、“十一五”国家级规划教材、“十二五”普通高等教育国家级规划教材和国家级精品教材)；于2000 年在当时主管科研的副校长、后来的国家会计学院院长夏大慰教授的支持下，由学校特批经费专门成立了上海财经大学电子商务研究中心(这在当时的国内高校中绝对是凤毛麟角，而当时兼任电子商务研究中心首任主任的，就是如今的上海财经大学校长蒋传海教授)。

这些年，随着新经济革命的推进，伴随互联网电商在中国的发展，一路走来，笔者有幸见证了阿里巴巴和京东的崛起，见证了这一行业不可思议的渗透和发展。而骨子里的部分不安分，也让自己从一个只是教授电商课程的老师、一个对电商行业进行研究的学者，慢慢地兼有了其他身份，变成了行业投资者和风险投资合伙人，并有幸见证自己当年看好并作为早期投资人的电商企业最终在新三板市场挂牌。在这个过程中，笔者享受到的不仅仅是投资的回报，更有对自己作为一个研究者应有的行业发展预判眼光和分析能力的历练。

这些年一路走来，笔者还有幸亲历了互联网电商相关领域的波澜起伏。笔者 2008 年起开始关注第三方支付，并见证了互联网支付的一路发展，也看到了互联网金融的风风雨雨；2011 年起开始跟随上海市跨境电商试点工作，一路走来，见证了跨境电商的异军突起，也看到了跨境新政的一波三折；2012 年作为专家验收了上海市服务业引导资金支持的京东物流系统物联网应用项目，随后持续跟踪电商物流的发展和新技术的应用；2014 年起力促传统商贸的转型升级，参与和见证了以此为特色的中环商贸区国家级电商示范基地的建设成功；2016 年初起跟踪新开业的盒马鲜生在零售领域的创新，两年多来见证了独角兽企业的成长和新零售标杆的竖起。

同时，笔者凭借多年的行业经验参与到上海市电子商务发展报告和国家电子商务发展报告的撰写工作中，参与到企业和政府的决策咨询工作中，参与到上海市电子商务“十一五”发展规划、“十二五”发展规划、“十三五”发展规划的制订工作中，参与到上海建设具有全球影响力的电子商务中心城市的相关工作中。

最近几年，笔者常应上视新闻、东方卫视、东方财经、中央电视台、凤凰卫视及电台、报纸等媒体邀请，围绕新经济领域中互联网电商所发生的变革、创新等热点问题，给出专家意见和即时评论。这其中有相当一部分是突发事件或争论焦点事件，同时不少是直播节目，对于自己的专业知识储备和调动、面对复杂问题的判断能力，都是不小的考验。所幸的是，笔者能坚持不受任何企业利益的驱使、不做站队，坚持作为独立研究者发表自己的判断和意见，代表上海财经大学在经济社会和服务上海领域发出上海财经大学智库之声。

一年前，上海财经大学党委书记丛树海教授建议笔者把这几年在电视、电台等公开媒体上代表上海财经大学发出的声音整理成书出版。2017 年寒假，笔者试着把 2015－2016 年的内容做了整理。结果发现，一旦把平时在节目中做的评论转成文字，内容竟然那么多。

2017 年上半年，在上海财经大学科研处陈正良副处长、上海财经大学出版社黄磊总编的协调下，上海财经大学专门组织专家讨论以何种形式把上海财经大学教授们的公开言论集结出版，从而让社会看到上海财经大学智库之声的成果。黄磊总编辑更是亲自上阵，用我的一篇“夜线约见”和一篇“632 观察”分别尝试了不同题材形式的改写版，供大家讨论参考。经过多次商议，在科研处和上海财经大学出版社的大力支持下，最终决定将我这本书列为该系列丛书的第一本。

听到这个决定，笔者有点诚惶诚恐，因为上海财经大学名家荟萃，自己这本书怎么能做第一本？所以笔者便本能地告诉自己，缓缓吧，不要做这个第一。2017 年下半年，恰逢上海财经大学百年校庆，各种事情袭来，更给了自己一个缓一缓的理由。

一晃大半年过去了，其间出版社一直在问书稿进展情况。感觉实在不好意思再拖下去，笔者最终鼓起勇气跟自己说：就当抛砖引玉，做第一个吃螃蟹者吧，名家不敢当，笔者只是希望通过这本书，把自己过去几年在公开媒体上有关互联网电商的评论做个系统的梳理，同时也借这本书，让大家看到，上海财经大学的研究既顶天也立地，上海财经大学的教授不是只会埋首书斋空做学问，而是积极地把所学所研，与财经管理、社会热点相结合，在为国家和上海的经济发展服务。

只是经过一年，任务更重了，因为2017年互联网电商热点事件更加频繁，又增加了几十次媒体评论。同时，关于整本书内容的编排，也是件让人纠结的事情。笔者想过按时间顺序排列，但感觉像在报流水账；也想过按照不同的电视频道和电台节目类别排列，可也觉得不妥。在多次试验后，最终决定按照访谈所涉及的事件内容来分类，并把部分相近的内容进行归并，于是就有了归并分类后的六大篇共69篇文章组成的思想录。只是在将音频、视频转成文字的过程中，笔者感觉有点小小的遗憾。书面文字固然阅读方便，但所传递的信息却不如音频，因为缺失了人物的语气；同时，笔者也再次感悟了什么叫做“一幅图画胜过千言万语”，因为视频中传递的信息量更大，胜过语音，更远胜过纯文字。基于此，本书中的每一篇文章都附加了链接地址，其中绝大部分是当时电视台和电台的视频、音频链接，建议读者有可能的话，可以通过链接直接看“原版”。全书六大篇共69篇文章内容安排如下：第一篇为“双十一”特辑，包括9篇文章，涵盖了2015－2017年“双十一”期间专题节目的内容，讨论了这一现象级社会活动引发的各方共振；第二篇为移动支付，包括13篇文章，从微信和支付宝提现收费、Apple Pay登录、移动支付发展、第三方支付监管等多个视角涵盖了几年来移动支付领域的风风雨雨；第三篇为电商物流，包括5篇文章，内容涵盖物流新科技运用、物流大数据之争、物流供应链发展等领域；第四篇为新零售，包括9篇文章，从讨论百联集团与阿里巴巴联姻开始，讨论了新零售的攻城略地；第五篇为转型创新，包括14篇文章，从实体商业转型、生鲜电商突围、B2B电商发展等各个层面论述了互联网电商领域的转型创新；第六篇为跨境电商，包括19篇文章，清楚地勾勒出了跨境电商这几年的发展脉络，以及跨境电商新政带来的一波三折。

虽然大致划分成了六大篇，但其实互联网电商的很多内容是互相关联在一起的。例如，把“消费转型的阵痛如何化解?”一文放在“移动支付”一篇中，主要是考虑当初事件的爆发是因支付方式引起，但其实这篇文章的内容还涉及了转型升级、新零售、大数据等其他主题。类似的问题，在其他很多文章中都存在。所以，笔者最终决定在本书的最后给出两个附录，附录1既按照某篇文章当时所归属的大篇章列出，同时也给出了相关的其他关键字，使读者在阅读时可以根据需要将其归入其他主题来关注；附录2则把本书中的文章按照时间顺序进行了排列。

在69篇文章中，有53篇来自于电视台或电台节目访谈的视频、音频，16篇文章来自于报纸等文字媒体，每一篇文章都给出了网址链接。在电视台或电台节目访谈的视频、音频制作过程中，除了有出镜和出声的主持人及搭档嘉宾(合作嘉宾都在每一篇文章里列出了他们的名字)参与外，还有大量幕后工作人员参与了制作工作，如制片人、编辑、记者等，他们是：上海人民广播电台FM93.4的钱维均、任重、龙敏；东方财经的缪文犀、周俊夫、刘菲、杨帆、刘洋、林颖、王里那、李莉、戴幸玲、房海萍、文斌、杨凯宁、吕进玉、朱伟军、张朝阳；上视新闻的王潇月、夏磊、林牧茵、陶淳、臧熹、周瑜、季诗荃、左玥、王力、王景颖、樊昊、章昕、高曼珊；东方卫视 &Knews的雷小雪、金普庆、舒克、杜川东、周媞、秦扬柯、王爽、阮丽；第一财经的时晔、张志清、李爱琳；ICS的董怿翊；纪实频道的姜宇彤、陈钊、陈慧；中央电视台的胡楠、王殿甲。借此机会，向他们的辛勤工作表示感谢！

同时，也感谢上海财经大学信息管理与工程学院学生会学术部的同学们，是他们帮助笔者完成了第一步的将视频和音频转换成文字的工作，他们是：桂阳、冀盈睿、张元、廖崧辰、雍欣、黄帅、张光平、柳雅洁、陈慕炀、马瑞琪、张博宁、李芝瑶、赵锐、朱春鹏、王浩旭、李欣月、付月皓、刘悦、李心怡、杜圣辉、陈实。

还要感谢上海财经大学出版社的编辑，在时间紧、任务重的情况下加班加点为本书的出版忙碌。

最后，必须要隆重感谢的是上海财经大学党委书记丛树海教授，没有一年前丛树海书记布置任务，就没有本书的诞生。

谨以此书献给走入新百年的上海财经大学！

劳帼龄
于丁酉岁末

目 录

第一篇

“双十一”特辑

“双十一”购物节，我们要提防什么?

“双十一”狂欢:让快递飞

“双十一”开席前的冷思考

“双十一”来了!

又到“双十一”,你买了吗?

“双十一”没有奥数功底没法“剁手”

“双十一”还值得期待吗?

聚焦现象级网购节　2017 解码“双十一”

新零售时代,线上线下如何融合?

01

“双十一”购物节，我们要提防什么？*

“双十一”购物狂欢节的到来，掀起新一轮的电商价格大战。在声势浩大的广告诱导下，消费者发起了疯狂购物、盲目消费的攻势。然而“双十一”狂欢过后，往往出现消费投诉和维权问题“井喷”的情况。在所谓的“双十一”购物节中，消费者该如何保护自己的权益？

一、电商节日也是用户投诉高发期

“双十一”将至，各大电商正热火朝天地搞促销。而根据相关检测报告，2014 年电商投诉累计超过 10 万件。

中国电子商务研究中心发布的《中国电子商务用户体验与投诉监测报告》指出：2014 年中国电子商务投诉与维权公共服务平台，通过在线递交电话、邮件、微信、微博等多种投诉渠道，共接到全国各地用户的投诉累计

* 本文内容主要源自：2015 年 11 月 10 日上海人民广播电台 FM93.4“非常解读”直播（17:00－18:00），主持人任重和嘉宾唐宁、赵山对本文内容的形成亦有贡献，在此一并致谢；音频网址为 http://m.ajmide.com/p.html? p=12283&t=1560707&from=message&isappinstalled=1。

逾十万件，较2013年同比增长3.3%。监测数据显示，2014年“3·15”前后、电商周年庆、“双十一”以及各种造节促销期，是用户投诉高发期。在各电商领域中，网购被投诉最多，占47.6%；其次是O2O投诉，也就是线上到线下的商业模式，占24.2%。此外，互联网金融投诉成了新的重要的投诉类别，涉及支付、P2P方面的投诉占总投诉量的3%。专家表示，消费者在网购时要保持理智。此外，对于不断涌现出的互联网理财产品，消费者也要仔细甄别，警惕投资陷阱。

热闹的网购促销背后，是居高不下的消费者投诉。产品质量货不对板，快递服务严重滞后，售后服务难以保障，特别是还有网络诈骗乘虚而入，成了一个典型的节后综合症。所以，消费者在网购过程中还真的需要保持理性。

二、“双十一”购物节的由来

11月11日恰好是四个1，所以被戏称为“光棍节”。2009年之前，11月11日不过是一个非常普通的日子。到了2009年，当时的阿里巴巴集团开始以“光棍节”为由头举办了促销活动。其实，当时的出发点只是想做淘宝商城自己的节日，让消费者记住这个节日。当时，这个举动也是冒一点险的，因为“光棍节”的时间点刚好处于传统零售业十一黄金周和圣诞促销季的中间。但是，有利的地方是，在这个时候，天气变化导致到了添置冬装的时候，所以当时阿里巴巴集团想要试一试，于是就在网上开始了这样一个促销活动，并且希望通过“双十一”能够普及这么一个活动，培养大家对电商购物的习惯。

随着一年年的延续，到2012年可谓是到达了一个高峰。这一年，京东、易迅、当当、国美网上商城、苏宁易购等都加入到了这场大战中。而且不光是线上处于大战的状态，线下的家电连锁卖场、商场也在这个日子里打得不可开交。后来，这一天变成了商家、快递业、支付行业、第三方服务业以及第三方平台等方面百万人参与的集体狂欢，甚至引发了“双十一”注册权的大战。2012 年 12 月，阿里巴巴集团控股有限公司注册了包括“双十一”“双十一狂欢节”“双十一网购狂欢节”等 11 个相关的商标。

从此之后，阿里巴巴集团一直“霸占”着“双十一”血拼的最高峰。2015 年，它们已经把所有这样的“双十一”概念完全倾斜到天猫商城，也就是说，放弃了之前那种不太正规的淘宝小卖家，而倾向于已在工商注册的正规商家，变成了一场天猫的“双十一”。而且 2015 年阿里巴巴集团的“双十一”指挥部，也从杭州总部转移到了北京。

三、2015 年“双十一”有什么新玩法

第一，狂轰滥炸式新玩法。我们知道，这几年社交平台发展得非常火爆，基本上人人都变成了低头族。而 2015 年“双十一”通过各种社交平台，比如说微博、微信，或者各种各样大众网络交流的一些工具，采取发红包、发优惠券等方式进行宣传，提倡一种大家一起来玩的理念，也确实使一些朋友乐在其中，抢到了一些红包。但是，这种方式不免有狂轰滥炸的嫌疑。因为大家会说，我本来可能不需要接受这些信息，也不需要抢这些红包，但现在这些信息占据了我的朋友圈、占据了我的眼球，我的视觉受到了轰炸。

第二，线上线下联动。其实这个在前几年就开始有了，这两年做得更系统一些，尤其是一些大的商家，在有线下店的时候就先行进行扫码，到“双十一”那天再进行抢购。

第三，宣传上面更加“撕什么”的所谓的“新玩法”。可以很明显地看到，前几年的时候“双十一”不过就是一家在玩，几年之后变成了大家一起玩。而当大家一起玩的时候，当时可能还是要跟实体商家做出一个对抗，所以各大电商也是比较团结、一致对外的。但是 2015 年不对了，有一种“军阀混战”的局面，电商两两结盟、互相攻击，而且攻击内容是毫无下限，什么话都说，什么难听的都讲，变成了一种宣传无底线的新玩法。

如果再补充一个玩法的话，应该是再过几小时，冯小刚导演将为我们带来一场全新的跨界联欢。从这个角度来说，其实是电商和娱乐玩在了一起。

而且不仅仅如此，从一周以来大家看到的电商混战来看，甚至可以说，电商已经把冯小刚导演前几年的作品给拍出了续集，让大家看到了撕成的“一地鸡毛”。但对于我们这些从事电商研究的人来讲，不得不说“一声叹息”。

四、大数据是在助纣为虐吗

现在有一些不良的商家，特别是一些电商平台通过大数据的分析找到你在什么样的区域或者城市，来判断你所在的区域是否有这样的一些大型专卖店，是否可以用假货来蒙你，甚至有的时候真货和假货一块发。

其实，包括秒杀在内，包括所谓的“最后一天”还是“两天”，会让我们想起，当年在线下也看到挺多。就如“拆迁大甩卖!”这种横幅，可能过了一年发现它还在拆。所以撇开电子和平台这两个元素，会发现传统的一些手段，今天在电商平台几乎都看到了。另外，还有一些，倒是今天真的运用了高科技手段才有的。比如这两天朋友圈大家也都在转的那篇微信，说大数据分析会告诉电商，可以给你发假货，它真的是非常精准地瞄准了你之后再发假货的。

遇到这类问题，真的让人哭笑不得，似乎大数据在助纣为虐。其实应该这么说，电商本身就是科技创新的产物，在给我们带来了科技运用新成果的同时，也会带来意想不到的其他运用。但就如当年 AK47 的发明人所说：“枪械无罪，关键是谁在扣动扳机。”运用大数据分析，原本是希望借助大数据让我们能够更精准地营销，如今虽是精准的，但是是精准地推出了假货，所以这样的精准营销或许该给它打上引号。

五、怎么看待低价

从低价这件事本身，我更认同一句老话，即“一分价钱一分货”。虽然说有物美价廉这个词，但如果你真的理性，那么物美价廉可能是一个伪命题，因为任何商品都应该是一分价钱一分货地对应起来的。

不管是“双十一”还是其他的节日，商家出于促销的目的会在价格方面让渡一点，但其实是建立在价格降了而销售量上去的基础上的，这本身是一个合理的促销手段，原本没有什么问题。至于现在看到的先涨后折，从商家逐利的角度看，是它的兵不厌诈。但作为消费者，有时候也应该提醒一下自己，不要一味只追逐价格。刚刚听到，参与调查的听众中，已经有83%的人说保持理性不买，说明“双十一”走过这七年，我们的消费者也在成长。

价格陷阱肯定会存在，因此提醒消费者不要老想着天上掉馅饼，如果那样的话，可能有的时候就会一不小心掉在陷阱里了。不要贪图便宜，有的时候价格不是唯一的判断标准。

六、怎么看待“双十一”物流延误

每年“双十一”被吐槽得最厉害的就是物流、快递，物流延误的责任到底在谁？

中国发展电商，物流曾经是很大的一个“瓶颈”。因为信息技术的确是快了，鼠标一点，信息就过去了，甚至支付也一点就过去了，唯有物的流动必须实实在在地通过物理通道传递过来，鼠标是传不过去的。

但是，如果从“双十一”的角度，我并不认为完全是物流的错。虽然大家好像都吐槽说，这电商的最后一公里没有给我打通。但是假如我们理性地站在物流公司的角度去看，一家公司全年正常运营的指标、运能，原本应该做过一个合理的配比的。但是我们现在等于在“双十一”期间人为地造了一个“物流春运”出来，在这个过程中，全国运输量突然爆发到了一个峰值。你让任何一家公司为了这一天的高峰去配置公司所有的运能，都是不合理的。

所以若论责任，可能看上去是物流快递的延误。但理性想想，我们的商家、我们的平台甚至我们在这期间的“剁手党”们，其实都有“贡献”。

七、怎么看待电商的营销造势

这两年，电商的营销造势，增加了朋友圈或者说微博这些社交渠道。这类社交渠道的好处是，可以比较活跃，也比较容易积聚人气，相比传统媒体更容易造势。但坏处是，监管不是那么得力，所以会让人觉得有一些低俗。特别是在朋友圈大家转来转去，有的时候会引起朋友圈里朋友的反感。

就以营销造势的朋友圈转发来讲，它也有两面性。从好的一面来说，通过熟人口碑进行传播，大家会比较相信。但不利的一面是，让人反感，有人说如今朋友圈这种转发，最后可能连朋友都没得做了。所以它是一把“双刃剑”。

另外，就像前面所说的，2015 年有些营销造势真的是有点过头了。原本的营销造势想编个故事或者说些其他，也无可厚非。就如 2014 年大家听到的“褚橙”，讲的是当年褚时健的故事，讲褚老怎么老当益壮再创业，进而带动了褚橙的销售。所以说，如果是一个励志故事，或者是一个产品品牌的故事，比如好多年前张瑞敏砸冰箱那个营销故事，那么从营销造势角度来看，大家是比较认可的。但是像今年有一些“对撕”，则真的是有一点点过了。这样的营销团队的本身素质也会被打上一个问号。

八、今后“双十一”的疯狂还能持续多久

“双十一”的疯狂应该还是会持续比较长的一段时间，因为我们虽然看到人们吐槽 2015 年“双十一”的乱象，但总体情况还是在逐年变好，整个网络平台的服务也变得更加健康化，所以还是看好它的前景，只是希望未来的“双十一”造势不要再通过这些恶心或者说低俗的手段，而是通过真正的服务来造势。

可能再过几个小时，“双十一”新的纪录又要诞生了，或许 24 小时之后，我们会再看到一个新的纪录。2014 年销售额是 571 亿元，2015 年大家都在说肯定在 800 亿元以上，或者更疯狂。虽说如此，但我只是提醒消费者，还是应理性一点，因为来日方长，还是细水长流为好。

02

“双十一”狂欢：让快递飞*

2015年“双十一”大幕开启，网购节国际味渐浓。疯狂网购背后各大物流整装待发，但如何迎战年度大考？海淘带动跨境物流发展提速，行业痛点暴露之后又该如何补平短板？这些都值得思考。

一、今年“双十一”物流备战情况如何

一年一度的“双十一”购物节已经再度袭来，此时此刻“剁手党”们可能还在疯狂地抢购当中，但是买买买的疯狂造势与贴身肉搏的价格战之后，大家最关心的恐怕还是自己买的东西哪天能够送到自己手中。可以说，随着“双十一”的到来，各大物流商也迎来了最紧张的大考。

为备战今年“双十一”，“电商系”和“快递系”物流都拿出了“杀手锏”：

---

* 本文内容主要源自：2015年11月11日东方财经“632观察”栏目访谈(19:30－19:45)，主持人周俊夫、嘉宾张大成对本文内容的形成亦有贡献，在此一并致谢；视频网址为 http://v.qq.com/page/i/0/p/i01725kqlyp.html。

菜鸟网络“多种兵”首次作战，京东“亚洲一号”向第三方商家开放，苏宁实行“送装一体”，国美在线放言“晚就赔”，亚马逊推出“亚马逊物流+”，而唯品会、一号店、聚美优品等电商也都做足了物流准备。而为了迎接“双十一”大考，国内各家传统物流公司也早已低调备战，为了留住快递员，中通、申通等同时宣布提高快递员派送费，并且高价招聘快递员。除了常规车辆和人手的增加，顺丰、圆通等还使出了新的“杀手锏”——豪气地购置飞机，以保障配送速度。

据国家邮政局预计，“双十一”全行业整体邮寄快件量将超过 7.6 亿件，将增长 40%以上，最高日处理量可能突破 1.4 亿件。而物流备战的所有努力，都是希望能够通过 2015 年“双十一”的终极大考。

二、今年物流大战的特点

2015 年的“双十一”，从电商视角看，相应物流有两个鲜明的特点。第一个是采用大数据技术。以菜鸟网络为例，“双十一”汇聚过来的众多订单，可以通过面单的方式来快速派送，其背后有阿里系投下的重资，同时还能看到包括物流技术和信息技术相关的应用。第二个是众包形式的 O2O。这大致从 2015 年 8 月阿里巴巴集团和苏宁之间的联姻可见端倪，因为从某种角度上来说，前者更多是从线上开始下来的，而从苏宁这边来说，在线下则有其很多门店。此外，在众包这点上有必要提一下京东，因为京东也是把其线下众多的相关企业(如京东到家等)、相应的派送员，以一种众包的方式投入到这场物流大战中了。

三、这些特点能否解决“双十一”“快递”变“慢递”的问题

物流企业前期做了那么多的功课、那么多的努力，如果你是给他一定的时间去发挥，确实挺不错。但是我们现在碰到的瓶颈是，就这么一天，就是这么一个“双十一”。所以即便前面你投入得再多、再好，当所有东西集中在一天的时候，我是觉得有些问题的改善可能不容乐观。因为所有东西都集中在一起了，那么原本可能分散下来的小概率事件或许就变成了大概率事件。所以大家在这一天吐槽也会更集中一些，因为等于一个月的问题集中在一个时间点上爆发出来了。

四、2015 年“双十一”的国际味对跨境物流有何挑战

2015 年“双十一”，阿里巴巴集团直接打出了“全球狂欢节”大旗，根据阿里巴巴集团部署，“双十一”将覆盖 200 多个国家和地区的消费者，实现“全球买，全球卖”。京东同样不甘示弱，推出了“全球购业务”，除了欧美日韩等国知名品牌直购外，京东还正式在广州南沙启用了首个国内全球购自营物流基地。除此之外，考拉、蜜芽等众多专营跨境电商业务的垂直电商也不甘示弱，除了各类商品促销外，在物流领域都做足了准备。那么在“全球买，全球卖”的美好畅想中，梦想的最终落脚点——跨境物流，目前是一个什么样的水平呢？

我们在前期做了很多跨境电商的调研，调研当中反映出来的情况表明，包括阿里巴巴集团、京东这些大的电商，确实摩拳擦掌地在进行跨境物

流的布局，但是还有不少中小型的跨境电商企业可能目前对跨境电商的物流这一块才刚开始思考，真正动手的并不是特别多。

其实，从2014年开始，像洋码头、蜜淘、蜜芽等进口电商网站就已经同步海外的“黑色星期五”了，也是以购物狂欢的形式掀起了“黑色星期五”的大促销。想必2015年的力度会更大。所以在与2015年“双十一”国内的淘宝、天猫等电商促销叠加起来，可能对于物流来说更加是一个新的考验了。

另外，从“双十一”的角度来说，感觉还是进来的货品比较多一些。因此从物流这一点上，类似洋码头等这些做跨境电商的企业其实已经先布局完成了公司的备货，所以在此基础上，今天就“双十一”这一天来讲，我是觉得这个问题又再次由跨境物流转化为了对国内物流的考验。

五、对京东、阿里巴巴等跨境电商物流的走出去布局怎么看

可能可以用这样一句话来说吧，让专业的人去做专业的事。

以京东“亚洲一号”为例，可以说京东当初自建物流是为了保证对消费者的承诺，是在特定的时间下企业做了特定的事，但更多的电商企业还是仰仗第三方物流的支持。同时，如果说让京东出国去建个亚洲二号，或者说是亚洲三号，或者让其他电商企业都出去建物流，似乎不大可行。有些事情还是交给专业的物流公司去做比较好。

但是，像阿里巴巴系的菜鸟网络的做法，或许可以的，因为那不需要去建这样一个重的资产。今天通过网络，可以说是无国界的，所以菜鸟能够在国内把包括四通一达等其他物流企业连通到网络当中，那它只要有社会化的协作，无论国内国外，只要把协作做好，这条路估计是可行的。

六、促进快递业发展的意见

作为促进消费生产的产业之一，从国家层面来说，物流一直是被扶持或被关注的一个非常重要的产业。国务院在 2015 年 10 月底发布了《促进快递业发展的若干意见》，可以说是给出了行业发展非常清楚的风向标。但是，我们也不得不很悲哀地说，其实这些年各种各样的指导意见出的还真不少，但是真正想落地却不是光靠这一本条文就能解决的。

这两年大家都在“双十一”吐槽物流是瓶颈，但其实这是一个人为造成的瓶颈。2015 年 11 月 11 日其实是个工作日，但好多人上班都有点心不在焉了，还有好多人前面一个礼拜或者一个月都憋着，就等这一天下单，人为造成了随后的快递高峰。那么，是否有必要让大家这样子去憋？其实这是个习惯培养的问题。如果大家各方面努力一下，能舒缓一点，不要集中在这一天，那么我觉得随着这份指导意见的出台，快递业借机会换上互联网的轮胎，再乘这个政策的东风，一定能够飞起来。

应该说“双十一”不但是拉动消费，更是带动了创业，促进了经济转型，希望在此背景之下，各大物流企业也能够加速转型，补足短板，走得更快、更远。

03

“双十一”开席前的冷思考*

又是一年“双十一”。2016 年，“双十一”主角阿里巴巴将活动的总部移至深圳，晚八点，天猫“双十一”晚会在深圳大运中心体育馆登场。在一片欢呼热闹中，或许还需要一份冷静的思考。

一、“硅谷＋好莱坞”式的晚会

自从 2015 年“双十一”第一次引入晚会后，2016 年“双十一”，天猫把晚会形式进行到底。天猫邀请美国金牌节目制作人大卫・希尔担任这次晚会总导演，梁朝伟、陈奕迅、“水果姐”凯蒂・佩里、世界杯金靴得主托马斯・穆勒、篮球奇才科比・布莱恩特等近百位中外影视、音乐、体育界明星出现在今天的晚会上。天猫希望用一台晚会，把一个“买买买”的节日转变

* 本文内容主要源自：2016 年 11 月 10 日上视新闻“夜线约见”直播访谈（22:00－22:15），主持人夏磊对本文内容的形成亦有贡献，在此一并致谢；视频网址为 http://www.kankanews.com/a/2016－11－10/0017760943.shtml。

为一个“看看看、玩玩玩”的节日。

晚会总导演大卫·希尔表示:“作为一个外国人,我把‘双十一’看作一个‘家庭日’,所以这场晚会被设计成一个家庭代际之间的互动,爷爷奶奶、父母和孩子们都能够观看和享受它。”

此外,晚会中的跨屏互动直播技术颇受关注。总导演大卫·希尔表示,这是一次“硅谷+好莱坞”模式的实践,能给未来电视直播、综艺节目的改变带来思考。

二、晚会传递的“全球”信号

从晚上8点钟开始到现在,在深圳的大运中心体育馆,天猫晚会已经进行了近2小时了,应该是说如火如荼、非常热闹。今年天猫是希望实现一个“全球购”,那么究竟需要具备哪些元素才能称得上是“全球”?

首先是国际化。其实在2015年,这个类似的话题已经提出来过了,那时候称为“买全球”“卖全球”,2016年稍有了一些变化。对此,可以理解为,不仅仅是要让国内的消费者有机会买到全球各地的商品,更是要将这里当作一个大舞台,使全球的商家都能在这个大舞台上亮相。在这个平台上,可能有来自俄罗斯或其他国家或地区的商家。而这个商品不止能卖给国内的消费者,甚至还可能卖到东南亚、卖到其他地方。其次体现在晚会的舞台上,2015年请的总导演是冯小刚,给大家的感觉是国内的元素多一点,而2016年请的是美国《超级碗》的导演。所以晚会本身也传递出了“全球”的信号。

其实这也是阿里巴巴集团的一个雄心,希望自己是一个全球的平台。

三、如何看待走入第八年的“双十一”

“双十一”已经走入第八年，从审美疲劳的角度，平台会不会有压力？是不是一定还要创造出新的热点让大家关注？

确实，从 2015 年开始大家就已经在说“七年之痒”了，可是“痒”了半天，2016 年好像依然如此热闹。而且这个热闹的势头，可能无论怎么泼冷水都不见得能泼下去。就如今天，很多年轻人都在看着手表、等着下班回去购物，可能现在购物车还是空的，或者是购物车里已经有东西了，等着到时候打折。也就是说，年轻人的热情是没办法阻止的。平台其实也是抓住了这一点，所以 2016 年包括这个晚会所传递出来的信号，都包含了年轻人所喜欢的娱乐、文化的元素。

四、“双十一”的监管问题

2016 年“双十一”开始之前，各部委都约谈了电商平台，也就是说，监管部门开始行动了。那么以前的一些弊端，比如价格虚涨——节前调高，“双十一”时再打折——这次被禁止了，但真的能被禁止吗？

坦率地讲，只能说希望禁止得了，但是这里面鱼龙混杂，不可能看得那么清，也不可能全都禁得了。因为类似的情况在以往的“双十一”中也遇到过，还有“双十一”之后的退货问题、质量问题等，方方面面的问题都可能会碰上。

一段时间以来，电商购物节被广大消费者诟病的就是商品的质量，包括假货的问题。在以往的检查中，检出的不合格率是比较高的，比如2016年10月国家工商总局对于电商平台的专项抽检中不合格的达34.6%。8年之后，能不能有提高？

只能这么说，在这方面，国家的监管力度是在逐步加强的，但是因为电商的交易额本身在逐年提高，所以质量问题的数量等或许无法立即大幅减少。但同时，个人认为，电商自身是凭借技术、在数据基础之上成长起来的，所以在各部委出台政策、监管力度加大的同时，技术手段也需要跟上。这些技术不仅包括对电商商品质量监管方面的技术，还包括大数据应用领域里的技术，将来对电商数据的统计、相应的监测以及事中事后各种各样的监管，都应该考虑运用技术手段。

在这些方面，这几年上海做了不少工作。过去的10月28日，“上海市商务诚信公众服务平台”开通，就是希望将政府数据和市场数据打通并连接起来。这样，在政府出台各种监管政策的时候，就能够借助包括企业——自律加入平台的企业和方方面面的第三方企业——的帮助，在几方的合力下，借助数据的辅助进行准确的决策。

五、“流通末端”的质量把控是重中之重

如今各个平台都想打造自己的全产业链，想实现线上线下的融合，倘若线上产品还有那么多瑕疵，是不利于这样的融合的。甚至不仅仅是不利于融合，还有更大的问题。

销售又可以称为“流通的末端”，这个“流通末端”的质量是很重要的。质量不好，可能会造成消费者直接就把平台看做假货的集中点。如果这个问题不解决，那么对于沿着这条链上去的前面供应端的制造，以及其他方

方面面的转型升级，可能都不是一件好事情。所以我认为，虽然今天对狂欢可能泼了一些冷水，但有时候是需要这种冷静思考的，它让我们能够在狂欢中更加理性地看待这个节日。让我们更多地关注，商业竞争的本质是要落在产品质量为王、售后服务为王上，这些才是消费者需要的，才能为消费者创造价值。

04

“双十一”来了！*

从今晚 10 点到明晨 1 点，看看新闻 Knews 子午线节目为大家呈现《“双十一”来了》特别直播节目。第八个“双十一”活动如期而至，从电商平台到电商企业，从上游企业到物流支付，一场跨领域、跨平台的商业大战再次拉开了序幕。接下来的三个小时的时间里，让我们一起来关注“双十一”背后的各种现象与思考，围绕电子商务在中国发展的前景和面临的挑战展开讨论。

一、对“双十一”狂欢的评论

作为“双十一”的主角，2016 年阿里巴巴集团把活动的总部移师到了深圳，今晚 8 点，2016 天猫晚会在深圳的大运中心体育馆登场。

大家都在观察“双十一”，今年走到第八年了，怎么看今年的“双十一”？

---

* 本文内容主要源自：2016 年 11 月 10 日看看新闻 Knews“子午线特别节目”直播访谈（22：00－01：00），主持人雷小雪、嘉宾陈季冰对本文内容的形成亦有贡献，在此一并致谢；视频网址为 http://m.kankanews.com/n/1_7761087.html? utm_source=Else。

哪些方面是会提前去关注的？

如果与前面七年相比的话，今年是娱乐化的成分更多一点。“双十一”晚会是从2015年开始搞的，2015年轰轰烈烈在北京，请冯小刚导演担任晚会总导演。2016年则是选址深圳，这是一座有活力的城市，也是一个在前八个月就可以突破10 000亿元电商交易额的城市。所以今年的“双十一”狂欢给出的信息，一方面有阿里巴巴集团本身给我们传递的这样一种拼搏向上的活力，另一方面传递出来的信号是，这是一个年轻人的盛典。

在其他方面，感觉在前期的宣传中，包括各种营销手段，大家不再像2015年那样无底线。记得2015年“双十一”前有段时间，电商之间相互之间的对撕，感觉有点过分了。2016年会发现各大平台比较趋于理性。

应该说这是好现象，大家之间不再是你死我活的对撕，而更多地把工夫花在做出特色身上。所以，天猫可以做娱乐化的平台，请出一帮娱乐明星来助阵。而京东可以把功夫更多地放到公司一直在布局的智慧物流这一条线上。大家各自定位清晰，走差异化之路，而不是挤在同一个点上互相肉搏。

二、对零售新技术的评论

2016年的“双十一”越来越回归商业本质，而且消费者也越来越理性。那么“双十一”拿什么来撬动2016年的购物潮？光靠打折显然是不够的，还要拼技术、拼想象力。

为了备战2016年的“双十一”，阿里巴巴集团很早就开始研究新的VR购物体验。2016年7月，为期3天的淘宝购物节登陆上海的时候，传说当中的VR购物也首次向公众开放了体验。那么我们怎么看待这种新技术带来的体验呢?

这是一种水到渠成的融合。因为从电商自身来说,这么多年的发展,本身就是依靠了技术的助推,或者说是借助技术的进步让电商一路蓬勃发展起来。

AR/VR技术是在移动互联网普及和人们习惯通过APP下单的背景下产生的,但一个新技术诞生出来之后,一定是要给它一个有利于融合它的场景,比如我们日常生活中的场景。唯有如此,这个技术的生命力才能更加强劲。相信很多人对VR/AR的认识,或者说注意到这一技术的火爆,大概是从2016年暑假开始的,就是从"口袋精灵"这个游戏开始的。随后,在购物体验中开始引入VR/AR,目前这似乎成了一种趋势。但在其发展中,也有一些不完全赞同的声音。有人觉得,使用VR/AR看上去噱头成分更多一点,因为毕竟我们今天所佩戴的VR头盔,在防眩晕等方面还有待提高和改进。但这种新技术的应用趋势或许无法阻拦,将来当戴上这种VR眼镜之后,可以让你有身临其境的消费体验。

当然,也可能大家会对新技术有些不同的声音,认为是否应用新技术不重要,重要的是便捷,但其实应用新技术与便捷之间并不矛盾。在前段时间召开的零售博览会上,曾经有消费者佩戴过VR头盔眼镜,体验之后的感受是,原本不知道走到百货公司哪一条走廊里才能找到的要找的东西,带上VR眼镜坐在某处就可以直达目的地找所要的东西。或者可以这么说,应该是直奔目的地,而且通过VR,你连奔过去这个动作都不需要,只需要坐在某处就行了。

因此,体验过的人都说,一开始会怀疑VR/AR是不是一个噱头,但体验过之后发现还真的有那么一点作用。

三、对电商物流的评论

电商离不开物流。据预测,2016年“双十一”期间,全国的快递业务量将会超过10亿件,算下来几乎是全国人手一件。为此,各大快递公司都在增加人力和设备,有的甚至玩起了黑科技。

在今天物流业的发展中,有两种不同的形式:一种是类似于京东自建仓库、自营,以重资产的投入应对电商的发展,进行智能化的升级,包括推出无人机、无人仓、无人驾驶车辆,等等;另一种是像菜鸟网络联合各物流公司的做法,即更多的是在末端采用众包的方式。这是两种不同的物流形式。但不管采用哪种形式,从目前整个电商的发展来看,物流将来的发展前景绝对是被看好的。

只是不得不提醒一点,那就是当我们今天零点下单之后,即这点击鼠标的狂欢过去之后,接下来后面所有的抱怨或许全部都会落在物流的身上。所以这两年有时候觉得挺为物流公司叫屈的,前面你们开心了,后面骂的全是它们,包括爆仓、东西迟迟不来,等等。其实这是一个资源配置的问题。你若要求一家企业是按照“双十一”这一天的峰值来配备所有的设备和人工,那么剩下的364天怎么办?所以在物流问题上,有很多时候真的不是物流公司的错,是我们前面造成的高峰最后转嫁到了它们的身上。

2016年“双十一”进入第八年,大家依然在狂欢,那么有没有可能将来在狂欢之后,我们稍微给物流分分流,减轻一点它们的压力。就像我们刚才在视频里看到的,那些物流设备都受不了,电脑后面都拿电风扇扇着。峰值压力实在太高了。

其实,这里是可以尝试用经济手段来解决的。比如说,假设我是一个下单的消费者，网店告诉我，你若不介意两个礼拜之后再收到商品，我可以多给你打点折，其实会有人愿意接受的。

这是一个很好的思路。目前的打折，更多给人的感觉是你打八折我打七折，你打七折我打六折，是一种盲目的价格比拼。其实同样是打折，完全可以用各种手段来进行。比如说你如果愿意在货物到达的时间点上选择可以晚一点，我就在价格上多给你一点优惠。

甚至我们有的时候还会发现，自从七天无理由退货推出之后，退货率高得惊人，很多人随便买来试试，不行就退回去了，结果造成反向物流也增加了好多。这方面不妨借鉴一下亚马逊的 prime 会员制的某些条款，例如，如果消费者承诺不退货，商家会给消费者怎样的优惠，消费者如果承诺其他条款，商家会再降低价格。也就是说，把打折与物流服务联动起来。

四、对电商规范监管的评论

电子商务既是一股强大的经济社会发展的动力，也是亟待规范和引导的洪荒之力。近年来电子商务行业之中积累的一些问题正在从线上向线下快速地扩展和蔓延，成为了现在社会发展之中不可承受之重。所以，不可否认的是，电商行业在发展的过程当中一定会带来某些弊病和存在某些问题，比如说商家不诚信的问题、低价和劣质的恶性竞争的问题。那么，应该怎样着力来规范电商的发展呢？

可以从如下两个方面着手。其一是对商家的诚信进行监管。但是就商家诚信而言，监管再严也很难覆盖每一个小商家。所以，对商家诚信的监管应该是政府负责政策出台、各大电商企业平台出力、各个中小网商互相之间自律，三管齐下。其二，对于电商发展过程中存在的问题不能“一刀切”。要意识到，有些东西的确是电商发展过程中产生的新问题，但有的问题可能是整个中国经济发展过程中很多行业、企业存在的共性问题。

五、对中国电商繁荣的评论

最近人们常在议论，为什么电商的发展在中国会这么蓬勃，而相比之下，国外就没有像中国这么繁荣？

没错，大家都知道互联网是美国发明的，电子商务最早也诞生在美国，但美国沉淀了大量的成本在传统的渠道之中，所以反而限制了其通过新技术来发展。而中国正好是赶上了这一代电商的发展机遇，有了弯道超车的机会，所以中国电商繁荣得特别快。

我们不妨从数据来看，从 2009 年“双十一”开始起步，交易额从5 200 万元一路飙升到 2014 年的 571 亿元，再到 2015 年的 912 亿元，2016 年很有可能破千亿元。这样的销售额不管是俄罗斯、韩国还是其他国家的电商行业，都是赶不上的。所以，中国电商之所以能创造一次又一次的纪录，是因为其后面有中国庞大的消费市场和强大的经济的支撑。

六、对“双十一”数字新高的评论

现在来看看天猫主会场，零点刚过，屏幕上的数字是实时公布的交易数字，数字变得特别快，看起来就像变戏法一样。但这数字是憋了有好多天的数字，就在零点这一秒的时候按下的，很多人的购物车可能一周前就已经放好了，就等着这个时刻按下按键。

一分钟时间内销售额已经突破了 10 亿元，已经突破了一分钟内的交易额纪录，不可思议。按这种趋势，2016 年交易额能突破千亿元。但是，在创造出了这些令人疯狂的奇迹之后，后面会有些什么问题，也需要冷静下来做思考。

今天作为又一次"双十一"狂欢日，可以说从数字上看到了中国电商的发展，也看到了中国经济的发展，这些数字让我们欢欣鼓舞。但是，我们不能仅仅只看着这些数字就忘乎所以，因为事实上在这些数字的背后其实还存在一些其他的问题需要引起我们注意，包括退货问题、质量问题、商业诚信问题。因此，我觉得电商数字有让人开心的地方，但是我们也不要太盲目乐观。

七、对电商未来发展的评论

时间现在来到了零点零七分，刚才我们通过大屏幕共同见证了中国的电商行业交易额再一次刷新了一个新的纪录——52 秒破 10 亿元。在刷新交易纪录的同时，接下来电商行业的发展还会怎么走？

应该说，至少未来三五年里，这种迅速的发展态势还是会存在的。但是就像中国宏观经济进入新常态一样，电商交易额还会增长，但是增长的速度应该会越来越慢，进入一个相对平稳的状态。

前面 10 多年电商正好遇到了一个发展的大好时机，所以包括像"双十一"的交易额数字，差不多是一次次翻番一样在往上走，但不可能永远如此提升，因为任何事情都有一个发展规律，所以增长速度以后会逐步逐步趋缓。同样以交易额数据为例，今天在这里看到的这个"双十一"交易额数据是积聚能量在瞬间爆发出来的结果。但同时我们从商务部公布的国家电商数据来看，2016 年 1～9 月，全国电商的交易额增长速度基本上是同比增长 20%，上海市 1～9 月也是差不多这样一个 20%的增长速度。虽然同前几年比，增长速度稍稍下来了一点，但整个发展态势还是非常好的。

八、对淘宝村和农村电商的评论

电子商务的迅猛发展为广大农村带来了巨大的生机。要说到电子商务对农村的影响，不得不提淘宝村。所谓淘宝村，单从字面上理解，一定与淘宝和网店脱不开关系。根据阿里巴巴集团研究院的分析，成为淘宝村需要具备这样几个条件：首先是大量网商的聚集，数量要达到当地家庭数量的 10%以上；其次是电子商务的年交易额要在1 000万元人民币以上。根据最新一版的《中国淘宝村研究报告》显示，中国淘宝村的数量已经达到了 1 311个，创造了超过 84 万个就业岗位。而在 2013 年的时候，淘宝村的数量仅仅还只有 20 个。也就是说，在短短的 3 年时间里，这个数据就已经增长了近 70 倍。刚才我们在视频中看到的义乌淘宝村，看到销售长毛绒玩具的网商，类似这样网商集聚的淘宝村，在今天这个“双十一”狂欢夜里，还有很多。

在众多淘宝村里，谁是第一个吃螃蟹的呢？那就是浙江义乌的青岩刘村。这个村被称为中国淘宝第一村，连李克强总理都曾去视察过。其实，青岩刘村能够异军突起，要得益于它背后的义乌这个全球最大的小商品集散中心。青岩刘村依托着当地的传统产业，把商品搬到网上去卖，从而成就了青岩刘村的淘宝模式。但是青岩刘村所展示的其实是一个背靠大树好乘凉的模式，这种模式不见得能复制和推广。

此外，必须指出的是，虽然淘宝村是农村电商的一部分，但农村电商不完全是淘宝村。从发展农村电商的视角来看，一方面是要让生活日用品和农业生产物资通过网络下乡，让农民也享受到互联网的便利；而另一方面，也是更重要的方面，是怎么实现农产品网上销售，这是要帮助农民解决的大问题。

目前，在1 300多个淘宝村中，有不少是贫困县的问题村，产业基础差，完全是依赖电子商务，或是将别处批发进来的货品进行分销，或是售卖当地的土特产品，以开网店的形式改变了原来的经济状况，也获得了电商发展特定时期的红利。但是如今网店开一家赚一家的时代早已一去不复返了，所以在经历了简单形式的复制和大规模的扩张之后，淘宝村眼下已经走到了一个转型升级的“十字”路口。

如今，淘宝村遇到的主要问题就是同质化严重，质量标准认证难，人才匮乏，供应链体系不成熟。对于淘宝村的村民来讲，他们售卖的土特产会因质量没有认证而遭到消费者的投诉。而制造或销售的服装、玩具等生意则是同质化现象非常严重，竞争激烈。所以，打价格战已经不能建立一个良好的淘宝村生态体系了，唯有品牌的创新，或许才是摆脱淘宝村困境的有效方式，而其中的人才储备就成为了主要问题。

九、对实体经济与电商关系的评论

我们在讨论今天中国电商行业发展的过程当中，自然不能忽略另外一个方面，那就是近来常听到的一个议论——电商对实体经济带来冲击，即如果未来电商发展一直势头这么猛，会不会把实体经济给吃掉。

其实，我觉得很多时候我们把实体经济和电商之间的关系太过于对立化了。这几年常听到一个声音，认为实体店是被电商打败的。而事实上若我们客观地去分析，其中有部分电商的原因，如面对的客户人群不同、线上的分流等等，但是其实还有些其他原因，例如租金因素和人工成本因素，甚至可以说，实体店是被租金打败的、是被高昂的人工成本打败的。

以最近淮海路太平洋百货黯然离场为例。这类企业在十年甚至于二十年前，也就是百货业鼎盛兴起的时候，它当时的选点、选址其实是恰到好处的，是踏准了百货业发展的节拍，走过了这些年百货、大商场发展的黄金期。但是这一路走过来，每一年租金都在上涨，这几年线上交易又分流了人流，再加上一些其他因素，使其受到了一个蛮大的冲击。但是不能完全归咎于电商，实体经济的发展在一个特定的时间段里，有其黄金期，但也会有其变化和低谷。

另外，最近淮海路上有些百货商店开不下去了，可与此同时，一些城市副商业中心则开了不少新的购物中心。比如五角场商圈，在原有的东方商厦、百联又一城、巴黎春天的基础上，最近又开出了合生汇。在合生汇开业前，大家曾担心五角场商圈已经饱和了，可是你现在去合生汇看看，照样非常火爆。购物中心不再是单一功能的百货商店，而是一个城市综合体，停车、吃饭、逛街、娱乐功能样样都有。这是现在的一个趋势，说明实体经营模式在发生变化。

所以，如果我们可能过多地放大太平洋百货淮海路店关店这件事情，而对其他地方新开了一些店讲得又不是特别多，那么就会把关店归结为电商的缘故，归结为电商对实体经济造成了冲击。因此，我一直认为实体店受到冲击不完全是电商的原因。

十、对新零售的评论

最近一些做实体商业的业者认为，未来的实体经济，尤其是大的购物中心(shopping mall),就是要走综合体这条路,即除了满足消费者购物需要,更要满足消费者看电影、亲子或者是逛书店等诸如此类综合的需要。

没错,从一个综合体来说,就是要综合考虑餐饮、百货业态和其他服务业态各自占比。近来这种占比在发生变化。过去可能是百货店占了大部分,但现在服务类的占比在上升。

一个月前,阿里巴巴集团提出了"五新"①概念,这段时间围绕"五新"概念也有很多议论。作为一个对电商做了多年研究的人,我个人的观点是,我们对电商应该更包容一些,不要只从狭义的角度来理解电商。电子商务这个词是由两部分组成的,一个是电子,一个是商务,这本身就是一种融合。在这种融合当中,可以是一分电子、九分商务,也可以是五五开,也就是说,这是个"鼠标+水泥"的融合,不是纯粹的鼠标。但是过去这些年,不少人在讲电商的时候,甚至包括阿里巴巴集团在内,大多讲的是纯网上的电商,因此似乎电商与实体经济形成了一种对立,即一个是线下实体经济、一个是网上新经济,两者水火不相容。但其实如果回到最后的服务对象上和回到商品服务的角度,两者应该是融合在一起的。

总之,没必要讲纯电商,电子商务的概念应该是广义的,重要的是必须回归商业的本质。从商业本质出发,我们会担心假货问题,会关注诚信问题,也会关注到客户的体验,以及之后的物流和售后服务等等。所以,如果回归到商业经营的本质,电子商务就是指将电子与商务两者在售前、售中、售后的整个流程中融合起来,从而把服务做得更好。

阿里巴巴集团可能是想要区分和突出与以往的不同,所以特意强调了一个"新"字。但我认为并不一定非要放个"新"字,因为新旧永远都是相对而言的,永远处于变化中。我可能更愿意说,过去是1.0,现在是2.0,明天是3.0。

---

① 新零售、新金融、新制造、新技术、新能源。

好了，从昨晚10点起到现在凌晨1点，在这个狂欢夜同大家一起相伴到黎明。通过3个小时的讨论，我们清楚地看到，电商的蓬勃发展体现了中国经济的蓬勃发展，电商发展在拉动内需、解决就业、打破商业壁垒上起到了积极的作用。但是，我们也必须要警惕电商发展过程中存在的问题，比如不诚信经营、低价劣质的恶性竞争、不理性的消费等。“双十一”已经走到了第八个年头，希望第九或第十个年头，我们能够更平静地去看待它，从而多一些冷静。

05

又到“双十一”，你买了吗？*

“双十一”来袭，2016 年有哪些亮点？网络直播、VR/AR、“黑科技”轮番上阵、各显神通。实体店叫板电商是否能够逆袭？剁手节又至，究竟该理性还是狂欢？

一、2016 年“双十一”的新花样

“双十一”的关键词是买买买，以往都是强调价格战，而 2016 年的“双十一”却出现了更多的高科技元素，网络直播、“AR＋VR”结合购物轮番上阵，尽管消费者逐渐趋于理性，但商家还是通过各种高科技新玩法吸引人们眼球。随着逐年递增的销售额，“双十一”所代表的消费狂欢由线上逐步席卷到线下，不断有新元素注入其中。不仅活动当天参与的商家积极迎战，而且“双十一”的活动时间其实已经提前了近 1 个月。但是随着“双十

* 本文内容主要源自：2016 年 11 月 11 日东方财经“632 观察”栏目访谈（19：30－19：45），主持人杨帆、嘉宾李俊阳对本文内容的形成亦有贡献，在此一并致谢；视频网址为 https://v.qq.com/x/page/v0345a2o2c7.html。

一”热度的升级，除了买买买，还应该关注些什么呢？

2016年“双十一”，在营销手段上出现了VR/AR等新花样，其实把AR和VR放进去很正常。因为电商发展那么多年来，自身就是依靠技术驱动和仰仗数据推动的一个新事物。当然，这么些年下来，“新”可能是谈不上了。甚至就像前段时间马云说的，传统电商已经过时了，要走进“新零售时代”了。从2016年上半年，在电商购物过程中引入AR/VR并大热来看，其实是希望给予消费者一种新的体验。

以往，形容“双十一”都是说买买买。2016年可能会说，在买买买的同时，还混搭上了玩玩玩，甚至还有看看看，从而让原本单一的消费行动带上一点娱乐色彩，目的也是希望消费者在疯狂购物的同时，还能买得高兴。

二、“双十一”成为共振的话题

2016年10月底，阿里巴巴集团CEO张勇在回母校上海财经大学演讲的时候曾袒露，当年推出“双十一”没有什么其他想法，只是想让淘宝商城生存下来，所以就人为制造了一个由“光棍节”改造而来的购物节日。但没想到的是，歪打正着，几年来一路发展下来，“双十一”不仅是购物节，甚至变成了全民狂欢节，用术语来说，成为一种现象级的现象了。2016年的晚会就请来了美国“超级碗”的导演来担任晚会导演，从而呈现一台狂欢的晚会。

此外，“双十一”还引发了一种共振。在这场共振中，作为消费者，振出的是兴奋，而作为经营者，振出的是欣喜。同时，在这一链条上的各方，获得的是一种多赢的效果。因为无论是站在最前方的平台、网商，还是在背后的物流供应商、其他合作方，甚至包括做基础设施的IT服务商，其实都借助于这种共振分得了一杯羹。

“双十一”已经成为一个全社会关注的话题。

三、“双十一”共振会倒逼实体店

最近实体店也在加入“双十一”购物节。有些实体店就宣传:我现在这个销售价格已经是你们“双十一”在网上购买这个东西的价格,所以你可以提前买,而且你在我这里可以亲自体验。

这是好事情。因为前两年还出现有些实体店抵制“双十一”的情况,但2016年有不少实体店积极参与“双十一”的活动。所以说,实体店完全可以在与电商的竞争当中得到它们应有的市场份额。

“电子商务”的实质还是在做商业。那么,回到商业的本质上,最佳的竞争应该是把优质的产品送达到消费者手中。只是在这个送达的过程中,前些年电商在宣传和渠道等方面,确实对消费者有非常大的吸引力,因为购物更便捷、价格更优惠。但同时,也有些商品需要试用,而销售者有时也会去实体店里吃吃逛逛看看的。

前面提到了共振,共振是件好事。这波电商大潮对实体经济和实体经济的经营者是一种倒逼,用这个共振波逼着其不能躺在原来的功劳簿上,逼着其不断改进。

四、2016 年“双十一”快递会有改善

往年“双十一”买完东西,可能要过很久很久才能送来,消费者去领快

递的时候会发现快递都已堆积成山了，但 2016 年会有所改善。因为这是个不改善也得改善的问题。

在“双十一”，大家都习惯守着 0 点下单，就像昨天半夜，大家惊呼，52 秒交易额就突破了 10 亿元，这是个非常惊人的数字。

昨晚在东方卫视 Knews 的直播中，注意到这么一条信息：杭州下沙保税物流园区送出的单子，号称是 2 点就能送达客户手中。注意，0 点下单，不是到下午 2 点，而是凌晨 2 点就已送达。按照这样的效率，物流绝对是改善的。

但我同时想说两点。第一，有必要半夜 2 点钟那么快送过来吗？有可能 12 点下完单我睡觉了，凌晨 2 点敲门给我来个快递，我都不觉得需要有那么急。第二，为了追求这种改善，铁路推出了“双十一”电商黄金周，搞得像春运一样，而各大物流公司事先将飞机、火车等全备好，还招募了不少临时工。因为存在这些预案，我相信效率肯定是改善了，消费者的吐槽可能会减少。但若从经济效率来考量，其实是不合理的，因为这是让一家正常的物流公司不按照公司全年正常的运量去考虑相应的配置，而是为了这一天疯狂的高峰去匹配。如果把话说得绝对一点，就其余 364 天而言，这些运能全是浪费的。所以我们现在在追求快的同时，是否应该稍稍理性一下。

五、“双十一”销售额会逐渐趋于理性

其实这个问题不需要担忧。任何一个新事物，在它新出来的时候，可能成长得都会很快，但是其不可能永远处于爆发期，它的成长速度会慢慢地趋于平缓，甚至下降。这都是正常的。

另外，我们不得不理性地看待"双十一"的交易额数据。这个交易额数据是从"双十一"之前一个月开始生成并集中在"双十一"这一天爆发出来的。所以，"双十一"的交易额数据创新高，也是各方共振的结果。但这种过高的数据，可能会引发很多问题，物流快递就是一例。所以，我更愿意看到，将来或许数据没有现在这么漂亮了，增长趋于平缓，销售分摊到平常，甚至数据往下降，但我都觉得不是一件坏事。因为对于整个社会的效率来说，更为均衡，或许这是一件更值得高兴的事情。因为这表明，无论是电商还是消费者，都更趋于理性。

06

"双十一"没有奥数功底没法"剁手"*

时间尚未进入十一月，但 2017 年"双十一"的锣鼓已经敲响。卖家们积极备货，买家们也在摩拳擦掌。相比以往，2017 年"双十一"的促销规则似乎有了很大变化，让人惊呼没有奥数功底没法"剁手"。那么，促销模式变化的背后到底折射出了什么呢?

一、"双十一"促销模式发生变化

近日，《北京青年报》的一篇报道在网上受到不小关注，文章直指在 2017 年"双十一"期间，"剁手党"们想要买到物美价廉的产品，不仅要靠手气和网速，还要拼智力和体力。因为 2017 年众商家推出的促销活动规则实在太复杂。例如，预售金、定金、膨胀金，各类满减红包、直降红包、返现券等优惠，还有 7 天或 30 天保价政策，让人看得头晕眼花。以至于网友纷

* 本文内容主要源自：2017 年 10 月 31 日看看新闻 Knews 综合直播连线(14:30－15:00)；视频网址为 http://www.kankanews.com/a/2017-10-31/0018206469.shtml。

纷吐槽，简单粗暴的直接打折活动已经很难见到，买个百十元钱的东西，得花上几个小时研究各类的规则，没有奥数功底已经是不敢应战了！

二、电商平台公布品质管控方案

即使网购商品价格再低，但消费者最终看重的还是买到手的商品是否货真价实。“双十一”走到第九个年头，从以往打折促销造节推动增长，到今天逐步走向品质竞争。

2017 年 10 月 30 日，在国家质检总局、中国消协等部门搭台主办的沟通会上，阿里巴巴、京东等 10 多家电商平台公布了品质管控行动方案。阿里巴巴提出了品质管控八条承诺，对商家的违规失信行为实施精准打击，使得商家一处失信将处处受限。京东、唯品会等多家电商平台也纷纷祭出“杀手锏”，承诺从售前和售中八大关卡查验商品质量，建立产品全程闭环可追溯体系，做到商品来源可查、去向可追、责任可究。

从国家质检总局和中国消费者协会往年监督抽查和接到投诉的数据看，电子商务正品产品质量的合格率维持在 70%左右，服装、食品、家电商品是质量投诉的高发区。应该说，70%的合格率离消费者对质量的要求还有很大差距。所以有必要对电子商务平台企业加强质量监管，通过监管反过来促进生产源头提升质量。

三、“双十一”促销模式变化折射的信号

2017 年“双十一”促销从之前的直接打折模式变成了花样繁多的促销

模式，从某种角度也是反映了监管的趋紧。

2017年是“双十一”的第九个年头。前两年“双十一”结束后，发改委曾经发布过两次关于“双十一”网购的信用评价。在2016年的信用评价报告中，发改委非常明确地说明，“双十一”是真打折，而不是像前些年那样打着降价促销的旗号，其实是加价销售的。但也正因为是真打折，所以从商家的角度来说，一定是痛的，所以才有了2017年各种各样的变相促销模式，这实际上是商家在通过各种方式让渡部分价格并希望以此来增加销量。所以促销形式越来越复杂也就不难理解了。

那么，消费者如何避免被坑呢？答案是，面对五花八门、各种各样的促销信息，消费者要切记天下没有免费的午餐，要保持理性。此外，还想提醒消费者，眼睛不要只盯着商品价格，也得关心一下服务，甚至还得再关心一下整个过程中有没有个人信息被泄露的风险。换句话来说，消费者需要全方位思考，才能防止被坑。

四、行业自律的作用

前面讲过，有10多家电商平台公布了各自的品质管控行动方案，来确保“双十一”期间的产品质量，但这种行业自律对净化网购环境到底能起到多大的作用？会不会是说一套、做一套？

虽然电商平台有可能说一套、做一套，但我个人观点是，电商平台承诺了总比其不承诺好。因为在以“双十一”为代表的网购活动中，平台的作用确实不可忽视。

我可能更愿意理想化一点，愿意相信，行业的自律对于网购环境的净化是起了一定作用的，因为毕竟在网络销售中，电商平台是第一监督人。

若第一监督人首先发力，那么再加上第三方的监控、评价体系的完善、惩戒机制的约束，则将来大家会有机会看到网购环境逐步净化，看到电商朝着良性和积极的方向发展。

五、物流备战

前几年，每到“双十一”，对物流行业就是一次严峻的挑战。每到“双十一”都会听到物流爆仓这类消息。但2017年出现了无人仓和共享快递盒，好像使这个行业越来越智能了，但它能满足2017年“双十一”的需求吗？

前几年，每次“双十一”物流都出问题。但2017年物流行业最早启动备战，早在“双十一”之前50天的时候，即2017年9月20日，中国快递协会就在上海召开了行业服务誓师大会。此外，作为2017年的升级服务，能非常明显地看到，物流行业除了做以往的各种准备之外，还采用了智能化手段。首先说无人仓。无人仓代表了一系列无人技术在物流行业的应用，应该更多地应用在物流干线上，即仓储、分拣等领域，以此来提高物流工作效率。其次讲一下共享快递盒。这几年，大家对于伴随中国电商快速发展起来的快递业务给环境造成的影响，还是有很多质疑的。通过类似共享快递盒这类改进，意味着快递行业在为电商服务和与其共同发展中，也注意到了金山银山和绿水青山这样的一种共生共存的关系，注意到了环境保护的重要性，是在满足大众消费需求的同时，注意到了人民群众对美好生活的环境需求。所以说，这几年电商的发展其实对物流的发展也是一种推动。

07

“双十一”还值得期待吗?*

“双十一”进入倒计时,各大购物平台的预热促销正在如火如荼地进行,预售、定金、优惠券等种种玩法让消费者连呼看不懂,一个不小心就会掉坑,至于那些眼花缭乱的营销活动,也可能暗藏“猫腻”。从一个单日的促销,到成为全国消费者的购物狂欢,走入第九个年头的购物“双十一”还值得期待吗?

一、“双十一”的吸引力

我认为,吸引力最初来源于压力,由压力转换成动力,最后形成吸引力。为什么这么说呢?我接下来将借用最近这一年在讲吸引力的时候很多人喜欢用的“人货场”来解释。

首先说“场”。可能听众朋友也知道,昨天《非常解读》栏目获得了上海

* 本文内容主要源自:2017 年 11 月 9 日上海人民广播电台 FM93.4“非常解读”直播(17:00—18:00),主持人任重、嘉宾方丽对本文内容的形成亦有贡献,在此一并致谢;音频网址为 http://m.ajmide.com/wx/#/forum/。

市新闻一等奖，在栏目获奖的第二天来到直播现场，对我来说压力非常大。

其次说“货”。说实话，在我与《非常解读》栏目的三年合作中，“双十一”这个选题已经不是第一次被谈到了，最早在2015年的时候就已经谈过了。所以“双十一”这个选题可以被称为是一个年年谈、人人谈的选题。谈这样的选题，这样的“货”，对我们今天在场的三人来说也是一种压力。

最后说“人”。今年是“双十一”的第九个年头。“双十一”是由我们上海财经大学校友、如今的阿里巴巴首席执行官(CEO)张勇2009年创造出来的。那一年，张勇刚刚接手新业务，苦苦思索怎么让淘宝商城走出困境。按他2016年回到母校——上海财经大学演讲的时候说的，“双十一”就是臆想出来的，即想着怎么借“光棍节”创造出一个购物节来。但是，就是这样的一个“无心插柳”，让我们看到了如今“双十一”人造节日的成功，看到了“双十一”对大家的吸引。

通过“人货场”，压力转换成了动力，也吸引我们一次又一次地谈论这样一个话题。

“双十一”的吸引力体现在很多方面。例如，明天晚上“双十一”的晚会将来到上海，来到梅赛德斯奔驰中心。又如，早在2017年9月，快递企业就为“双十一”召开了誓师大会。再如，2017年10月25日，召开了上海市电子商务联席会议，决定由上海市商务委牵头，为整个“双十一”提前做相关的协调和保障工作。还如，2017年11月5日，上海市工商局牵头围绕“双十一”的促销规范做相应的座谈，包括邮政快递的保障，甚至为了解决快递配送问题，促成了顺丰和大华虎城的合作，即利用已有的商业场地和设施解决“双十一”快递包裹的配送问题。

综上所述，我们可以用“双十一”的四个1来解读“双十一”对各方的吸引力，即“这个节日只要一来，网民就要一买，政府部门和相关机构就要一管，我们的节目就要一谈”。总而言之，“双十一”就是这么有吸引力。

二、“双十一”代表了商机，也产生了生态

“双十一”现在已成为社会各界关注的对象，不管是政府部门，还是电商平台、快递物流等等，都被有效地串联起来和动员起来了。

进入第九年的“双十一”仍然还有如此大的吸引力，说明“双十一”代表的不仅仅是商机，也不仅仅是一批特定的受众，而是一种“双十一”文化，甚至是一种“双十一”生态。在整个生态链上的循环，让“双十一”成为中国人的狂欢节，或许将来还会演变成国际化的节日。

另外，这样一个购物节之所以有吸引力，更多的是因为老百姓受益与厂商获利共存，而“双十一”前之所以有那么多话题被抛出来，也是因为这个节日太受人关注了。

三、关于“双十一”的复杂规则

2017 年“双十一”的促销规则似乎特别复杂。前段时间大家都在说“双十一”的时候要看懂这些规则的话，简直就像在做奥数题。对于这个问题，我的理解如下：

首先，讲一下预售。我认为，假如站在商家或者站在“双十一”销售保障的角度来看，预售没有错。因为通过预售的方式，可以避免流量高峰导致网站、系统的瘫痪，也可以让商家清楚地去做相关的库存准备，甚至把相应的货提前备到消费者的周围，所以这其实是一件好事。

其次，讲一下定金膨胀、满减红包等。今年“双十一”的促销规则的确

挺复杂,但是假如站在商家的角度来说,这些复杂的促销规则可以使商家能按照不同的地域、不同的人群来做精准的定位。所以从这一角度来说,这件事情很正常。

四、"双十一"是体力与脑力的双拼

2017 年"双十一"的优惠规则像奥数题,大家戏称文科生解不出,我是个不折不扣的工科生,但前两天学校一位老师在朋友圈发了"双十一"题目,我还真的去做了一下,发现做得晕头转向,折腾了第一道题就投降了。所以,我能理解消费者感受,但我也能理解商家,即商家不愿意再像前几年那样简单打折,而是变着法儿玩了一部分套路,但即便如此,也得愿者上钩啊。

这让我想起一个故事。2004 年 7 月初,硅谷心脏地带的 101 公路旁出现了一个巨幅广告,只有学习过高等数学的人才能看懂那是一道复杂的数学题。一些好奇的人解开难题,答案是一个网址。登录网站后,会看到一系列难度递增的数学题,最终,7 500 人来到了数学迷宫的出口,看到的是谷歌公司的招聘广告。在这个看似游戏的谜题面前,能走到最后的人,已经让谷歌甄别了非功利的兴趣,以及兑现这种兴趣的执着和到达目的地的智慧。谷歌用一道别出心裁的谜题招唤着天下英杰。

当然,我们不能说用"双十一"折扣迷宫来选人,但假如就把它当奥数题来做的话,也挺有趣。平常大家都说"双十一"这天是剁手的时候,是体力的比拼,那现在则是体力和脑力一起双拼,也挺有意思的吧。

五、关于定金或订金

两年前，也就是 2015 年，国家工商总局曾出台了《关于网络商品服务集中促销管理的暂行规定》，其中有关于订金的相关内容。但那是“订金”而非“定金”。也就是说，如果是决定要交的那个定金，那是不退的；但是，如果是我们预定的那个订金，那是可退的。所以关于这一点，或许我们有时候还真的要擦亮双眼，看看清楚到底是哪个。

六、平台利用数据来帮助消费者

电商平台应该利用数据来帮助消费者约束商家为了促销先涨价后降价的行为。

2017 年“双十一”之前，国家发改委和相关部委就商家为了促销先涨价后降价行为专门做过一个预警，在“双十一”结束后，发改委又专门发布过监测报告，报告中有一句话我印象非常深刻，说根据监控数据，“双十一”是真打折而不是先涨价再降价。我相信这份报告应该是在用数据说话，是真实的，但由于监控主要针对大平台、大商家，因此不排除没有列入监控名单的商家会在这方面存在各种问题。

最近，不少地方都在提醒消费者要保护自己，要消费者及时截屏，留下商家原来的价格，甚至建议消费者在“双十一”之前的三个月或两个月就把价格截屏。对此，我认为，虽然消费者自身是需要保持理性和清醒，但每一个消费者不可能都有那么大本事，在两个月前或三个月前就注意到价格是多少。所以我建议，一方面，消费者要保持理性；另一方面，电商平台也应该做点事。我们知道，股票价格是可以回查的，即可以查到某只股票半年前或一年前的价格。那么电商平台可否利用大数据将某个商品上到平台上之后半年、一年、两年、三年，甚至整个以往的价格保存下来，在消费者需要时，将数据提供给消费者呢？我认为可以，平台一定要担起责任来，不要把责任都推到消费者身上，说什么“你举报你举证”，消费者太累了。而且，当平台做到数据透明化之后，这本身对想要抬高价格的商家来说就是一种约束。

七、关于电商专供

电商专供也是件有意思的事情。以往听到“专供”都应该是好东西，比如奥运专供、世博会专供，等等。但是，现在听到“电商专供”时，觉得好像有一点点贬义。也就是说，给人感觉是，商品的生产商有两条流水线，一条流水线生产的商品是提供给实体店的或其他渠道的，另一条流水线生产的商品是提供给电商的。对此，我认为，假如这就是一个确确实实的电商专供品，那么无论这个商品的配方、质量如何，那就是专供电商的特定商品，没啥大不了的，因为可以说这是按照不同的市场和不同的需求专门生产的。之所以说电商专供带有一点点贬义，是因为电商专供商品实质是一个与在实体店或其他地方看到的不一模一样的商品，但是消费者在网上看到的照片和说明，却表明其几乎与实体店的一样，而只有当消费者拿到商品时才会发现质量是不同的。所以，假如商品本身真的是彻头彻尾的电商专供品，那是正常的，但是假如说它是打着与实体店一样的旗号，最后却是不一样的，那就不对了。

同时，不应该要求消费者擦亮双眼去识别，因为这是平台上亮出来的照片和做出来的说明，所以平台有监督责任。

八、“双十一”会成为常态

虽然有七年之痒之说，但是“双十一”都八九年了，好像大家还是有期待，那“双十一”将来会怎样？

应该说，随着消费者理性的提升，如果在规范的体制之下，“双十一”还是值得期待的，会成为大家期盼的购物狂欢节。

今天是 11 月 9 日，这两天大家在开一个玩笑，今天是防火，明天是防盗，后天是防剁手。虽然年年在说防剁手，但是按目前这个趋势来看，无论是 2017 年还是 2018 年，“双十一”依然会把压力变成消费动力，变成购买力，具有吸引力，会成为常态。

08

聚焦现象级网购节 2017 解码“双十一”*

从今晚 11 点到明晨 1 点，看看新闻 Knews 为大家呈现《聚焦现象级网购节，2017 解码“双十一”》特别直播节目。第九个“双十一”活动再次到来，一场跨领域、跨平台的商业大战再次拉开了序幕。2017 年的“双十一”晚会移师上海，传递出怎样的信号？作为现象级社会活动，“双十一”将引发怎样的全球共振？

一、2017 年“双十一”的关注点

到 2017 年，“双十一”已经进入第九个年头了。作为上海的电商研究者，我主要关注以下几个方面：第一，“双十一”主会场移师上海，意味着当年从淮海路离开的阿里巴巴回归上海了；第二，“双十一”这个人造节日如今已经变成了全民狂欢日；第三，“双十一”的口号变了，当初的口号是全场

---

* 本文内容主要源自：2017 年 11 月 10 日看看新闻 Knews 直播访谈（23:00－01:00），主持人雷小雪对本文内容的形成亦有贡献，在此一并致谢；视频网址为 http://live.kankanews.com/zhibo/3838.html。

五折买买买，2017 年的口号是“全球共振的社会化大协同”，强调的关键词是新零售和品牌出海。

二、“双十一”成为现象级社会活动

无论是疯狂增长的数字，还是一年比一年热闹的晚会，“双十一”已经超出了商业范畴，达到了现象级社会活动。

甚至有人断言说，从所调动的全社会的资源规模、参与和影响的人数来看，“双十一”已经是仅次于两次世界大战的人类活动。

确实，这是全球所有人的共振，是全球所有的商业力量在科技、大数据驱动下完成的一次全球大协同。参与协同的有各行业的商家和服务者，包括营销、快递、物流、供应链、网页设计、娱乐等所有环节。在这背后，是数据、智能、计算的支撑，是由程序员、产品经理、数据分析师、算法工程师一起托举起了这一节日。

三、新零售的布局

从 2016 年 10 月起，阿里巴巴在新零售方面的布局从大到银泰百货、中到盒马鲜生、小到天猫小店三个层面展开。

有关银泰百货这里不展开，但是盒马鲜生和天猫小店有必要谈一谈。

盒马鲜生体现的新零售特点。从 2016 年 1 月盒马鲜生上海金桥店开业起，发展至今，可以说是竖起了新零售的标杆，甚至出现了消费者津津乐道的“盒区房”概念。2016 年 9 月 28 日，盒马鲜生在全国的 10 家店在这天一起开业，按其服务范围来计算，10 家店覆盖的人口大约为 280 万。盒马鲜生还创立了日日鲜蔬菜、日日鲜肉类等日日鲜品牌，也受到消费者的欢迎。而在这背后，体现的是用科技手段对传统零售人、货、场的深度重构。

如果说盒马鲜生代表的是新零售的从无到有，那么 2017 年 8 月维军超市变成为天猫小店，则是代表了新零售的“从有到优”，其背后真正要做的工作，是用数字化技术改造 600 万家夫妻老婆店。

四、“双十一”堪称新零售奥运会

阿里巴巴提出，要把 2017 年的“双十一”打造成新零售的奥运会，即品质更高、内容更强、物流更快。我对此非常赞同。每年的“双十一”都好比大考，也好比竞技，所以就如同奥运，比拼更快、更高、更强。

同时，“双十一”也给了所有商业力量在“双十一”舞台上同场竞技的机会，主要是竞争如何为消费者提供更好的产品和更优的服务。

五、物流保障中的各方协同

每年“双十一”的物流总是被人诟病。2017 年，物流企业投入了更多的机器人、无人机参与到商品的分拣、投放中，这意味着电商的发展正在倒逼相关行业，尤其是物流快递业的快速发展和科技的融入。

不仅是物流行业进行了创新，在跨境电商逐渐盛行的背景下，海关方面也调整了工作模式。海关借助多方协同，加快通关速度，推行单一窗口，其目的就是希望能让物品快速地到达消费者手中。这也再次说明“双十一”已经成为多方协同的节日。

六、“双十一”与跨境电商

从2015年的“双十一”期间提出“全球买，全球卖”，到2016年的“双十一”期间提出“买全球，卖全球”，再到2017年“双十一”期间1 500个商家和百个中国品牌借“双十一”出海，我们再次清晰地体会到网络本无国界之分的道理，也让大家看到了跨境电商与“双十一”越来越紧密的关系。

此外，跨境电商在引进国外商品的同时，也在助力中国商品走到国外，这在2017年“双十一”“品牌出海”这个关键词上体现得最为鲜明。而中国电商出海，离不开跨境移动支付和国际物流建设这两方面的支持。

七、电商是经济发展的新动能

一年又一年，“双十一”已成为一扇窗口。透过这扇窗，可以看到政府对开放经济和先进技术的拥抱态度，以及对互联网经济和消费转型的赞赏态度。从2017年3月19日《人民日报》把电商定义为“新实体经济”，我们也可以看到电商作为经济发展新动能角色的重要性。

以“双十一”为辐射，对外，在跨境电商领域，中国要打好电商这张牌，需要牢牢把握国际贸易规则的话语权；对内，回到新零售模式，需要不断求新、求变，融入新技术、借力新技术，进行零售创新，将优质的商品和优质的服务送达消费者手中，争取引领全球商业走向未来。

09

新零售时代，线上线下如何融合？*

一年一度的"双十一"购物狂欢节又来临了，而且到2017年，"双十一"已经进入了第九个年头。和往年不同，2017年这一天，线上和线下可以同价；在网上买的东西，可以自己到实体店里去提货；而在实体店里刷出来的现金券，也可以拿到网上去买东西。2017年"双十一"最大的特点就是线上与线下的融合。

一、2017年"双十一"的新现象

与往年"双十一"一样，2017年也是非常火爆，而且出来一个新的亮点，就是线上与线下的融合。过去这个时候电商和实体店之间是火药味十足，但2017年却是一片融合，怎样看待这样的现象和变化呢？

没错，前几年尤其"双十一"，大家讲得比较多的是，电商这边狂欢，实

* 本文内容主要源自：2017年11月11日上视新闻"夜线约见"直播访谈(22:00－22:15)，主持人陶淳对本文内容的形成亦有贡献，在此一并致谢；视频网址为 http://www.kankanews.com/a/2017-11-11/0018221244.Shtml。

体店那边门可罗雀。尤其是2016年，淮海路太平洋百货的关门成为了两者之间鲜明对比的例子。但2017年有所不同，从刚才视频里看出，永安百货和优衣库两家实体店的从业者都笑开了花，而且以往在这期间，购物者往往都在家里操作电脑，但2017年很多购物者都排在商场的门前了。

我认为，电商与店商的融合是一种回归。前几年，很多人认为，实体店和电商的关系如同两条道上跑的火车，互相水火不相容。但其实并非如此。因为如果回归到商业的本质上来讲，无论电商还是店商，其本质都是要把好的商品和服务传递给销售者，只不过渠道稍有不同而已。所以我认为，电商与店商的融合是一种回归。

二、“双十一”主会场回归上海

回归这个词还可以用于昨天晚上的“双十一”晚会。“双十一”晚会主会场的地点2015年在北京，2016年在深圳，今年(2017年)则在上海。

大家可能会认为“双十一”晚会主会场选择是根据北上广深这些一线城市一个一个轮过来的，但其实不然。2017年阿里巴巴在“双十一”提出了两句口号：一句是“新零售”，一句是“品牌出海”。新零售的标杆在哪里？在上海，而想要出海，不来大上海怎么去出海？所以我认为，“双十一”晚会落户上海代表了一种回归，折射出来的是上海良好的商业环境(包括制度上的规范)所形成的吸引力。

三、线上与线下融合的实体店——盒马鲜生就是在上海诞生的

“新零售”这一口号是在2016年的云栖大会提出的，到现在已有一年。

从一定意义上讲,2017 年才是新零售真正的元年。

那么,谁是新零售的代表呢?可以说有不少代表,规模大的有银泰百货,规模适中的有盒马,规模小的有维军超市,但这其中最亮眼的还是盒马。盒马是 2016 年 1 月在上海自贸区注册的,第一家店选址在浦东金桥,而到了 2017 年 9 月 28 日,其在全国的 10 家店同时开业。盒马的发展十分迅速。截至目前,盒马在上海已经有 13 家店,在全国有 20 家店,而盒马计划 2018 年要在全国开 100 家店,把在上海试验成功的“新零售”模式推广到全国,甚至推广到全世界。

四、新零售与无界零售本质是一样的

阿里巴巴提出了新零售概念,与此同时,京东则提出了无界零售的概念。新零售与无界零售有什么异同?我认为,二者本质上是一致的,是对同一件事情的不同的表述。我认为,“新零售”更应该理解成“新”零售,即理解成信息技术助推零售的创新。而无界零售则实质上是在强调:线上线下本无界,应该互相融通。所以我觉得,名词虽不同,但本质是一致的。

五、“双十一”的新融合:商城与物流公司的合作

2017 年“双十一”除了实体店与电商线上线下融合这一最大特点外,还出现了物流的线上线下融合,其中发生的非常有意思的一个事情是:一家商场与一家物流公司进行合作。

这个事情发生在上海的静安区,从 2017 年 11 月 10 日到 11 月 19 日,

大华虎城购物中心广场上搭起了3个总面积近30平方米的帐篷，充当顺丰速运2017年“双十一”期间的一个临时分拣仓库。顺丰速运的快递人员就在这里对运来的包裹进行分拣、整理和派送。同时，消费者也可以把这里当作代收点，到现场提取“双十一”的“战利品”。顾客只需要提供运单号并出示有效证件就可以快速取件。

这一事件再一次体现了融合。关于这次合作的背景，我有些了解，这次合作是从2017年8月份开始洽谈的。（这里必须要提一下，上海与其他城市稍微有些不同，上海专门有一个电商联席会议制度，上海市电商联席会议的办公室设在上海市商务委。）从2017年8月开始，上海市商务委牵头联合各方为“双十一”备战。在这个过程中，为了解决“双十一”期间可能会出现的快递爆仓、延误等问题，试图把实体商场的已有资源与快递公司结合起来，以便通过其互相之间在资源上的快捷融合来解决上述问题。而大华虎城与顺丰速运的合作就是这一协调的结果。

现在我还不敢说，这一融合到底能解决多少问题、效果到底如何。因为按照一般情况来说，物流高峰要比销售高峰稍微滞后一点，可能真正的物流高峰会出现在12日、13日。但这一融合应该是个“双赢”。可以设想，到了明后天，就会有居民去商场拿快递了，而大华虎城购物中心又是一个建立在社区周围的商务中心，其周围社区的居民完全可以自己直接到商场去拿快递，这样就会非常方便快捷地拿到自己购买的商品，而不需在家里等很久才收到货物，从而使物流公司获益。而一旦居民去商场取快递的话，就会给商场带去益处，即商场的人流量会增加，而人流量的增加就可能对商场的销售产生积极影响。所以，在这种方式下，商场拿出了一部分资源，解决了快递公司场地问题，但同时也给自己带来了人流，最后达到双赢。

六、未来的发展方向

这次“双十一”我们看到了很多变化，如电商与实体店的线上线下融合、物流的线上线下融合。那么，未来的电子商务，包括传统的零售业，其发展方向是什么呢？我认为是新技术的不断融入。

2016年，我们听得比较多的是AR、VR这些新技术，而2017年听得比较多的则是人工智能。将人工智能应用到物流行业里，就有了无人仓、无人机配送等；而将人工智能应用到零售业前端，就有了无人超市等。在昨天的“双十一”晚会现场，很多人也体验了新技术的应用。但透过这些技术的应用，回到零售的本质，我们看到的是，通过科技的助推，优质商品与商家服务实现融合，并传递给消费者。因此，新技术不断融入一定是一种趋势。

随着新零售、无界零售等新模式的推进，电商平台正以前所未有的积极性拥抱线下渠道。而对于积极拥抱零售生态变化的线下渠道来说，“双十一”已经成为一次新的机会。所以说，“双十一”不再仅是线上零售的一次狂欢，而是整个零售生态的一次狂欢。

第二篇

移动支付

第三方支付“免费午餐”还能吃多久?

Apple Pay 来了,微信、支付宝好日子到头了?

面对支付的竞争,你怎么选择?

支付宝提现收费　你怎么看?

支付宝提现收费旨在固城

电子账户财产如何继承?

消费转型的阵痛如何化解?

2016 账单经济学

备付金集中存管,第三方支付何去何从?

利益博弈下的傲慢与偏见

“无现金”的真目的是“有数据”

中国移动支付为何领跑全球

如何看待网络支付流程的改变?

01

第三方支付"免费午餐"还能吃多久?*

2016 年 2 月 15 日,腾讯公司发布消息称,将对其微信的零钱提现功能收取手续费。腾讯公司解释说,收取提现手续费是为了填补微信此前所垫付的巨额成本。填补成本一说是否能够站得住脚?在各家金融机构和互联网企业纷纷降费来争夺客户的趋势之下,微信支付为什么会逆势收费?收费会不会导致大批客户的流失?第三方支付的"免费午餐"还能吃多久?

根据腾讯公告,从 2016 年 3 月 1 日开始,每个身份证相同的账户终身享有的免费提现额度为 1 000 元,超出的部分将会按照银行的费率收取手续费,目前提现手续费率暂定为 0.1%,不过每笔至少要收 0.1 元。此外,微信红包、面对面收付款、AA 收款等功能暂时不需要收取手续费。

腾讯公司市场与公关中心总监周博云表示:微信支付的每一笔交易,

* 本文内容主要源自:2016 年 2 月 16 日上视新闻"夜线约见"直播访谈(22:00－22:15),主持人夏磊对本文内容的形成亦有贡献,在此一并致谢;视频网址为 http://m.kankanews.com/n/1_7379250.html? from=singlemessage&isappinstalled=1。

只要从银行卡扣款，无论金额大小，银行都要向微信支付收取相应的手续费。随着微信支付的用户量和交易量逐步升高，这部分成本压力也越来越大。希望能够补贴一部分巨额成本。

一、"填补成本"的说法能否站得住脚?

其实从腾讯公司自身来说，它也必须要找这样一个说法。无法评价这个说法是不是站得住脚，因为事实上，对于每一笔相应的支付，银行确实是向腾讯收费了。在过去很长的一段时间里，无论是第三方支付企业，还是其他各类互联网企业，都是在用免费这一招来吸引用户。但是，当用户量大了之后，这些企业都可能会扛不住。因此，确实可能存在一个成本的问题。但是，与此同时，我们也不能排除这样一种可能性，即腾讯公司在微信用户量大了之后借"成本说"这个幌子跟银行"叫板"。

二、为什么免费金额是 1 000 元?

对于这个问题，微信团队回应说，目前绝大多数用户零钱包里的金额其实都远少于1 000元，这是订 1 000 元这个标准的主要原因。微信团队还强调了以下几点：(1)目前提现费率是 0.1%，但是银行的收费标准通常高于 0.1%，所以微信支付其实还会承担一定的成本，不会去赚取差额好处；(2)只是超过 1 000 元的提现必须要交 0.1%的费率，同时对商业的企业账户没有影响，所以对微商的影响也不大；(3)对于用户用储蓄卡去购买的理财通产品，提现仍是免费的。

对于这个问题，我的分析如下：

第一，相信腾讯公司将额度定在 1 000 元这个点上一定是有它的考量的，或者说是经过大数据分析的。

第二，对于收 0.1%的手续费率，腾讯公司的回应中有这么一句：我向用户收取的是 0.1%，但银行向我收取的比这个更高。其潜台词是：我并没有把所有成本都转嫁给用户，还只是在分摊，是希望通过分摊来减轻一些自己的压力。那如果从另一个角度来考虑，银行向腾讯公司收取的手续费是不是也可以再降一点点呢？

第三，腾讯公司声称收费对企业账户影响不大，从而想去安抚众多微商。但有一点必须指出，即有不少的微商其实开立的并不是企业账户，而是以个人的账户来进行收款的。如果从这个角度来说，微商还是有可能受到比较大的影响。

三、收费是微信的昏招吗？

微信支付是通过免费长大的。如果说玩免费，谁玩得过微信？当然，目前这个市场上还有另外一个选择——支付宝，支付宝还在免费，微信难道就不怕消费者用脚投票？但如果从这件事情的发生时点去看，我相信微信应该不是一时头脑发热而出的昏招，一定是经过深思熟虑而采取的策略。

首先，事情发生的时间点是在春节期间，这个时段内进入微信的钱，大部分是收红包收来的，或者是长辈给的，这个钱是可以用于消费的。

其次，微信对提现收费的目的是希望微信里的钱不要出去，而是留在微信里，从而让资金更多地沉淀在微信内部系统当中。

再次，提现收费公告会让原本可能没注意过微信除了红包之外还有些什么功能的人，再认真地去看看，微信圈里还有什么功能能用。而仔细一看后发现，微信支付可以用于吃喝玩乐各个方面。这样的话，消费者就会放心了，钱不提现，照样能用于消费。

通过以上分析，我们认为，微信支付团队现在在做一个大的入口。微信的消费场景已经足够丰富了，如果说资金又能在微信系统体内循环，那产生的利益会更大，消费者的黏性会更强。

四、免费时代是否快走到头了?

人们常说，免费、共享是代表更现代的、更高阶段的互联网思维，而初期的信息高速公路是“雁过拔毛”。一个免费，一个收费，哪个更代表趋势?免费时代是否已经快走到头了?

其实，我们不一定完全能下一个结论。在收费和免费这一个点上，不妨看看互联网的发展史。回想当年，我们会想起瀛海威，会想起其他一些早期的互联网公司，这些公司的失败，既可以说它们生不逢时，但是也有一部分原因是它们直接把美国的一套照搬过来。当时在美国，消费者的消费理念很成熟，消费者觉得收费是正常的;但是那时中国人才刚开始接受这个新事物，还没搞明白是怎么回事，因此收费就不可行，只能是免费。随后十多年下来，似乎大家觉得互联网就应该等于免费。其实这是我们的消费者这些年被资本惯坏了，互联网不应该等同于免费。

因此，今天其实我们可以撇开收费这件事。我们要考虑微信对提现收费这个举措的目的，我认为，其目的更多的是想要让用户在这个圈内的钱不要转出去，而在它的这个支付圈内，而且用户一样可以把钱用于吃喝玩乐，用来滴滴打车，用来做其他事情，甚至就如前面所说，买理财通的产品。换句话说，微信是想借此项举措把自己的使用场景扩大，并借此提醒消费者，不需要提现就可以把钱用于消费。

总之，第三方支付要想实现叫好又叫座，的确得持续地创新。收费和免费是两条完全不同的路径，但天下没有免费的午餐，好的商业模式和产品服务能够做到将成本逐渐转移到其他服务上，从而让消费者享受免费的红利。

02

Apple Pay 来了，微信、支付宝好日子到头了？*

2016 年 2 月 18 日，Apple Pay 正式登陆中国，指纹加 NFC 技术“一触即刷”能否引领移动支付新时代？苹果加入第三方支付战场，能否与支付宝、财付通三分天下？未来支付谁主沉浮？

猴年伊始，第三方支付市场好戏不断，继春节期间支付宝和微信的红包大战、微信宣布终结提现免费时代之后，苹果支付（Apple Pay）今天正式登陆中国。

根据苹果公司官网的信息，目前其在中国与中国银行、建设银行、交通银行等 19 家银行为合作伙伴。与支付宝和财付通扫描二维码支付不同，Apple Pay 运用了最新的 NFC 技术，用户可将设备靠近 Apple Pay 或中国银联闪付标志的扫描仪即可完成支付。不过，苹果公司对 Apple Pay 业务

* 本文内容主要源自：2016 年 2 月 18 日东方财经“632 观察”栏目访谈（19：30－19：45），主持人刘菲、嘉宾魏武挥对本文内容的形成亦有贡献，在此一并致谢；视频网址为 http://v.qq.com/page/x/0/m/x0185bcemum.html。

的支持机型有明确要求,iPhone 端目前只支持 iPhone6 及以上共四款设备。作为苹果旗下的移动支付系统,Apple Pay 2014 年 10 月率先在美国上线,目前中国已成为全球第五个、亚洲第一个上线该服务的国家。

一、苹果为何选择这一时点进入中国市场?

我们可以从两个方面去看待这件事情:第一,从苹果公司自身来看。苹果公司是一家硬件生产厂家,是做设备的。经历多年发展,虽然"果粉"无数,但是其硬件出货量已触到"天花板"了。所以,从苹果公司自身来说,一方面需要面对包括安卓市场在内的其他硬件厂商的挑战,努力提高硬件出货量,另一方面也需要在产品方面推陈出新,而支付就是一个非常好的点,是一个新的突破口。第二,从中国银行业来看。中国这几年移动支付的发展十分迅速,因为我国人口基数庞大,所以消费人群也很庞大,从而促进了移动支付市场的发展。但是移动支付市场按说应该是银行的"地盘",但是这个地盘现在被人家"蚕食"了,所以从中国银联和中国银行业角度来说,其实是希望有外来者进来帮忙,从而一起把这个市场做起来。

二、Apple Pay 有什么特点?

Apple Pay 主要有以下几个特点:第一,不需要 WiFi 的支持,其依据近场支付原理(即称之为 NFC)来进行支付,在 10 厘米左右的近距离范围之内,手机自身是可以进行通信的,所以摆脱了对于 WiFi 的依赖。这是与其他移动支付方法最大的不同。第二,闪付,即只要将手机靠近闪付 POS

机，基本上是1秒内就支付成功了，而不用像支付宝、微信支付等，得打开APP才能支付。第三，信息安全性更高。从信息安全的领域来说，一般认为，基于硬件的安全性比基于软件的安全性要高。所以，基于NFC芯片模块的集成的支付方法，与支付宝、微信基于软件的支付方法相比较，至少在目前来说，其安全性是不需要担心的。

基于上述分析，我更愿意把Apple Pay理解为，Apple Pay其实就是一张银行卡，或者若干张不同的银行卡的集成。

三、此次中国银行业为何比苹果公司还要高调?

对于Apple Pay登陆中国，中国的银行业是欢迎的，举动都比较高调，可以用欢欣鼓舞来形容。原因何在？主要是Apple Pay没有动银行的奶酪，并且还对银行的业务有助推作用。相比较而言，支付宝、微信支付等与银行之间的关系就很微妙，主要是它们动了银行的奶酪。对于银行来说，支付领域是它的领地，别人来染指，它肯定不乐意。Apple Pay虽然有“Pay”，但其实只是一个支付的工具。所以，不妨这么看，Apple Pay是一个苹果味的银联Pay，或者取个谐音——“银联派”。因为对于银联来说，Apple Pay并没有侵犯银行的领地，交易这个领域也不涉足，所以银联同样也是欢迎Apple Pay的。

四、Apple Pay 的到来能否形成移动支付三足鼎立的局面?

根据央行公布的数据显示,2015 年仅前三季度移动支付的金额就高达 84.76 万亿元,同比增长 466%。移动支付业务的高速增长让各大互联网企业都想从中分得一杯羹。目前中国移动支付市场已被阿里巴巴和腾讯两大巨头占据了大半部分江山。根据艾瑞咨询的数据,以支付宝移动支付和微信支付为代表的扫码支付模式占据了移动支付市场 90%以上的份额。此外,各大电商平台,如苏宁、京东、国美,都在支付领域有自己的布局,而三星的"三星 Pay"也在虎视眈眈。在群雄逐鹿的移动支付市场,苹果能否掀起波澜,改变移动支付现有格局,形成支付宝移动支付、微信支付、Apple Pay 三足鼎立的状态?

个人认为,Apple Pay 不会成为支付宝支付和微信支付之外的另一足,反而是借 Apple Pay 发起反攻的银联有可能成为那一足。所以,银联其实是拿 Apple Pay 当一把好枪来使用,根本目的是要固守银联发卡的这块阵地。

五、Apple Pay 会否在转账、提现方面推出优惠政策?

中国用户比较在意补贴和优惠,但从 2016 年 3 月 1 日开始微信支付的提现要收费。但其实转账、提现是否免费,这不应该由苹果公司提出,而是应该由中国银联来提出,因为 Apple Pay 目前在中国只是提供了一个支付工具而已。但是就目前而言,无论是银联还是苹果公司,好像都不大会在转账、提现方面推出优惠政策。

03

面对支付的竞争，你怎么选择？*

移动方式成为未来支付发展的重要方向，随着 Apple Pay 和三星 Pay 等手机方式的出现，进一步推动了移动支付的普及，面对现金、银行卡、网络软件和手机硬件等多种支付形式的出现，各种支付方式的优劣，你了解多少？怎样的支付方式是最适合你的？面对支付的竞争，你怎么选择？

一、苹果支付中国上线

苹果公司旗下移动支付产品苹果支付（Apple Pay）于 2016 年 2 月 18 日凌晨 5 点在中国正式上线，使得中国成为亚洲首个上线苹果支付的国家。苹果公司首席执行官一大早就起来发微博：“欢迎大家尝试”。

苹果公司于 2014 年 10 月 20 日在美国正式推出苹果支付，目前服务

* 本文内容主要源自：2016 年 3 月 1 日上海人民广播电台 FM93.4“非常解读”直播（17:00－18:00），主持人任重、嘉宾王玉对本文内容的形成亦有贡献，在此一并致谢；音频网址为 http://m.ajmide.com/p.html? p=12283&t=3096067&from=groupmessage&isappinstalled=1。

范围已经扩大到英国、澳大利亚、加拿大和中国。根据苹果公司 2016 年 2 月的统计，美国支持苹果支付的商业网点达 200 万个。苹果支付自 2014 年 10 月发布至今一年半以来，尽管识别度很高，但实际上使用量并不高。有调查称，频繁使用 Apple Pay 的用户其实不足 20%，主要的原因是支付习惯问题。其次，接受苹果支付的商户也有限，也是制约其发展的原因之一。

路透社称："苹果公司向中国本土推网络支付，是在向中国本土网络巨头叫阵。"目前，中国移动客户中大多数人使用腾讯公司旗下的微信支付或者是阿里巴巴旗下的支付宝。有分析师认为，苹果支付在中国推进并不轻松，只有在用户体验大幅改善的情况下，人们才会使用其他手机应用。苹果支付在中国市场的前景有待观察。

二、苹果支付带动了 NFC 的闪亮登场

移动互联网时代的到来，让移动支付推新的速度超过了以前数年，出现了爆发式的增长。现在最普及的、人们很习惯去用的第三方支付方式是微信支付和支付宝，所使用的技术是扫码支付。同时，还有一块技术是近场支付技术(NFC)，它的代表者就是苹果支付和三星支付，他们都是采用了 NFC 的技术。

其实，近场支付技术(NFC)并不是最近才出现的，而是在四五年前就有了，比如 2010 年的上海世博会期间，中国移动当时发布的一个手机钱包，用的就是手机 NFC 支付，当年同时还推出了手机门票。随后，国内很多的厂家，包括国际的很多厂商，都先后用这个 NFC 技术出了一些手机。但由于大家整个使用习惯没有培养出来，相应的市场营销也没有做得非常

广，所以一直被冷落，无人问津。而最近因为苹果支付，忽然间 NFC 闪亮登场，被大家所注意到，同时也让被冷落的 NFC 产业链的参与者看到了一线的生机。但从调查的数据看，它需要线下非常好的用户体验，才能让大家习惯去使用。

三、支付方式的分类

有关支付方式的分类，从不同的角度来看，有不同的分类。

最权威的分类来自支付业务的主管部门中国人民银行。中国人民银行在相关管理规定里将支付方式分为三大类：第一类是网络支付，包括我们看到的互联网支付、移动电话支付、固定电话支付，以及用的比较少的数字电视支付，这些统称为网络支付；第二类是预付卡的发行受理，有点像各个银行发的储蓄卡的发行和受理；第三类是银行卡收单，就是大家所说的 POS。这是中国人民银行关于支付方式的权威分类。

还有些其他的支付方式分类方法：(1)按支付工具进行划分，支付方式分为现金支付、银行卡支付、手机支付、PC 支付、ATM 机支付、Apple Pay；(2)按支付手段划分，支付方式分为光子支付、指纹支付、虹膜支付、声纹支付、通过文身等生物体支付；(3)按支付距离进行划分，支付方式分为近场支付和远场支付，其中，近场支付包括 NFC、蓝牙、POS，远场支付则是指通过移动互联网来支付。

以上这些是我们通常见到的分类方法，实际在监管过程中还有不同的分类。比如根据通过支付活动和商务活动时间的顺序来分类，可以分为预付和信用支付；还可以根据货币不同来分类，可以分为人民币支付和外汇支付；也有根据货币的流通地域来分类，可以分为境内支付和跨境支付。

总之，支付方式的分类有很多，主要看从哪个角度来分。

四、消费者又会关注哪个方式？

我觉得，站在老百姓的角度来说，安全、方便、快捷是大家最关注的。从支付方式的发展来看，从前多数是用现金支付，后来慢慢开始用银行卡支付代替现金支付，再后来，随着各种各样的电子手段的使用，支付的方式越来越多，如单位福利卡、预付卡、支付宝、微信，以及最近很热的 Apple Pay。但我相信，对于使用者而言，不管什么样的支付方式，最看得惯的或者使用最方便的就是最能接受的。

五、为什么众多企业跻身支付行业？

2008 年开始，第三方支付行业异军突起。最近几年，两大巨头——支付宝和微信打得不可开交，但同时也把移动支付行业带动了起来。为什么大家都想跻身支付行业？

这并不是因为支付本身能赚多少钱，而是因为支付连接了人，连接了资金，连接了交易的数据，这才是最重要的。特别是数据的连接，因为我们在很多地方都需要用到数据支撑。至于支付所连接的资金（银行称为备付金），由于中国人民银行对其使用制定了详细的监管规则，因此如果按规则执行的话，则正规的支付公司连一分钱资金都挪不走，每一笔进出都必须有记录，并且不能用作支付公司自己的任何投资和业务。正因为如此，很多的支付公司在被大公司并购之后，就不仅做支付业务，还延伸做金融服务，阿里巴巴和腾讯甚至成立了自己的银行，这样一来，这些公司有了支持就能做其他的业务。所以笔者认为，做支付业务本身不赚钱，但是带来的商业机会是很大的。

六、怎么看待支付中涉及的消费者隐私数据？

做支付非常看重支付链条上产生的消费者的消费数据和其他数据，但问题也就是由此而来。想当年，大家认为数据不是很重要，甚至还觉得数据很麻烦，又得需要存储空间来存储，还需要由管理员来管理。但到后来，大家发现数据真的是一座金矿，非常值得挖掘的金矿。但问题是，在这个金矿的挖掘过程中，边界在哪里？数据的挖掘不可以没有限制，否则数据就会被滥用，进而侵犯消费者的隐私。当然，这个边界确实挺难界定，因此既需要相关部门的监管，又需要行业的自律。

七、消费者如何选择适合自己的支付方式？

对消费者而言，支付方式的选择在线下比较依赖于受理端（商户）即受理端（商户）接受哪种付款方式，消费者才能使用哪种付款方式。而受理端（商户）的收款方式则依赖于终端机构能提供给受理端什么样的终端。我们常见的是刷卡的支付方式，此外还有支付宝、微信支付、苹果的 Apple Pay，消费者一般从安全性、便利性、实惠这几个方面来考虑使用哪种支付方式。各种支付方式各有特点。若使用银行卡，则除了出示银行卡之外，还可能需要输密码和签名；而 Apple Pay 虽然代替了银行卡，用指纹识别来代替了部分密码，但 Apple Pay 没有自己的账户体系，只能进行支付和通过 ATM 进行转账，没法进行理财或者其他的金融服务；支付宝和微信有自己的账户体系，可以兼顾线上和线下的支付服务。所以说，消费者的选择其实挺多的。

关于受理端，再补充几句。最近这段时间听说了一个消息，即能支持 Apple Pay 的闪付 POS 机，其实全国普及率仅 1/3，所以可能会出现大家兴冲冲跑去商户，结果却发现没法用 Apple Pay 的情况。最近流传着这样一个段子：

顾客问服务员："可以用 Apple Pay 吗？"

服务员回答道："别跟我飙英文！"

于是顾客只好问："可以用苹果支付吗？"

服务员回答道："你咋不用猕猴桃来支付呢？"

当然，这段子可能只是个玩笑，但笔者觉得这个笑话反映了收银员的培训问题。在受理端，有机具固然重要，但同时还需要有善于使用机具的收银员。

八、Apple Pay 存在的问题

Apple Pay 进来的时候很炫，体验也很好，肯定也会有人去用，因而会带来一些冲击，但未必会带来持久的、颠覆性的冲击。

第一，Apple Pay 是需要和苹果的手机进行绑定的，它本身只是一个硬件，因此会受到国内手机厂商的竞争，国内的华为、中兴等硬件厂商会很快推出自己的支付产品，并且是和其自己的硬件相结合的。相应地，不管是华为还是其他硬件厂商都会蚕食苹果手机的市场占有率。同时，在支付

方面，其还面临支付宝、微信或者其他第三方支付方式的竞争。从中国的经验上来看，这么多年以来，国外做互联网服务的公司，还没有能在中国做到很好发展的先例。不管是最早的雅虎、谷歌，或者其他的电商，在中国跟本土公司竞争中都没有成功的案例。苹果能否成功尚不确定。

第二，近期或者一段时间内来说，Apple Pay 没法提供支付宝或微信支付所能提供的一些服务，甚至包括一些优惠、补贴等。支付宝和微信其实是不受硬件制约的，其本身只是一个软件。同时，支付宝和微信支付本身是一个钱包，其不仅能提供支付的服务，还可以用于理财和信贷。比如，支付宝可以提供花呗，花呗就可以提供信用服务。微信支付也在部分商户中间开通了信用功能。所以这二者提供的是一个综合性的金融服务，而不像 Apple Pay 只提供一个收费的服务，这也是支付宝和微信支付的竞争力所在。此外，支付宝和微信支付不仅仅是有对 C 端提供服务的能力，其还有对合作的商户提供金融服务的能力。比如，二者可以对与其合作的小微商户提供供应链方面的服务，并且可以对不同的商户进行口碑和交叉营销方面的服务。这些都是 Apple Pay 在短时间内无法提供的。

九、Apple Pay 会不会对支付宝和微信产生影响?

2016 年 2 月 18 日上午，我就表达过自己关于这方面的观点。笔者认为，Apple Pay 只是一个苹果味的银联 Pay，其本身并非是支付宝和微信支付的竞争对象，真正与支付宝和微信支付对峙的是银联，而 Apple Pay 则只是银联借来的“一把枪”，想用它来对付支付宝和微信支付。

Apple Pay 进中国和 2014 年它在美国推出的时候所面临的情况是不同的。在美国那边，苹果公司其实做的是一个支付系统，但中国只是许可其做一个使用 NFC 技术的支付工具。

另外，从支付宝和微信支付的角度来说，这几年其之所以越做越大，是因为其形成的是一个闭环。支付宝从它的电商交易拓展到相应的支付，微信支付则是从社交往支付走，但两家都在自己的场景里形成了一个闭环，所以会一路发展壮大。但出于国家安全和其他方面的原因，中国只是许可苹果公司做一个支付工具，因此，从整个链条上来看，其没有对银联本身的利益造成蚕食，也没有动银联的奶酪，也正因为如此，其自身是不存在完整支付体系的。

再来说说 Apple Pay 可能提供的优惠。苹果支付登陆中国时，苹果自己也就是做了一个视频，做了一个广告。与此相对应，我们看到的反而是银行的各种宣传，做得比苹果公司还起劲。笔者觉得，苹果支付不会像支付宝、微信支付那样推出各种优惠，但它可以把与其有业务联系的 19 家银行中部分银行从周一到周五每天的各种优惠整合集成在一部手机上，供消费者随时使用。

十、将来会不会连卡和手机都不需要了?

其实，现在已经出现这种苗头了。如果大家一直使用滴滴或者优步(Uber)就会有这种体验。它有一种服务是自动跟你扣款，你用了打车服务，下了专车直接走人就行，不用去付这个款，因为前期在做身份认证的时候，已经把你的信息确认了，因此消费者直接走人就行。又如，在停车场停车时，如果进出门时系统能识别车牌，身份认证系统也跟停车者身份证绑定，同时，像阿里的花呗一样，给停车者评定一个信用额度，那么，只要信用额度够，停车人就可以直接开车离开，不用进行付款的操作。我们把这个叫作无感支付。

这种无感支付可能会越来越多，其实，阿里巴巴集团的“空付”也就是无感支付。所以这一类技术是值得我们去关注的。将来支付和信用联合在一起，可能是一个比较好的方向，可以让用户的体验更好。

技术在不断进步，承载财富符号的载体可能发生各种各样的变化。这个载体可以是一张纸，可以是一张卡，也可以是手机，将来还可以是虹膜，甚至你的肌肉纹理的变化，等等。技术进步一定会带来好处，当然，新技术刚推出时可能会让人有一点点担忧，但其实没必要那么紧张。

针对不同的支付方式，消费者可以有自己的选择。就一般消费者而言，可以把方便、安全作为选择支付方式时的首要考虑因素。

04

支付宝提现收费　你怎么看？*

2016 年 9 月 12 日，支付宝发布将对个人用户超出免费额度的提现收取手续费的消息。微信、支付宝提现都要收费了，第三方支付纷纷收费，这背后的动因和未来的影响究竟是什么？

根据支付宝公告，自 2016 年 10 月 12 日起，支付宝将对个人用户超出免费额度的提现收取 0.1%的服务费，个人用户每人累计享有 2 万元基础免费提现额度。在用完基础免费额度后，用户可以使用蚂蚁积分兑换更多免费提现额度。这个收费公告距离微信提现收费隔了半年多的时间。

支付宝方面表示，最终选择对提现而不是在其他环节收费，是因为用户用支付宝支付的频次比提现高出很多。用户使用支付宝更多是用于各种消费、理财、缴费、还信用卡、手机充值等，提现的需求相对而言少一些。

---

* 本文内容主要源自：2016 年 9 月 12 日上视新闻“夜线关注”直播访谈（21:45－21:55），主持人林牧茵对本文内容的形成亦有贡献，在此一并致谢；视频网址为 http://m.kankanews.com/n/1_7684146.html? utm_source＝KanKanWeb。

仅对提现进行收费，用户受到的影响会相对小很多。

一、收费的两条理由是否站得住脚?

支付宝对提现收费给出了两个主要的理由:一个是减轻部分成本压力;另一个是提升线上线下的使用率。两个理由站得住脚吗?

个人觉得这两个理由都有其提出的事实基础，尤其是第一个。

记得半年前的 2 月 16 日晚上的“夜线约见”也是在讨论类似话题。当时是微信提出提现要收费，它的理由也是和成本有关的。事实上，在当时微信提现收费之后，马化腾曾经在 3 月的两会现场晒过一份账单，确实是有这样的成本支出。所以我觉得，今天支付宝提出这一个理由，多多少少是可以站住脚的。

只是让大家感觉有些意外的是，记得半年前在节目里曾开玩笑，大家都说微信提现收费了就转身去“隔壁人家”(支付宝)，没想到时隔仅仅半年，“隔壁人家”也开始提现收费了。

至于第二点，提升线上线下的使用率，可以说是转了一圈又回过来的理由。因为在讲到关于使用成本的时候，最直接的成本点应该是在每一次支付交易的时候。但是支付宝的公告声明是这样说的，在这个地方是不影响客户的，所有的高频支付交易的手续费并没有动。而相对来说，提现是一个低频的操作，它是在这个低频操作的地方开始收费。

二、收费对未来支付市场的影响

不容置疑，支付宝使用得太广泛了，现在一下子要提现收费了，就会让人觉得免费的午餐好像要结束了。那么,企业会不会在意消费者的感受,会不会害怕消费者流失?收费会对未来的支付市场产生什么样的影响?

笔者认为,这个其实又绕回到免费这个话题上来了。笔者的观点一直是:天下不会有永远的免费午餐。在互联网的早期和第三方支付刚推出的早期,确实是通过免费这一方法进行推广。但是如今,第三方支付本身的成本上涨,确实会影响到第三方支付平台扩大之后的运营费用和持续创新,甚至影响到其服务能力。同时,对支付宝来说,现在进行提现收费还有一个原因,就是蚂蚁金服可能即将上市,需要有业绩的支撑来提升它的估值。

另外,回到免费与收费这个问题上,笔者认为,今天更多的消费者是有这样一种心理准备的:如果你是优质内容,如果你是优质服务,消费者的付费意愿是在提升的。换句话来说,消费者愿意为优质内容付费。所以,笔者觉得,如果我们把视角调整一下,或许我们可以把收费视作是互联网阶段成熟的标志。

05

支付宝提现收费旨在固城*

2016 年 9 月 12 日下午，支付宝一纸关于从 2016 年 10 月 12 日起提现收费的公告，引起轩然大波。人们不由想起，2016 年 2 月当微信宣布要对提现收费时，支付宝曾公开表示：我们不收费。可时间才刚刚过去半年，其为何突然反悔了？

一、收费原因是成本？

对比一下微信和支付宝两家所给出的理由，几乎如出一辙，都是因为成本。记得腾讯集团创始人马化腾在 2016 年 3 月全国两会时，曾介绍了第三方支付背后的商业模式：银行的钱离开银行体系，进入到第三方支付的账户，其实都是要收费的，转账的手续费大约在千分之一左右，这是第三方支付一项很大的成本，“消费者使用第三方支付消费，商家会给第三方支

* 本文内容首发于：2016 年 9 月 13 日上海财经大学商学院微信公众号，随后“中国网”“中国财经”等进行了转载；网址为 http://news.sufe.edu.cn/9a/9d/c181a39581/page.htm。

付手续费，但如果是个人之间转账，经过第三方账户，一进一出就又回去了，但一进一出我就要承担千分之一的成本，这个数字哪一家都受不了！”诚然，成本因素是支付巨头们采取收费策略不可忽视的因素，不过应该不是唯一的因素。

二、收费之意是固城

笔者认为，在成本的背后，阿里巴巴集团真正的本意，是以收费来巩固自己的生态体系、应对来自二维码放开后银行的挑战、以及以收费为蚂蚁金服的上市做好提升业绩进而提升估值的准备。

1. 以生态体系来固城

有关提现收费的通告出来后，立即有人仔细比较了支付宝提现收费方式与微信支付提现收费方式的差别，甚至还有人给出了“不让你受支付宝提现收费影响”的所谓攻略。其实仔细解读支付宝提现收费的通告，归纳起来就是一句话：把钱留在支付宝体系内。而这一做法其实与半年前微信支付提现收费背后的逻辑是一样的。

支付宝在12年的发展时间里，从担保交易开始，到快捷支付，再到各种生活消费、充值转账、理财服务，等等，构建起了一个庞大的生态体系，因此企业希望用户的资金能沉淀在自己的体系内，进而做大自己的生态系统。所以，提现收费和提高资金转出成本的目的就是为固城，就是为把资金留在自己的生态体系内。虽然此次与半年前微信提现收费有所不同，除了额度金额由1 000元变为2 000元之外，而且还规定，在20 000元额度用完后可以用蚂蚁积分来兑换额度，但其目的还是鼓励用户在其构建的生态体系内消费。

2. 应对银行二维码产品来固城

2014 年 3 月，中国人民银行曾暂停条码（二维码）支付等面对面支付服务，也叫停了支付宝、腾讯的虚拟信用卡产品。中国人民银行当时指出，线下条码（二维码）支付突破了传统受理终端的业务模式，目前有关技术和终端的安全标准尚不明确，相关支付撮合验证方式的安全性尚存质疑，存在一定的支付风险隐患。

而事实是，二维码并未销声匿迹，反而伴随微信、支付宝的扫码支付一路"横扫天下"。上月有消息称，中国人民银行发文确认二维码支付市场地位，并要求支付清算协会负责制定行业标准和技术标准。最重要的是，2016 年 7 月 15 日，工行推出国内商业银行首个二维码支付产品。

如果说以前一直是银行喊"狼来了"，那这次或许轮到支付宝喊"狼来了"。所以笔者认为，提现收费和提高资金转出到银行账户的成本的目的是支付宝要应对银行二维码产品的挑战进而固城。

3. 以更佳的业绩促蚂蚁金服上市来固城

这个理由应该比较容易理解。对于任何一家谋求上市的企业来说，都需要不断上升的业绩来提升自己的估值，因此通过收费来缓冲成本的压力应该是一个说得过去的商业逻辑，也是支付宝固城的一个手段。

三、收费渐成新常态

曾几何时，互联网似乎是免费的代名字，"羊毛出在狗身上"让大家津津乐道。但从经济学原理来看，随着互联网平台的发展，免费服务所带来的巨大交易成本和费用并不能降低平台的边际成本，相反会不断提高平台的运营费用。这时候如果还是一味地坚持互联网免费，那么对于平台的持续创新和服务能力的提升其实都是巨大的打击。

在这一点上，笔者欣赏昨天支付宝公告中的这句话："所有服务都需要以可持续的资源为依据，勉力支撑有违客观商业规律。"

所以对于广大网民来说，或许互联网免费的时代真的要翻篇了，为值得的服务付费，将逐渐成为新常态，毕竟这个世界上不可能有永远免费的午餐。或者还可以这么说，从免费到收费，这是互联网商业社会成熟的标志。

四、一点担忧

只是在我们走向成熟的过程中，还有这么一点点疑惑：这是真的水到渠成的成熟，还是另一种不合理的诞生？

按照无论是艾瑞还是易观公布的中国第三方支付市场报告，第三方支付市场的老大支付宝和老二财付通所占的市场份额总共是90%左右。过去大家骂银行收费，是因为垄断。半年前，微信提现收费了，半年后，支付宝提现也收费了，而他们现在的地位，也是垄断的！那么会不会垄断一旦形成，就会有一些大家不愿意看到的事情发生呢？这是我的一点担忧。

06

电子账户财产如何继承?*

如今的年轻人基本都有支付宝、微信钱包账户，但如果突然出现个人意外，电子账户该怎么办？电子账户的财产该如何继承？

随着互联网技术一步步深入到我们生活的方方面面，中国人存钱、用钱的方式也越来越多元化了。特别是现在的年轻人，基本上都有支付宝、微信钱包账户。这些账户其实是直通人们的财富仓库的。但是，如今这些以这种形态沉淀在支付平台上的财富，如果出现意外情况——比如说主人意外身故了，就有可能被永远遗忘。

最近，这样一个看上去有点杞人忧天的话题引起了大量网友的围观。不少网友表示，这样的问题以前没考虑过，但是挺有认同感的。那么，如果真的遇到这样的情况，电子账户到底该怎么办？家人有没有途径和方法可

* 本文内容主要源自：2016年9月22日上视新闻“夜线约见”直播访谈(22:00－22:15)，主持人夏磊对本文内容的形成亦有贡献，在此一并致谢；视频网址为 http://www.kankanews.com/a/2016-09-22/0017697879.shtml。

以取回账户上的资金?

一、怎么看待这个问题?

大家一开始可能感觉那个提出这个问题的网友有点杞人忧天,怎么突然脑洞大开想到这个问题。可仔细想想,这个话题其实确实是应该要引起我们大家注意的,因为当下微信账号、支付宝账户已经非常普遍了。虽然说"突然没了"这个话题大家不太愿意去提它,但以防万一,我们还真的需要未雨绸缪,考虑一下。

二、第三方支付平台对静止账户沉淀资金如何规定?

在第三方支付平台上,服务协议当中对账户沉淀资金是如何规定的?

支付宝的规定是这样的:"为避免资源被占用,如果用户连续 12 个月未使用支付宝登录过账户,将会注销该账户。如果该账户有余额或理财产品,支付宝会协助用户处理。"但是大家可能没看后半句,一看到前面的注销两字就觉得这个账户要直接归零了。

这么多年来,对于一些服务协议,虽然当时在我们注册账户的时候平台有展示出来,但是大部分人,包括我在内,很多时候是真的没有逐字逐条去认真看,大家基本上就是在下面打个勾就过去了。所以这个话题一出来,大家就紧张了,尤其是"注销"这两个字看上去有点严重。但如果我们去认真解读一下就会发现,其实不是大家理解的那个意思。

实际上,支付宝这类电子账户在用户注册的时候(尤其是过去)和银行有很大区别，银行是要求实名制，要拿着身份证去开户，而电子账户不需要。说句实话，过去很多年轻人可能已经注册了一个账户，可是忘记了，那就再注册一个，反正也很方便。因此，我们刚刚看到那句“为避免资源被占用”，也就是出于资源管理的需要，注销一些不活跃的账户，要不然平台那里的账户数量会庞大得不得了。所以如果你在 12 个月内或一定期限不用的话，其实不一定说注销，这个账户可能就被冻结了，暂时不能使用了。

如果这是一个游戏账户，其实是没什么大不了的，但今天的问题在于，这是个资金账户，我们可能立即就想到里面的钱该怎么办？但我相信，不管是对于支付宝来讲，还是对于其他任何第三方支付平台来说，只要是资金，它的所有权就没有被变更。可能用户账户目前是被冻结了，但是里面的钱还是用户的，只不过需要解决用什么样的文件、手段、方式来证明这是用户的钱，以及钱怎么取出来的问题。

三、极端情况怎么处理？

下面以用户突然身故这类极端情况为例来进行探讨。如果用户突然身故，用户的家人就有可能不知道这个账户的存在，户名不知道，密码也不知道，那钱能拿回来吗？

当我们在思考这个问题的时候，不妨想想银行是怎么处理这类事情的。说句实话，大多数人或许从未曾关注过，银行一般是怎么处理这类事情的。实际上在银行开户的时候，银行可能就会要求客户留下第二联系人信息，这样就能解决问题了。但在开电子账户的时候，用户可能就不会留下第二联系人了，因为在注册时屏幕上或许第二联系人只是作为一个可选项，所以用户都没特别注意。另外，以前银行卡都有存折对应，那某人虽然突然身故，但如果其家人翻到存折，也可以拿着存折去银行要求取回钱。但是对于电子账户，可能大家就会担心，因为电子账户没有对应的存折这类凭证，那该如何处理？估计这也是今天很多人担忧之处。

四、电子类账户的处理或许能优于传统账户

这次，面对广大网友在网上关于此类问题的热议，支付宝处理得挺好，及时进行了回应。支付宝的回应如下：若支付宝账户持有人有遗嘱，账户资金由遗嘱中确定的继承人继承；若没有遗嘱，账户资金由其法定继承人继承。申请人要提供如下证明：遗嘱或关系证明、身份证、承诺函、账户持有人死亡证明。

坦率地讲，对于法律细节，或许我不适合回答，具体法律细节问题可能相关的法律界人士更合适回答，也会回答得更清楚一些。我只能从我熟悉的角度去看这一问题。

以笔者对支付宝等相关企业的了解，它们当年是从与电商相关的科技类服务开始起步的，然后经过 10 多年的发展，发展成为第三方支付平台。在很多人的眼里，它们甚至就是金融机构了。笔者认为，银行业发展了那么多年，已经有了一整套规范的方式、方法来处理包括户主出现意外等一系列问题，但我们从支付宝这次的回应能发现，其实支付宝同样也有一整套规范的处理方法，甚至笔者还觉得，像支付宝等这类科技性强的企业，应该有可能比传统金融机构做得更好。

根据支付宝回应中关于“为避免资源被占用”等内容，我们可以知道，支付宝等这类科技性强的企业可能隔一段时间会处理一下静止的账户，包括停止使用的账户和销户的账户。因此，笔者觉得这就给支付宝等企业提

供了一个机会。例如，如果突然间某个账户——不管出了什么事情——变得不活跃了，那么，基于大数据的客户关怀、客户体验和服务，支付宝等企业就可以告知和提醒用户，例如按照用户注册时留下的联系方式——不管是手机还是电子邮箱——主动推送一个消息，如户主多久没有登录等。甚至可以在告知和提醒之前，把当下的情况跟客户以往的消费习惯去比较，比如这个账户原本可能每个礼拜都会上来的，现在则沉寂了很久，以便可以更精准地告知。这种主动推送消息的做法将使用户的亲人、朋友更有机会了解到这个账户的存在，从而展现科技类企业的优势，使客户体验更佳。

五、虚拟资产的继承问题

这个问题对于笔者来说有点难，更适合由法律界人士来回答。

应该说，虚拟资产的继承问题这几年大家谈了不少。但是目前讲虚拟资产，平常听到较多的是，一个游戏大玩家积累的很多很多游戏装备之类的东西可不可以继承。但上面那位“杞人忧天”的网友则是从资金的层面提出了可否继承的问题。

很多时候，一旦提到资金，大家就立即会联想到安全，也就是说，立即绷紧了关于安全的这根弦。但从资金账户这个角度看，虽然电子账户的管理机构与传统的金融机构相比，没提供存折，但第三方支付企业完全可以通过主动推送的方式，积极发挥服务主体的作用，把服务进一步优化。应该说，这是平台的责任，也是对于平台服务优化的促进。

六、账户当事人应该怎么做?

前面是说企业要发挥服务主体的作用,那么如果我们再把视线拉回到用户,即账户当事人身上,笔者觉得,用户个人的主导作用也应该发挥出来。对于不少用户而言,其自身的支付宝账户或者其他的虚拟网络财产似乎是私房钱一样,家人并不知道。今天网络空间让万物相连,但是我们面临的问题是,网络上的连接非常好,可是人与人之间的连接反而没有以前紧密了。今天讨论这个话题涉及了网络安全,而今天所处的时间点也很有意思——本周恰巧是全国网络安全宣传周。这个宣传周里有一句话很有意思:网络安全为人民,网络安全靠人民。在靠人民这一点上,一方面,人民要提高防范意识、提高个人防范技能,但另一方面,技能的提高有时候不一定非要完全依靠高科技,最原始的方式或许就是最简单且有效的方式。例如,如果每个人都能以今天讨论的这件事情为触发点,以后经常与家人交流沟通,有事情及时告知家人而不隐瞒,那么一家人将会其乐融融,那将是一种更有意思、更金贵的财富!

07

消费转型的阵痛如何化解?*

盒马鲜生实体店只能使用支付宝付款,拒绝现金和银行卡支付。盒马鲜生不收现金的做法是否违反了现行《人民币管理条例》的相关规定?对于新商业业态的创新与制度的冲突,《人民币管理条例》是否有调整的空间?

2016 年 10 月下旬,部分媒体连续报道了以生鲜和进口食品为特色的盒马鲜生实体店只能使用支付宝付款,而拒绝使用现金和银行卡支付。作为会员制的商店,盒马鲜生要求购物的消费者先下载 APP 注册成为会员,结账时则通过支付宝买单。这让不少顾客,特别是一些老年客户,觉得很不方便。

---

* 本文内容主要源自:2016 年 10 月 31 日上视新闻"夜线约见"直播访谈(22:00－22:15),主持人夏磊、嘉宾刘春泉对本文内容的形成亦有贡献,在此一并致谢;视频网址为 http://m.kankanews.com/n/1_7746945.html? from=singlemessage&isappinstalled=1。

一、盒马鲜生与其他的生鲜电商在模式上有什么区别?

确实,这两年生鲜电商处于一个风口上,涌现出很多不同的形态。但如果从经营的品类来看,则无论是在盒马鲜生的实体店里,还是在线上店里,经营的其实都是一些我们平常熟悉的东西,即生鲜类的产品以及一些进口的产品。所以,从经营的品类来说,盒马鲜生与其他生鲜电商并没有什么区别。

那么,盒马鲜生与其他生鲜电商有什么区别呢?笔者认为,主要有两点:一是盒马鲜生的运营方式是不同的。我们一般看到的其他生鲜电商没有线下的实体店,只能从网上下单,再给消费者送到家里,而盒马鲜生则有实体店,这是一个比较大的区别。二是盒马鲜生以会员制方式来提供服务。不论是 2016 年 1 月在上海市开张的第一家店——金桥店,还是 2016 年 9 月底在上海市开张的第二家店——大宁广场店,我们都能在其实体店门口清楚地看到这样几个字:支付宝会员店。这块招牌就表达出了其以会员制方式来提供服务的意思。

二、盒马鲜生是一种新业态

我身边已经有同事是盒马鲜生的客户了,据他们说体验还挺好的,盒马鲜生在周边5 000米范围内可以免费配送,并且就算消费者只买一把葱也能送。也就是说,盒马鲜生目前不设配送的起点。

如此一来,盒马鲜生的物流成本会很高。但笔者认为,这是一件新生事物在产生阶段必须经历的过程。因为盒马鲜生是一种数据驱动的新商业模式,也是一种在今天这个特定的移动互联网环境下把线下店的体验和移动互联网的便捷“杂交”之后产生的新事物,也就是说,它是一种新业态。而在这样一种新业态刚刚开始产生之时,它需要的就是被更多的消费者所接受。所以,在这个开始阶段所做的事情,包括不设起点的五千米范围内免费配送以及其他相关服务,或许就是新生事物在发展初期必须要做的事情和要进行的投入。

换言之,盒马鲜生目前还处于蓄客的阶段,因此可能还需要很多资本补贴,甚至内部的商业运作。

三、“拒收人民币”的帽子扣大了

现在有很多老年客户也注册成为了盒马鲜生的会员。在某个报道中,有记者采访了一个老奶奶,老奶奶说:“我不会下,但是邻居帮我下了这个APP,给我注册了。可是在现场必须用支付宝!”老奶奶觉得挺不方便的。因而这两天主要的争议点就在于盒马鲜生没有给消费者支付方式的选择权,即不能用现金、不能用银行卡,只能用支付宝。

我个人认为,这两天在各种报道大大小小的标题上出现的“拒收”两个字略微吓人了一点,也就是说,把情况说得过于严重了一些。其实,盒马鲜生只是在不同的支付方式当中,目前仅支持支付宝这种方式,但绝不是“拒收人民币”。而且,人民币如今也有很多表现形式,有纸币,也有其他的形式。盒马鲜生不过是只接受一种特定的方式而已,所以可能不需要看得那么严重。

另外,可能刚开始的时候盒马鲜生对消费者的定位就是年轻人,就是

70后、80后和90后，因而将自身定位成支付宝会员店。但我相信，对于这次事件的爆发，可能连盒马鲜生经营者自身都没有想到，即原本被认为不在视野范围内的老年人也进入了店里。这看上去似乎是一件坏事情，因为老年人有意见，其支付不成功又进行投诉，进而使此件事变成一件公共事件。但如果用积极的态度去看，也可以这样认为，消费者对盒马鲜生所提供商品服务是认可的。

四、过去的管理条例有待改进

那么，盒马鲜生不收现金和关闭其他的支付通道的经营模式，是否与现行的《人民币管理条例》有冲突？

对此，律师的观点是要从两个层面来讲。首先，从第一个层面来说，按照《中国人民银行法》和《人民币管理条例》，人民币是中国的法定货币，在中国范围内用于清偿债务时，无论是单位还是个人都不得拒绝。所以，人民币的地位是不可撼动的。其次，从第二个层面来说，即从本次事件来说，盒马鲜生并不是拒绝人民币，而是拒绝现金，因为通过支付宝支付依然是使用人民币。因此，从这个角度来说，盒马鲜生并没有违反人民币相关的法律规定，而是它有自己的商业定位，有自己关于构建商业模式的考虑。

现行的《人民币管理条例》是2000年制定的。在制定时，电子支付没有现在这么发达，所以当时确实无法有很强的前瞻性。随着社会生活的进步，法律也肯定要逐步调整。而且，过去传统上我们都是鼓励减少对现金的使用的，比如《现金管理条例》限制单位使用现金而鼓励使用转账方式，只是现在是这种规定出现在了个人支付上。所以，在一定程度上讲，现在出现的这种新情况可以促进法律的不断完善。

五、未来是否真的会在流通领域逐渐减少现金的使用？

个人觉得，这真的是一种趋势。人民币管理的相关条例是在 16 年前制定的，而 16 年前确实没有想到如今电子支付、移动支付会这样普及。因此，话说回来，虽然我们要依法管理，但当某些法律规定确实滞后时，法律规定也应当要与时俱进的。

回到此次事件本身，我认为，虽然这件事原本可能不是一件特别好的事情，但它也给了我们一种启示，即将来的支付手段可能确实会、甚至是不得不往电子支付方向发展。因为我们都能看到，零售行业这几年受到的冲击非常大。对于这种冲击的来源，有一种看法认为是电商造成的，其实并非完全如此。我们必须要注意到不可忽视的两大成本，一个是不断上涨的租金成本，一个是同样相当可观的人工成本。不妨思考一下，以盒马鲜生为例，从减少人力成本、提高效率的角度来说，其不收现金其实是一种不得不做的考量。

六、数据驱动之下电商和实体店正在逐渐走向融合

随着线上和线下的支付方式、流通方式的不断改变，电商和实体店其实在逐渐走向融合。

从年初开始到现在，笔者对盒马鲜生这种新业态已经做了大半年的跟踪了。通过这大半年的跟踪，笔者发现，盒马鲜生确实是一种真正的线上线下全渠道的融合。这个全渠道的融合是以数据作为驱动的。所谓数据

驱动，就是已经不仅仅在需要数据的时候才去寻觅数据，而是在商品交易的源点就采集数据。而若想做到这一点，会员制的服务就是一个很好的切入点，应该能起到非常大的作用。数据驱动能够从交易的源点——支付（因为有交易才会有支付）就收集用户数据，之后就能基于收集到的消费数据绘制用户画像，从而就能基于用户数据和用户画像进行精准的营销推送，也可以基于用户数据和用户画像优化企业运营，甚至可以进行食品安全等方面的追溯和从供给侧角度来调整产品服务结构。也就是说，数据驱动是一种联动的传递效应。源头的数据采集会给未来社会的管理和商业的管理带来很多帮助。因为我们现在有很多时候往往是到要决策的时候才想起来要收集数据，而事实上在每一笔商业活动当中，数据就在同步产生。因此进入到今天这个时代，数据资产其实成为了我们一笔非常重要的财富。

七、化解转型阵痛，科技会让生活更美好

虽然我们今天看到了一些对于线下实体店只允许电子支付这件事的抱怨，但换一个角度看，站在企业方，用一个乐观的视角，就会发现原本没有被企业特别关注和没有被期望能进入盒马鲜生服务范围的老年人，其实是认同盒马鲜生的产品和服务的，只不过在支付方式上与他们原有的支付习惯不同，或者说他们还不适应目前这样的支付方式。对于这一点，我认为，企业方也可以主动一点，比如派一些年轻人在店里，帮助一下老年人。

这两年我们一直在说“科技驱动创新”，也可以解读为，科技发展的目的是为了让我们的生活更美好。今天这样一种电子手段的推进，在支付这一领域当中能让我们降成本、增效率。同时我相信，就以上面的事件为例，

也许现在觉得不习惯使用上述支付方式的老年人,如果哪天真的装上APP、真的使用之后,可能以后出门也会选择不带现金,因为他们可能也会觉得这个支付方式挺方便的。因为说到底,其实还是用户体验优先。只要好用、方便,大家自然会选择。

08

2016 账单经济学*

从 2011 年开始，支付宝每年都会发布全民年度账单。2017 年 1 月 4 日，支付宝公布了 2016 年的全民账单，引发朋友圈里的集体晒账单。这份账单透射出怎样的数字经济信号呢？

一、账单概况

支付宝年度账单显示，从省级地区的全年支付总金额来看，广东排名第一，占全国的 16%，随后是浙江和江苏。但从人均支付金额来看，上海用户最能买，也最会买。2016 年，上海用户通过支付宝人均总支付金额高达 14.84 万元，其中花在购物上的人均支付金额 1.68 万元，这两项数据在全国各省级地区的排名中都名列前茅。

* 本文内容主要源自：2017 年 1 月 5 日上视新闻“夜线约见”直播访谈(22:00－22:15)，主持人夏磊对本文内容的形成亦有贡献，在此一并致谢；视频网址为 http://www.kankanews.com/a/2017－01－05/0017834755.shtml。

移动支付都用来做什么呢？账单显示，2016 年超 10 亿人次使用了“指尖上的公共服务”，比 2015 年增长 218%，服务内容包括缴纳水电燃气费、缴纳交通违法罚款及购买地铁票和公交票等。移动支付全面开花，消费者的线下手机支付习惯已经养成。2016 年，4.5 亿用户中 71%的支付笔数发生在移动端，比 2015 年的 65%增长了 6 个百分点。账单还显示，“80 后”“90 后”已经成为移动支付的主流人群。2016 年，“80 后”人均网上支付金额超过 12 万元，“90 后”使用移动支付的比例更是高达 91%。不过，在支付宝最高等级会员——钻石会员中，超过 50 岁的也有 2 503 位。除了支付淘宝购物费用和转账之外，这 2 503 位会员最喜欢的服务是手机充值。

蚂蚁金服商学院研究员舒眉表示：“‘千禧一代’成为社会的中坚力量，未来全世界服务类型商业模式也将随之发生改变，从全民账单里面我们其实已经可以看出未来的雏形了。”

二、上海领跑，理所应当

从这份支付宝公布的年度消费账单中，的确可以看出很多消费的趋势，以及移动互联网支付领域的未来趋势。

账单数据显示，上海人最能买，也最会买——人均消费总额和支付总额都位列全国各省级地区之首。其实这点并不意外，因为上海本来就是一个全国性的消费大都市。

三、有意思的数据对比

接下来，我们选取三个用户个案数据来一起解读一下。

这三个用户分别在上海的三个区。第一个用户在黄浦区，其年支付总额位列黄浦区第 486 位，2016 年支付总额是 345.8 万元，其中消费额是 24.7 万元。第二个用户在宝山区，其年支付总额位列宝山区第 450 位，2016 年支付总额是 591.1 万元，其中消费额是 491.3 万元。第三个用户在浦东新区，其年支付总额位列浦东新区第 675 位，2016 年支付总额是 722.5 万元，其中消费额是 9 845 元。

这是随机抽出来的三位，排名只不过在各自所在区的 500 位左右，但支付总额就已经分别有 300 多万元、近 600 万元以及 700 多万元了。这表明，上海市整体消费确实很厉害。所以就像大家开玩笑说的："你可能不记得，但是账单都帮你记下了。"

特别是宝山区这位用户，排名在第 450 位，但一年的消费金额是 491.3 万元。但其支付额仅比消费额多了 100 万元，消费占比特别高，这个用户简直就是"剁手族"。

再来看看浦东新区这位用户，数据差异就特别大：其支付额是 700 多万元，但实际的消费额连 1 万元都不到。

因此，我们应该这样理解：支付宝是一个第三方支付平台，对于用户网购、信用卡还款等每一笔资金进出，其都帮用户记录并累加起来了，也就是说，尽管朋友圈里大家晒出来的账单上支付总金额高得吓人，但如果分类看一下，或许并不很吓人。

今天有网友说："从支付宝出去的钱整整是我年薪的 2 倍！我是怎么

活下来的啊?”还有网友说:“我一个月收入 3 000 元的人,怎么会花了 19 万元?”事实上,就如蚂蚁金服做出的回应一样:“年度账单里的支出金额包含网购、信用卡还款、向他人转账、话费充值、线下付款等。所以,不妨看看是不是信用卡还款、向他人转账较多呢?”

也就是说,有的时候支付宝除了是一个支付工具,也是一个通道。在这个通道中进进出出的所有金额都被累加并显示在这份年度账单中,所以总金额看上去确实是特别高。

同时我觉得,网友对于年度账单的发言,不管是担忧还是调侃,都可以从两方面去理解。一方面,虽然我们有时候说量入为出,收入多少花多少;但另一方面,你花了钱,就会逼你去挣钱,因此不妨把它看成是刺激消费的一个动力。

另外,刚刚我们也看到,用户总支付金额和总消费金额之间有时会有很大的差异,同时也看到了蚂蚁金服的回应。因此,我觉得,未来在年度账单上,支付宝除了展示目前那几个数据之外,还可以展示分时段数据或分类等数据,这样可以让用户看得更清楚一点。

四、支付大数据折射出“数字鸿沟”正在逐渐缩小

在蚂蚁金服的背后是大数据,这些大数据的揭示非常有意思。以年龄段为例,账单数据显示,“80 后”人均 12 万元以上,同时使用第三方支付的比例已经达到 71%,相比 2016 年的 65%,增长很快。

当我们从账单经济学的角度去审视时,除了看到个人账单外,还可以看出与电商发展密切相关的支付行业的发展。

以上海和全国的数据来看。虽然上海确实消费额最高,但在普及率上,也就是移动支付的渗透率上,其实是西藏排在第一位,上海反而排在很

后面。这是因为,虽然在我们以往的观念中,我国西部地区的基础设施相对来说落后一些,但在今天,移动互联网的发展使得这些地区有了一个“弯道超车”、后来居上的机会。所以,也可以说,移动支付的发展已经成为了我们生活中的一部分。而从一个国家和地区的角度来说,原有的不平衡在被打破。这个不平衡在业内被称为“数字鸿沟”,而今天借助着移动互联网的发展,这道“数字鸿沟”在移动支付领域中正在逐渐被填平,这对整个经济体的发展都是有很大帮助的。

五、近几年移动支付的变化

这个账单是从 2011 年开始发布的,直到现在,而这几年中移动支付最大的变化是其更多地渗入到我们的生活服务当中了。也就是说,移动支付的使用场景越来越丰富。今天我们去菜市场、水果摊之类的小店,基本不怎么用零钱,因为零钱确实不方便,手机扫一扫就付完款了。所以说,移动支付在生活服务领域渗透得非常厉害。

同时还有城市里的公共服务。记得当年,支付宝最早的业务就是从水电费这些公共服务切入的,而到了 2016 年上海有 88 家医院开始允许使用支付宝结算。而在公共服务的其他方面,移动支付也在不断渗透。这种移动支付的应用可以比作“指尖上的服务”,这个“指尖上的服务”其实已经渗透到城市的公共服务中,也渗透到老百姓的日常生活当中了。

此外,还有一个小数据也值得关注,那就是“90 后”使用移动支付的比例已经超过 90%,这代表了一种未来的方向和趋势。

六、在移动支付的赛道上谁会胜出?

目前,在移动支付这个赛道上有三个不同的赛手:第一个是以银联为代表的“赛手”,其有巨大的信用卡基础;第二个是阿里系的支付宝,其有着丰富的运用场景;第三个是微信支付,其有着社交平台为支撑。那么,谁会在这场比赛中率先突围呢?

坦率地讲,这个预判挺难做。

今天恰巧是农历腊月初八,很多朋友看完自己的账单,在朋友圈里开玩笑说,今天这碗腊八粥是不是喝得有点奢侈。而一年前春节刚过完,大概是第二个工作日,我们就曾围绕微信支付提现收费的问题进行过讨论。可以说,这一年来关于移动支付的事情没有消停过,只是挺难去做一个完整的比较,包括 2016 年 2 月 18 日 Apple Pay 登陆中国时,曾有人说微信、支付宝、Apple Pay 会三足鼎立等等。当然,那时我也表达过一个观点,就是 Apple Pay 应该称为银联支付的工具。一年来,这个市场一直在变化中,所以今天很难去评判,到底谁能胜出。

就如我们之前提到的,移动支付的渗透率越来越高,而且与公共服务和生活服务的结合越来越紧密。从这一融合过程来看,我觉得从市场的接受度和老百姓的角度来说,老百姓可能更愿意接受更安全、更便捷的平台。而站在将来企业发展的角度来看,如果支付企业想要守住这块市场,甚至更多地攻城略地,那就必须要结合百姓和市场的接受度及产品本身的安全度等多方面来考量。

09

备付金集中存管，第三方支付何去何从？*

央行发布新规，集中存管第三方备付金，近5 000亿元小金库被锁。为何备付金引来央行大手笔监管？监管对第三方支付平台影响几何？

2017 年 1 月 13 日，中国人民银行发布了《中国人民银行办公厅关于实施支付机构客户备付金集中存管有关事项的通知》，规定“自 2017 年 4 月 17 日起，第三方机构在交易过程中产生的客户备付金，将统一交存至指定账户，由央行监管，支付机构不得挪用占用”。同时还规定，根据支付机构的业务类型和最新一次的分类评级结果，确定支付机构交付备付金的比例，其中网络支付的业务分为 12％至 20％五档、银行卡收单业务分为 10％至 18％五档、预付卡发行与受理分为 16％至 24％五档，获得多项业务许可的支付机构从高适用交存比例。银行不向非银行支付机构备付金账户给

* 本文内容主要源自：2017 年 1 月 19 日东方财经“632 观察”栏目访谈（19：30－19：45），主持人周俊夫、嘉宾戴巧灵对本文内容的形成亦有贡献，在此一并致谢；视频网址为 https://v.qq.com/x/page/u0368ir316u.html。

付利息。交付客户备付金金额根据上一季度客户备付金日均余额和支付机构适用交存比例计算得出，每季度调整一次。

一、什么是客户备付金？

大家在淘宝上购物时，当我们的钱从我们的银行账户划转到支付宝的那一刻起，到给卖家付款时止，这个钱是一直存在支付宝账户里面的，所以此期间这个钱就属于备付金。另外，我们支付宝账户里的余额或微信里的零钱，在我们没有从支付宝账户或微信账户里取走的这个时间段里，也都属于备付金。当然，如果我们用支付宝余额购买支付宝的余额宝产品，或将微信里的零钱购买微信里相应的理财产品，那就不属于备付金，而是属于我们的投资。

二、第三方支付机构的客户备付金“盘子”有多大？

从 2011 年到 2015 年，中国人民银行总共发了 270 张牌照，但由于随后没收了三家违规机构的牌照，因此目前总共给 267 家第三方支付机构发了牌照。根据 2016 年第三季度咨询公司的统计数据，这些第三方支付机构备付金的金额大约是 4 600 亿元左右。这么多的备付金，即使是存活期，收益也是非常可观的。

在本次中国人民银行颁布有关备付金集中存管的新规之前，第三方支付机构处理备付金的方式主要是存入银行，只不过有时为了应对支付的需要，会存为活期存款；而有时则以单位定期存款或通知存款等形式存入银行。但不管哪种方式，第三方支付机构都会有利息收入。如果按上面的4 600亿元为基数进行计算，其中的60%存为活期存款，40%存为定期存款的话，每年的利息大概有二三十亿元人民币。但是新规出台之后，第三方支付机构将会逐步与这一块“蛋糕”说再见了。

三、新规出台之前的监管是真空吗？

新规出台之前的监管应该说不是真空。我们可以从第三方支付机构的发展历程来看。比较巧的是，我在 2006 年、2007 年的时候就开始关注第三方支付这个行业了，十年来一直关注着这个行业的发展。2008 年、2009 年第三方支付爆发式发展之后，监管的呼声就很大了。我们可以看到，有关第三方支付的第一份正式的监管条例是中国人民银行于 2010 年出台的《非金融机构支付服务管理办法》，其中规定了非金融机构要从事第三方支付这一业务必须得拿到许可证，也就是我们这些年一直在说的牌照。只是第一份监管条例出来之后，大家的眼光更多地落在怎么去拿牌照这件事上了，对于里面的监管细则没有太仔细地去看。其实，这份条例的第 24 条就非常清楚地写道：支付机构收到的客户备付金不属于支付机构的自有财产，支付机构只能以支付形式转移备付金，禁止以任何形式挪用客户备付金。除此之外，2016 年 4 月发布、2016 年 10 月实施的《互联网金融风险专项整治工作实施方案》也是一项重要的监管措施。

所以说，其实一直在监管客户备付金，只不过是大家执行的时候有了一些偏差，所以这次就不得不一条条地写清楚。

四、怎么看待新规的出台?

随着第三方支付机构资金的存量越来越大,导致的风险会越来越多。一方面,浙江、广东、上海的第三方支付机构都出现过挪用客户备付金的情况;另一方面,很多第三方支付机构都在银行开设有自己的账户,因此在某种意义上讲,跨行资金流动是在虚拟账户上操作的,绕过了央行清算机构的监管。由于这两个原因,因此央行必须要出台上面的有关备付金的新规。

有意思的是,在新规出台之后,一些第三方支付机构如支付宝、财付通是举双手赞成的,但是一些中小型第三方支付机构则保持了沉默。

在这个政策出台之后,不管机构是大是小,肯定都会感到痛的,因为按照统计数据说第三方支付机构大概有 11%的收入是来自这份利息收入,而新规出台等于活生生地把这块"肥肉"给砍了。如果某些第三方支付机构的业务收入来源就是这份利息收入的话,那么这个新规对这些第三方支付机构就是一个致命的打击。但是,大家看到,像支付宝、财付通这些第三方支付机构这些年一直在做转型,即不是把所有的盈利都架构在这份利息收入上,而是在做增值服务和其他业务。因此,如果问新规是否对第三方支付机构有影响,那回答是肯定有,也就是说,不可能让第三方支付机构都欢呼雀跃地去迎接这个新规,但是,一扇门关上了,或许别的门就可以打开了。

五、新规为何要设置不同的缴存比例?

在新规中,对不同类型的第三方支付机构要求缴存的比例是不一样的，当然最终的目标还是百分之百的备付金都要被央行监管，都要缴存到央行。那么，怎么看这种先区别对待、再归为统一方式呢？

我认为，这是给不同的第三方支付机构一个过渡期，因为不同的第三方支付机构风险也不一样，对于预付卡、网络支付、银行卡收存的第三方支付机构适用的比例应该不一样。如果一刀切，都是备付金百分之百缴存到央行的话，可能会对于整个第三方支付行业的发展产生一定的负面影响。

六、新规是在逼企业转型

回归到一个本源的问题上来看，第三方支付机构到底通过什么来赚钱？是通过备付金的利息，还是通过手续费等？

应该说，对于第三方支付机构而言，最容易赚钱的地方就是备付金的息差，其次可能是第三方支付机构与商户之间的服务费，最后是广告费用，当然占比很小。第三方支付机构如果只从这三个方面赚取收入，那是在搞同质化竞争。只有第三方支付机构基于产品创新提供增值服务，那才是第三方支付机构真正的核心竞争力所在。

目前一些较大的第三方支付企业都在积极进行业务创新，包括互联网营销这样一些业务都在逐步开展。所以新规的出台，其实是逼第三方支付机构转型，利用资源数据，开展创新性业务，创造新的业务收入来源。

也有人担心，新规出台导致的第三方支付机构的一部分利益损失，会被第三方支付机构顺理成章地转嫁到消费者头上。其实 2016 年 2 月微信提出提现收费、9 月支付宝公告提现收费之后，类似的声音我们就听到过。

不过，有一点必须指出，站在消费者角度，提到第三方支付，第一感觉就是支付宝怎样、微信怎样，但是第三方支付机构不是只有这两家，2011

年第一批发放的27张牌照里面，上海就有两家，一家是东方支付，一家是汇富天下，但这两家都不是做C2C服务的，而是做B2B服务的，而这样的第三方支付机构还有一些。这些机构之所以兴起，是因为伴随电商的发展，有些服务传统金融机构不做，所以它们就有了崛起的机会。而在崛起的过程中，第三方支付机构是立足在信息数据这个点上的。所以说，资金的沉淀固然是第三方支付机构的财富，但数据的沉淀在今天也是第三方机构的一份财富。所以，备付金利息差没有了，但第三方支付机构可以回到通道上流动的数据上，基于数据可以做征信，可以做其他业务，在数据上面想办法可以赚到更多的利润。

七、第三方支付机构的优胜劣汰是正常事

通过这两年的监管措施可以看出，对于传统的金融机构，比如银行，总体上是放开政策、鼓励其发展，但是对于网络支付机构如第三方支付机构，感觉监管的口子越收越紧。目前，在第三方支付领域已经出现了13起并购案了。

当然，并不是完完全全因为监管加紧了而产生了并购，其实，在一个充分竞争的市场里，本身也会产生一个优胜劣汰的机制，或者说优胜劣汰是很正常的。而且这13起并购中还有相当一部分是为了牌照而发生的。

对于第三方支付机构而言，可能目前已经形成了第一梯队、第二梯队这样一个稳定的竞争格局，因此，随着监管新规的出台，对于规范的第三方支付机构来说，可能是提供了一个更稳定、更成熟的监管环境。

10

利益博弈下的傲慢与偏见*

这两天苹果公司和微信杠上了，围绕 iOS 版微信公众平台赞赏功能，发生了外人所称的“神仙打架”，为什么会发生这样的利益博弈？

2017 年 4 月 19 日，微信发布了一份遗憾通知，称受苹果公司新规定的影响，从当天下午 5 点起，iOS 版微信公众平台赞赏功能将被关闭，安卓等其他版本微信赞赏功能不受影响。微信建议苹果用户通过二维码转账的方式对公众号表示支持。然而更加遗憾的是，今天零点刚过，微信再次发布通知，紧急下线昨天下午上线的 iOS 版微信公众平台文章个人转账功能。微信称，苹果公司要求 APP 不得包含指引客户使用非程序内购买的按钮和外部链接，因此不得不做出下线的决定。有分析认为，这只是微信与苹果公司利益博弈的开始。

* 本文内容主要源自：2017 年 4 月 20 日上视新闻“夜线约见”直播访谈(22:00 – 22:15)，主持人臧熹对本文内容的形成亦有贡献，在此一并致谢；视频网址为 http://www.kankanews.com/a/2017-04-20/0017960988.shtml。

一、苹果公司为什么要逼微信关闭公众平台赞赏功能

苹果逼微信关闭公众平台赞赏功能是这两大巨头出于利益而进行的一次博弈。上述通知中的“非程序内购买”或者说“指引功能”，对于局外人来讲，读起来有点儿拗口。但是有一点很清楚，就是苹果认为，它的“3·11”条款必须被遵守。如果微信不遵守这条规则，其有权要求微信把产品下架。而且即便微信把打赏功能取消了，改成了通过二维码进行支付，但苹果公司认为依然不符合“3·11”条款，因此微信还得再紧急下线相关功能。也就是说，苹果的“3·11”条款是不可违背的。

二、博弈体现了商战规则

苹果公司认为，购买的虚拟服务既然发生在苹果公司的生态体系内，那就必须要从苹果内支付这一体系走，就必须遵守苹果公司定的规则。

说实话，两大巨头的这种博弈平常很少见。但单就这次博弈而言，会让大家感觉到，这些年互联网领域的争斗表明，在这个社会里谁拥有的影响权大，谁就越强势，这个规则就是会由谁来定，相应的偏向也是会朝谁那边倾斜。所以说，这次博弈体现了商战规则，即谁有影响力谁说了算。

三、此事或与 Apple Pay 有关

苹果公司对此事的回应是：微信可以选择提供 APP 内购买，让用户赞

赏他们喜爱的公众号运营者。如同我们提供这一选择给所有的开发者一样,微信只需正确使用APP内购买体系进行开发就可以了。换句话说,就是微信必须遵守苹果公司的规则,必须通过苹果公司程序内购买的体系来让微信的运营者能够获得别人的赞赏。

有人认为,让微信关闭打赏功能,实际上是和苹果公司自己的支付产品Apple Pay推得不好有关。不排除这是其中的原因之一,因为事实上我们会发现,2016年2月18日,Apple Pay是在举国上下一片欢呼声中,携着19家银行的支持华丽登场的,说实话,当时大家也是对Apple Pay寄予了厚望。只是这一年多下来,Apple Pay有点不温不火,当初大家对它寄予厚望,可是一年多来,大家会发现大量看到的还是二维码支付,还是微信、支付宝,当然最近银联的二维码也在往外推了。

另外,再从苹果公司自身分析一下,苹果整个生态王国由三个部分组成:第一部分是苹果操作系统,第二部分是苹果应用程序这个应用层面的体系,第三部分的构成则是连接前面两大部分的支付体系。原本苹果公司希望通过2016年年初的Apple Pay登陆中国大陆之后,能够发展得顺风顺水,可是一年多来的发展情况并没有想象中来得理想。

所以,从苹果的角度理解为:我有我自己的操作系统,我能制定它的规则,我想从中弄一个支付体系拿点钱,但是我又拿不到,那我当然就对能拿钱的这个人,想办法给你设置一些障碍了。

四、微信的反应

面对苹果设置的障碍,一位微信的高管是这么回应的:为了更自由地使用微信,我打算买部安卓手机,我希望未来苹果公司的股价和在华销售能够告诉它,这种逼迫 APP 应用与安卓平台产生功能性差异化的平台政策是得不偿失的。

看上去,某种程度上多少有一点无奈的感觉,但也谈不上微信是服软还是死扛。就目前的下架而言,看起来似乎是微信在风头上屈服了,因为确实也是没有办法,你在苹果的生态圈就必须符合它的规则,才能继续生存下去,若不符合规则,苹果是必定会逼你下架的。

五、博弈传递的其他信号

今天网上有这么一个评论,说这件事让大家看到的是霸道总裁和傲慢果主之间的争斗。虽然平时两家都很硬气,但今天微信没有办法,因为规则全是苹果公司这边制定的,只能屈服。

但是前面微信高管的那段话,还传递了另外一种声音:今天是因为苹果手机的原因,那么将来如果我不用苹果,就像这次大家都看到安卓系统不受任何影响,会怎么样呢?这个信号的传递很有意思。

霸道总裁制定规则,因为它有权利,如果这个权利越用越大的话,会发生什么?不免让人担心,今天不过是苹果对微信打赏功能叫了暂停,以后会不会有更多的动作,比如对于使用苹果操作系统的人制定更多的苛责要求。这种担忧是存在的,因为确实是谁制定规则谁就拥有话语权。

同时我们还可以注意一下,为什么今天苹果公司选择了打赏功能这个点发起了这样一次争斗?你可以认为这件事情闹得挺大,但也可以说苹果是小心翼翼地选择了一个影响不是太大的点在对微信进行试探。试想,假如苹果喊停的不是这样一个公众号上的打赏功能,而是去选择了一个我们大家都在用的微信支付功能,那闹出来的动静就不仅仅是目前的情形了。

所以，苹果公司其实也是在小心翼翼地试探，想看看微信的态度如何，包括大家的反应如何。

但是苹果公司又是基于规则进行试探的。按照规则，从苹果的程序内购买必须三七分成，也就是说微信必须是要将30%的点给苹果公司。站在企业利益的考量角度来看，无法评判这个规则的制定是对还是错，只能说，你在人家生态体系内，你就只能服从规则。

总之，我们会发现，若只有一个规则的制定者就很可能会成为一个霸道总裁，因此或许需要更多的规则、更多的操作系统进来，才有可能更好地给用户提供选择。但是不管两者如何博弈，我想还是要注重用户的体验与感受及他们的利益。

11

“无现金”的真目的是“有数据”*

近日，围绕“无现金社会”的争论愈演愈烈。起因是支付宝宣布2017年8月初将在多个城市举办“无现金城市周”，微信支付也宣布开启“88无现金日”。随后媒体密集曝出商家拒收现金的消息。更有消息称，2017年7月底，中国人民银行武汉分行约谈蚂蚁金服，告知人民币管理相关法律制度，明确提出：在无现金城市周活动中去掉“无现金”字眼，撤掉所有含有“无现金”字眼的宣传标语，公开告知参与商户不得拒收人民币现金、尊重消费者支付方式的选择权。“无现金社会”引发的争议遂被推向风口浪尖。

一、商家拒收现金是否违法？

此次一个最重磅的争议点在于商家拒收现金是否违法。其实，关于这

* 本文内容刊登于：国务院发展研究中心主管的《中国发展观察》杂志，2017年第16期，2017年8月21日上海财经大学商学院微信公众号进行了转载；网址为 http://mall.cnki.net/magazine/Article/FZGC201716007.htm。

方面的争议并非这一次刚冒出来，比较典型的例子或许是2016年10月盒马鲜生“拒收人民币”事件。2016年10月31日，笔者在上海电视台夜新闻“夜线约见：消费转型的阵痛如何化解？”直播中，曾明确表达过以下观点：

1. 现行的《人民币管理条例》是2000年制定的，16年前确实没有想到如今电子支付、移动支付会这样普及，所以虽然我们要依法管理，但有时候法确实是滞后的，条例自身也应当要与时俱进地进行修订。

2. 选择支付宝支付，收的还是人民币，只不过不是人民币现金，不能一概扣上“拒收人民币”的帽子。

3. 考虑特定人群的需求，企业可以设立专门的现金代收渠道，帮助客户完成支付（事实上盒马鲜生后来确实这么做了）。

4. 大数据时代，从交易的源点采集数据、以实名认证的支付数据为切入点，是数据驱动型的线上线下全渠道商业模式发展的需要（只是将来数据怎么用有待规范）。

二、对于此次“无现金”的理解

现在解释一下笔者对“无现金”的理解。其实这些年来，平常意义上的无现金或逐步减少现金流通，提倡转账、刷卡等电子支付手段，是国家一直以来鼓励的。但本次的“无现金”，似乎更多指的是推广基于智能手机的某类二维码支付，即支付宝、微信扫码支付。

从数据层面看，虽然刷卡、二维码支付同为电子支付手段，但与以往卡组织一直遵循的资金支付数据与商品交易数据分离的原则不同（只有从什么银行支付多少，却没有购买什么商品的信息），支付宝支付和微信支付，因为其背后公司既是商家平台又是支付平台，所以是商品交易数据和资金支付数据兼有。

从积极的一面看,“无现金”可以让越来越多的消费者感受到移动支付带来的便捷,符合绿色低碳环保的理念,同时,“无现金”的背后其实是实名的“有数据”支撑,可以借此让商家和平台收获移动红利,获得客户真实数据,继而在数据分析的基础上更好地服务客户。

但它可能带来的消极一面则是,目前的“无现金”是建立在智能手机使用基础上的,所谓的无现金支付其实是手机支付,或者更确切一点说,是某类二维码支付,对于目前不使用智能手机的特定人群如老年人或是其他人群,其实是带来了一种支付歧视。此外,“无现金”背后的“有数据”,在采集了大量客户真实交易数据＋支付数据的基础上,可能形成数据寡头,继而形成数据垄断,如何规范使用数据,也是让人担心的。

三、走向“无现金社会”是趋势,但需循序渐进

应该说,社会的无纸化程度和社会发达程度及社会进步是正相关的,以电子支付手段逐步代替现金支付,就如当年现金纸币代替金属货币一样,是货币形态、支付手段的进步,从这一点来说,以数字化手段逐步减少现金是趋势。

无现金可以让金融更普惠、商业更智能、社会更高效。“无现金”不仅仅是传统意义上的“出门不带钱”,真正的无现金社会将基于物联网、云计算、大数据、空间地理信息集成等技术,实现普惠金融。而从当前网络科技的发展来看,实现“无现金社会”已完全有可能,且是未来经济社会发展的必然趋势:

1. 大数据、云计算等为无现金社会创造了条件,随着网络通信技术日

益发达、社会交易活动日益频繁活跃,从而为无现金社会结算支付的实现奠定了基础。

2. 人们支付结算习惯改变,追求便捷和安全成为社会结算支付的新潮流,越来越趋向于使用电子支付而非携带纸币。

3. 越来越多的商家也愿意选择网络支付作为结算首选。

4. 电子支付减少了交易成本,人们不用再到银行排队存取款,节约了时间;非现金交易还可减少政府各方面的运行交易成本;同时,也可避免制造纸币和纸币损坏的物资浪费;与现金相关的暴力犯罪也会降低,并能减少收受假钞带来的经济损失。因此可以说,无现金社会能凸现出较大经济优越性。

5. 因“无现金支付”的所有交易都会留下记录,这有利于防止企业逃税,打击洗钱、黑幕交易等。中国人民银行还可提升对货币供给和货币流通的控制力,提高国民经济核算的数据质量及经济运行的预测能力,更好地支持经济和社会发展。而货币的数字化,还可降低传统纸币发行、流通的高昂成本,提升经济交易活动的便利性和透明度。无现金社会也有助于我国进一步完善支付体系,提升支付清算效率。

必须指出的是,这是一个循序渐进的过程。在这一过程中,企业由于竞争压力推行某些市场手段来适当引导和加速其演化,可以被理解,但过于激进、变相强制的无现金化姿态,则会损害一部分群体的利益,进而也会对这个自然演化过程造成损害。

四、第三方支付的两面性

相信本次引发争议的另一个重要原因应该是,提出“无现金”的不是银行金融机构，而是两家第三方支付企业，或者说是两家互联网巨头。

此前曾有消息称，中国人民银行发文点名批评“无现金城市”等活动，并在此前约谈有关企业，认为其宣传和做法干扰人民币流通。但随后也有更新的消息说，中国人民银行一位相关负责人对中新社记者明确表示，央行总行并未发文要求禁用“无现金”，“我们并不讨厌‘无现金’”。似乎是中国人民银行约谈禁用“无现金”事件“被放大”了。

撇开是否放大“无现金”事件，笔者认为，有关第三方支付脱离监管和垄断信息数据的质疑和指责，都并非空穴来风，确实需引起重视。

第三方支付的法定名称是非金融机构支付，是指具备一定实力和信誉保障的独立机构，采用与各大银行签约的方式，通过与银行支付结算系统接口对接而促成交易双方进行交易的网络支付模式。以支付宝、财付通（微信支付）为典型代表的第三方支付平台，其诞生之初的积极意义，是在缺乏有效信用体系的网络交易环境中，以第三方支付模式，在一定程度上解决了网上银行支付方式不能对交易双方进行约束和监督，支付方式比较单一，以及在整个交易过程中，货物质量、交易诚信、退换要求等方面无法得到可靠的保证，交易欺诈广泛存在等问题。甚至可以这么说，在当年银行不屑于或还没做的情况下，第三方支付平台代替银行做了事，极大地推动了网络支付的发展。

随着第三方支付平台的茁壮成长，其潜在的陷阱和风险也日益明显。如在电子支付流程中，资金都会在第三方支付服务商处滞留即出现所谓的资金沉淀，如缺乏有效的流动性管理，则可能存在资金安全和支付的风险。同时，第三方支付平台开立支付结算账户，先代收买家的款项，然后付款给卖家，这实际已突破了现有的诸多特许经营的限制，可能为非法转移资金和套现提供便利，因此形成潜在的金融风险。而最重要的是，金融是强监管行业，而第三方支付平台与银行的直连处于监管之外，在直连模式下，信息流、资金流都掌握在支付机构手中，对监管机构来说，信息不透明、标准不统一，容易滋生乱象。

五、网联：继备付金集中存管后挥向第三方支付的又一监管重拳

2017年1月，中国人民银行发布支付新规，明确了第三方支付平台的客户备付金将交由中国人民银行来监管。在2017年1月19日东方财经“632观察：备付金集中存款，第三方支付何去何从？”节目中，笔者曾表示：与一些中小支付平台的保持沉默不同，支付宝、财付通对此举双手赞成，是因为对于它们而言，并非所有的盈利模式都架构在利差上，而是在做增值服务和其他服务。回到当年，因为电商的发展，因为传统金融机构不做，所以第三方支付平台崛起，在崛起的过程中，其实是立足在信息数据这个点上的。资金的沉淀是能看到的相应财富，但其实数据的沉淀在今天也是一份财富。所以有些门堵上之后，你回到通道上流动的数据，可以从这些数据上想办法赚到更多的利润。

当下，网联平台成为继备付金集中存管后挥向第三方支付的又一监管重拳。网联平台的成立，旨在为支付机构提供统一、公共的资金清算服务，纠正支付机构违规从事跨行清算业务，改变目前支付机构与银行多头连接开展业务的情况，支持支付机构一点接入平台办理，以节约连接成本，提高清算效率，保障客户资金安全。而更重要的是，有利于监管部门对社会资金的流向进行实时的监测。

就如中国人民银行在2017年8月4日文件中所说，“支付机构受理的涉及银行账户的网络支付业务全部通过网联平台处理”。由此，中国人民银行可以从海量第三方支付用户、第三方支付机构、网联、银行四个方面，

通过“网联”，获得所有支付数据，进而进行有效监管。

那么网联的出现，会否改变第三方支付的格局呢？应该这么说，以往的直连银行模式，让大型第三方支付机构在银行接入数量、费率等方面拥有很高的竞争壁垒。而网联平台的出现，让第三方支付平台站在了同样的起跑线上，因为不用受制于通道，降低了要对接多个银行支付网关的成本，第三方支付平台可以用更多的资源，在产品和服务方面进行创新，有利于部分中小第三方支付平台凭借创新产品和服务脱颖而出。但整个第三方支付的大格局，因为历史积淀的原因，恐怕难以有巨大的改变。换句话来说，支付宝、财付通在第三方支付领域的市场地位不会受到太大的影响。

六、“无现金”营销，项庄舞剑、意在沛公

网联上线是早就知道的事情，但两巨头依然大推“无现金”活动，2017年8月4日的文件，也并非如早期的有些文章所说会让第三方支付巨头“囧了”，事实上，它们还是网联的大股东。交备付金就交，资金监管就监管，没啥大不了。

笔者认为，“无现金”营销的真正目的，并不是为了消灭现金，而是以“无现金”的名义，巩固两巨头自己的扫码支付地盘，以应对银联二维码及其他支付方式的攻击。而更重要的是，通过“无现金”扫码支付，两巨头是在以支付为入口采集金融大数据，并与商品交易大数据融合，形成数据寡头，实现数据垄断，这才是“无现金”营销的真正目的。

金融领域，资金监管是重中之重，而大数据时代，除了原本意义的金融资金外，数据也是资金，所以对于大数据应用的监管，也应该像资金监管一样，提到监管部门的议事日程上来了。

12

中国移动支付为何领跑全球*

指南针、造纸、火药、印刷术，这是大家熟悉的四大发明。可如今又有了新的四大发明，那就是：高铁、网购、共享单车、移动支付。不谦虚地说，中国在移动支付方面走在了世界前列，并且引领了全球移动支付的潮流。

如果时间回到2012年，你可能不曾想过：身上不带一分钱、一张卡就能畅通无阻地在一个城市生活一周、一个月甚至更长的时间。是的，仅仅五年后的今天，这已经成为许多人的生活方式。无论是去餐厅吃饭还是去超市购物，也无论是搭乘公交还是市场买菜，只需要拿上手机就能够轻松支付。变化可能还不仅于此，当你跨出国门，诸如"银联""支付宝""微信支付"这样的字眼，不仅在日本、东南亚等地随处可见，即使远及欧洲、美国，也已经广泛覆盖。

* 本文内容主要源自：2017年10月17日看看新闻Knews综合"侃爆朋友圈"直播访谈(20:10－20:50)，主持人王爽、嘉宾李易对本文内容的形成亦有贡献，在此一并致谢；视频网址为http://www.kankanews.com/a/2017-10-17/0018191758.shtml。

值得注意的是，2016 年是中国移动支付大爆发具有标志性意义的一年。这一年，我国移动支付笔数首次超过互联网支付，标志着我国零售市场移动支付时代的到来。这一年，中国移动支付总额超过 208 万亿元，居世界第一，且这组数字，已经超过美国当年的 GDP。

一、为何中国移动支付发展那么快？

中国一年的移动支付总额就已经超过了美国一年的 GDP，这个数据让很多人都觉得不可思议，为什么发展会那么快？

应该说是互联网给了我们一个弯道超车的机会，或者说是一个换道超车的机会。在中国庞大的 13 亿人口中，网民占一半，有 7 亿多，且手机网民数基本也是这个数，这是一个非常庞大的基数。虽然前些年从固定电话用户数来说，中国是相对落后于国外的，但现在靠着移动电话的普及，用户数直接就上来了。另外，在移动支付领域里有两大巨头——支付宝、微信支付——在前面领跑。同时，这几年，电商的发展，网络购物的普及，给了移动支付一个非常好的用武之地。因为如果没有这样一个电商的需求存在，就不可能去催生支付这一块的发展。与此同时，在这一发展过程中，政府部门又在鼓励创新。所以，在上述各种因素的共同作用下，我们便看到这样一个令人惊喜的成就。

此外，智能手机功能的强大，也给了移动支付强大的支撑，现在一个智能手机几乎充当了人们生活、工作的必备工具。

其实，外国人也很羡慕中国人的移动支付，但外国人对自己的隐私要求比较高，所以他们不希望诸如其在什么时候、什么地方买了什么东西或去了哪里等信息被别人知道。但国内现在好像不太在乎这些，所以无论吃饭、快递、打车，都是扫一下，虽然每天的生活轨迹都在互联网上被记录下来了，但大家好像并不在乎。

也就是说，在国内，大家首先看中的是方便和快捷，至于其中可能涉及部分不安全的因素或者隐私的话，大部分老百姓会说，我也没出名到什么程度，也就没啥要保密的，也没涉及太多的隐私，可能目前还没到对于个人隐私保护特别关注的程度。

二、新四大发明间的关系

在新四大发明中，高铁是属于比较特别的一类，而另外三个的关系如下：首先，网购是基础，也就是我们平时所说的 B2C 电子商务这一块。因为蓬勃发展起来的电子商务，需要更好的支付去支撑，就如我们常常说的，电商的信息流快了，但是物流和资金流没有跟上，所以支付宝出来了，其实支付宝一上来在帮你完成了资金转移的同时，还扮演了第三方担保这样一个角色，当你确认收到东西了，我再把钱转过去，而正是在这样的服务过程中，衍生出了其他服务和功能。其次，如果说网购是移动支付发展的一个基础，那么反过来又因为有移动支付的便捷，因此移动支付又有机会反过来反哺网络应用，促进像共享单车这类新的网络应用，在互相之间就形成了这样一个相辅相成的良性循环。

三、关于现金支付的数据

一起来看一组数据，由腾讯研究院与中国人民大学等多家单位共同编制的一份报告显示，在用户的日常消费中，有40%的人出门带现金少于100元钱，52%的人月均消费里只有20%是用现金的，超过70%的人表示只有当只能用现金支付的情况才会选择支付现金，100元的现金甚至可以使用超过一个星期的时间，而84%的人表示，不带钱只带手机出门就可以非常的“淡定”。

而根据中国互联网络信息中心(CNNIC)的《中国互联网络发展状况》调查与结果显示，在线下实体店结算的时候，使用手机结算的比例已经达到50.3%，即使是在四五线城市，这样的一个比例也是分别达到了43.5%和38%，而在农村地区这个比例也是达到了31.7%。

移动支付的发展是如此的迅猛，因此很多人担心会不会我们走得有点太快了，步子迈得太大了?

实际上这是一个时代的潮流，既然你处在了这个环境下，到了这个时候，也就无从选择了，只能跟着快速地往前走。

就刚刚提到的这个报告而言，我个人觉得有些数据是偏乐观了一点。因为首先调查对象并没有涵盖到所有人群，你看我们刚刚提到的是CNNIC的报告，是腾讯研究院的报告，他们的调查或许就是通过网络来做的，网民中多少人用了这些支付手段。但问题是，若回到我国网民的普及率来看，差不多是50%，也就是说，有一半的人群并没有接受到这份调查。有一块数字，我个人感觉尤其是偏高的，你看农村已经到31.7%了，我觉得不大可能，你真的是把那么多农民全部放进去了吗?第二个是说我们现在若从一二三四线城市走出来的年轻团体来讲，大家觉得平常不用现金真的没什么，是一种习惯了，但你如果到偏远地区，或者说对一些年纪大的人来说，我觉得不可能这个社会会走到完全没有现金的。

四、关于微信、支付宝的垄断问题

现在的支付方式大多是微信和支付宝，几乎形成了垄断，这样好不好？

从经济学的视角和市场经济来说，垄断从来都不是一件好事。当然，两家的垄断似乎是自然形成的，一个是电子商务巨头，是交易里内置的，另外一个是社交网络巨头，是在微信里内置的。虽然一般人感觉不到什么，但对很多创业者来说，他可能就会有感觉了，比如说我做个什么项目，想把微信和支付宝都接进来，结果遇上了必须二选一的问题。

所以对消费者来说，你可能还看不到什么问题，但对于在这个生态里边的，可能会不太好，垄断对创新创业是会有一些影响的。

五、支付的安全问题

对于普通消费者来说，移动支付的确很方便，但因为这事关老百姓的钱袋子，所以安全也是所有人都会关心的一个问题。

这里有一组数据显示，93%的钓鱼网站和 34.3%的恶意程序正在威胁我们的财产，而遭受网络诈骗的用户也是与日俱增，2016 年因为移动支付而被骗的金额就高达 1.95 亿元。目前二维码支付已经成为了线下支付的主流，这种支付方式到底安不安全？

如果把二维码支付与近场支付 NFC 来比的话，从安全性来说，一定是 NFC 来得更安全。这就回到 2016 年 2 月 18 日 Apple Pay 华丽登场的时候，其实从安全的角度，我们是力挺 Apple Pay 的。但是回到我们刚刚所说的角度，比如说“隐私”问题，国外或许会把它看得很重，但国内呢，或许就没到这一份上。所以如果现在你跟老百姓说，相对 NFC 来讲，二维码的安全性其实不够高，但老百姓会说，我也就是小额支付，我也就是图个方便，所以在这个平衡的取舍方面，大家可能会觉得，我并不是太过关心，这就是现在的实际情况。

有关二维码的使用，前几年曾经被央行叫停过，原因就是因为安全性问题。但后来微信和支付宝又用了起来，当然在重新启用的时候，其实是做了一个很大的改观，只是我们大家没有注意到，那就是它扫你，而不是原来的你扫它。所以你如果是出于对自己安全负责的角度，应该让对方收款人来扫你，这会相对安全，这招教给大家。

六、关于网联平台

最近有个新的要求，即中国人民银行要求在 2017 年 10 月 15 日之前，各银行和支付机构要完成接入网联平台和相关业务迁移的相关准备工作，这个用意是什么？

这些年，伴随着第三方支付平台的发展，相关的支付巨头在与一家接着一家银行谈的时候，形成了直联，这个直联是绕过了中国人民银行。就像前面所说，支付量那么大，在给我们带来便捷的同时，也埋下了相应的风险隐患，包括洗钱的风险。有句话必须说，支付属于金融，金融属于一个被监管的行业，是必须以风险为最主要把控的一个行业。因此网联平台的出现，意味着发生的每一笔交易，都必须留下痕迹。这才是网联真正要做的事情，实际是回到了风控这个金融业的最主要问题上。平时我们老百姓只是说我的用户体验如何，但是站到监管者的视角，这是一个金融安全，甚至是一个国家安全的问题。这是从金融监控来说必须要做的一件事情。因为金融对一个国家来说,真的是命脉。

七、中国是否会成为第一个取消纸币的国家?

我们再来看一组数据。联合国贸易与发展会议在日内外发布《2017数字化贸易与发展报告》显示,随着电子支付手段重要性的不断增加,全球信用卡的使用比重将在2019年之前下降到46%。由此衍生的第二个数据是,按照目前的发展势头,在未来的两年内,全球电子支付的增速将会快于信用卡支付。

2016年中国的一些一线城市就已经完成了这一步,对于中国这个移动支付的现状,有很多外媒认为,中国或成为一个结束纸币结算的国家。

个人觉得,中国不会是第一个,因为中国国土太大、体量太大,成为第一个的只会是那种小体量的国家。

我记得非常清楚,2017年1月5日上视新闻“夜线约见”,我和夏磊老师在谈支付宝晒年度账单这一话题时,其中就提到移动支付这个点,一般大家都以为上海的数字一定是领先的,但那天我非常清楚地记得,我和夏磊说,不说交易额而说普及率的话,西藏排在第一,这个是出乎很多人意料的。其实就像中国的移动支付,为什么会让全世界都感到震惊,因为我们原来的固定通讯基础差,这个移动通讯、移动支付的渗透率反而会是很高。但同时我们必须注意到,在中国从东到西,你得横跨四个时区,如此广阔的幅员,涉及各种各样的阶层,因为参差不齐,所以中国不可能会是第一个取消纸币的国家。

所以,有关无现金社会,顺其自然就可以了。

现在很多老外很羡慕咱们的这种支付方式，新四大发明会把移动支付放上去其实就是留学生们评出来的，多少也代表了一种羡慕。包括我自己的学生，在国外留学的，有时候会在我微信下头留言吐槽说，在纽约，移动支付几乎没有。甚至我们看到 2017 年 4 月微信和苹果公司还为了内购一事掐起来，也部分是因为移动支付的原因造成的。

在移动支付领域，中国绝对是走在世界前列的。

13

如何看待网络支付流程的改变?*

最近这段时间,消费者在买买买的同时,是否知道通过微信和支付宝支付的每一笔钱,付款流程已经悄悄发生了改变?根据中国人民银行出台的将非银行支付机构网络支付业务由直连模式迁移至网联平台处理的通知,2017年“双十一”用户使用支付宝、财付通等第三方支付的网络支付业务,部分就是通过网联平台来处理的。网络支付流程为什么要改变?它对于支付的便利性、金融的稳定性有怎样的影响,我们在消费时需要注意些什么?

大家都知道,网上支付具有方便、快捷、高效、经济的优势,那么网上支付到底是怎么发展过来的?面对各式各样的第三方支付平台提供的支付方式,消费者会担心什么?是资金的风险问题,还是非理性消费的产生,或

---

* 本文内容主要源自2017年12月8日上海人民广播电台FM93.4“非常解读”直播(17:00—18:00),主持人任重、嘉宾黄麒对本文内容的形成亦有贡献,在此一并致谢;音频网址为 http://m.ajmide.com/touch/pages/forum/audio/history.htm? phid=24154513&from=singlemessage&isappinstalled=0。

是信息的泄露?

一、互联网支付的历史

如今在谈网络支付时,大家比较多是会说第三方支付,但要说历史的话,还得从互联网支付的诞生说起。

这个时间要倒推18年,回到1999年,那年9月,招商银行在国内首次全面启动了网上银行,其代表产品就是大家可能听到过的“一网通”。当年,“一网通”无论是在技术性能还是在业务量方面,在国内的同业当中都是处于领先地位的。1999年“一网通”推出,2003年6月,作为我们国家电商和网上银行的代表产品,登上了被誉为国际信息技术应用领域奥斯卡奖的CHP大奖的领奖台。这是中国企业首次获得这一殊荣,也因为这个原因,所以一般把1999年称为中国网上银行网上支付的元年。

从1999年起,18年的时间走过来,中间经历了哪些里程碑事件呢?

其一,2003年淘宝诞生,随后,2004年支付宝也诞生了。在那段时间前后,比较官方的名字还是电子支付。

其二,2005年出台了《电子签名法》,随后,2005年中国人民银行发布了《电子支付指引》第一号令。在第一号令中,对于电子支付的定义描述得非常清楚,同时也通过第一号令,对电子支付的业务,包括防范风险、资金安全等做了非常清楚的规范。在第一号令出台前后的2005—2006年那段时间,若要说网上银行的发展,可以从网上银行的用户规模来看,2005年,中国网上银行用户规模是3 500万户。此外,在那段时间里,在网上银行相关的整个产业链结构图中,从央行下来,走到商业银行中间,包括有部分第三方支付平台都用过的,中间是一个今天不少人比较陌生的名字,那就是当时出于安全认证的需要，有一个金融认证中心 CFCA 的介入。

其三，时间来到 2008 年，这一年是中国网上支付发展的第十个年头。这一年，网上支付交易额达到了 2 700 亿元，与 2007 年相比增长了 180%，与支付宝诞生的 2004 年相比，增长了2 600多亿元。这一年 8 月，支付宝用户数也突破了 1 亿。伴随着电商的发展和网上支付交易额的大幅增长，对支付快捷等方面的业务需求迅速增长。因此，这一年在第三方支付方面发生了许多重大事件。这一年，支付宝与卓越亚马逊进行合作，同时支付宝也开始尝试手机支付业务；财付通开始推上门收款业务；拉卡拉与支付宝一起联手实现了网上购物、线下支付；汇付天下开展了第三方支付的产品创新，与航空支付进行互相之间的融合；快捷支付首推一项重要的服务，那就是生活服务缴费。还有一些可能大家不是特别熟悉的企业也进行了一些创新。例如首信，这是一家北京的支付企业，2008 年首次推出了高考的网上缴费。另外，第三方支付平台还在医保支付、地震和雪灾捐款中发挥了作用。

其四，2010 年中国人民银行发布了《非金融机构支付服务管理办法》，开始颁发第三方支付业务许可证。2011 年 5 月，第一批 27 张牌照发放完毕，其中有称之为国家队的银联商务，也有民营企业，而拿到支付牌照的民营企业的排名是很有意思的，记得当天媒体的标题是“民营企业中获得支付牌照的是支付宝、快钱等”，换句话来说，那时候排在前列的还轮不到财付通。在这段时间还发生了一个大事件，那就是移动支付技术标准的争论。那个时候就是两大标准，一个是由移动主导的 2.4G 的标准，还有一个是由银联主导的 13.56M 的标准，大家不相上下。在经历前前后后好几年的博弈之后，最后总算尘埃落定，中国人民银行与三家电信运营商就手机支付标准问题基本达成一致，由中国移动牵头将手机支付标准调整为基于 13.56M 的符合金融行业要求的技术标准，这一标准的统一为后来移动支付的大踏步前进奠定了基础。

其五，2011 年，支付宝开始推出基于手机 APP 的二维码支付。2013 年，伴随着 5.0 版本的推出，微信也开启了二维码支付。但是 2014 年中国人民银行叫停了二维码支付，叫停的原因是标准和安全性等存在问题。但是，事实上二维码支付却并没有被完全禁止住，而是不断发展壮大起来了。

其六，2016 年年初，中国银联引入 Apple Pay，随后华为 Pay、小米 Pay 等相继登场，都希望能够在基于近场支付 NFC 技术上获得竞争优势，与二维码支付进行抗衡。2016 年 8 月，围绕二维码支付业务规范的征求意见稿出来，意味着官方第一次认可了二维码的支付地位。

18 年的时间，互联网支付一路走来，不断发展壮大。

二、网联的性质和作用

2017 年 8 月 4 日，中国人民银行支付结算司印发《关于将非银行支付机构网络支付业务由直连模式迁移至网联平台处理的通知》，要求从 2018 年 6 月 30 日起，支付机构受理的涉及银行账户的网络支付业务，全部通过网联平台处理。同时，各银行和支付机构应于 2017 年 10 月 15 日前完成接入网联平台和业务迁移项目准备工作。

2017 年 8 月 29 日，网联清算有限公司（以下简称网联）成立。网联其实是一个线上支付统一清算平台，在中国人民银行的指导下，由中国支付清算协会组织支付机构组建，用以处理由非银行支付机构发起的与银行交互的支付业务。网联平台的上线运行，为支付机构提供了统一公共的支付清算服务。网联清算有限公司注册资金 20 亿元，股东总数 45 家，中国人民银行为其第一大股东，7 家有中国人民银行或外管局背景的股东合计持股37%，而另外38家股东为第三方支付平台。

《关于将非银行支付机构网络支付业务由直连模式迁移至网联平台处理的通知》的下达，意味着将来第三方支付机构想要在线上接入各家银行，必须通过网联接入，不再允许直接对接银行。目前已经有20多家支付机构和银行完成了接入网联平台的工作，包括财付通、支付宝、网银在线等知名第三方支付机构。

三、网联是央行的监管重拳

笔者认为，网联诞生的原因是第三方支付在这些年快速发展后带来了部分监管的担忧，而网联则是中国人民银行对第三方支付平台挥出的监管组合拳中最重的一拳。

我们都知道，第三方支付从诞生一路走来，有它的积极作用。在当时缺乏有效信用的网络交易环境的情况下，用这样一种第三方或者称之为非银行的支付模式，在一定程度上解决了当时网上银行支付方式无法对交易双方进行很好的约束和监督，以及支付方便快捷等问题。所以这么多年来，大家对第三方支付是肯定的。但是，伴随着第三方支付机构的茁壮成长，潜在的风险也日益明显。其中最为突出的风险，就是大量的资金沉淀。因此，如果没有一个有效的监管的话，确确实实会带来很多资金支付上的安全风险。为此，2017年1月，围绕第三方支付机构资金沉淀问题，中国人民银行出台了第三方支付机构备付金集中存管的意见。这个意见可以被称为是2017年中国人民银行挥出的第一记监管重拳。

另外，第三方支付机构在开立支付结算账户的时候，也就是像我们所看到，先是代收了买家的款项，然后再付款给卖家，实际上，严格意义上来说，这种做法已经突破了现有的金融特许经营的限制。因此让人担心会出现非法的资金转移，包括套现等。所以说存在着潜在的金融风险。而大家都清楚，金融是一个强监管的行业，所以，第三方支付这些年来跟银行之间的直连，严格意义上来说，游离在了央行的监管之外。在直连模式下，信息流、资金流都是掌握在支付机构的手里，对于监管机构而言，信息不透明，因此很容易滋生乱象。针对这种情况，网联诞生了，其目的就是为了提高支付机构的清算效率，使交易留痕、资金可追溯、风险可控制。

四、将来微信和支付宝能否互相转账

应该说，微信和支付宝互相转账在技术上实现是没有任何问题的，甚至现在就是互相连在一起的，因为用户在微信和支付宝上经常是绑了同一张银行卡。但由于微信和支付宝都设置了提现额度，因此会让用户觉得转账方面有障碍，需要考虑提现费用。

关于这点，我认为，一般企业在刚开始的时候，可能会故意设置一些壁垒，阻挠一下别人的前进，但现在微信和支付宝这两家互联网公司规模都很大，而这两家的领导人——两位马先生的胸怀也越来越大，所以我相信早晚会有一天，这种互相之间故意设置的壁垒会被打破，我看好这一点。

五、关于安全问题

大家对于网络支付的安全一直是有所担忧的。广大听众朋友的担忧主要体现在三个方面：第一，是沉淀资金的安全和风险问题；第二，是个人理性消费问题;第三,是信息泄露问题。

通过上面的解读,我们知道,中国人民银行已经实行了备付金的集中存管和建立了网联平台,并加强了对支付的监管,所以大家对第一个问题应该会比较放心了。而在理性消费这个问题上,说实话,其他人是管不着的,只能通过消费者自律来解决。所以接下去主要谈一下对第三个问题的看法。

对于这个问题,我将从两个角度进行解读:一个是个人的角度,另一个是网联平台的角度。

首先,从个人的角度来讲。2017 年人工智能非常热,不少地方都在使用刷脸支付,即将生物特征作为个人密码。科技发展确实是好事,但在具体运用上,我可能会建议大家稍微保守一点,不要太超前。我比较认同上海市信息安全协会谈会长的话,生物特征有的时候是不可再生的,使用起来比较方便,且有唯一性,但必须注意的是,生物特征到了计算机里边,最后解读成的就是一串 01 的代码。必须告诉大家,大家觉得这份生物特征就在我脸上,好像是最安全的,但问题是,如果记录了大家生物特征的数据库被攻破的话,那么只需要用这串 01 就能来代表你了,而你倒是无法变脸的。所以在这点上,我可能是有点杞人忧天,但总体上还是建议,接受新技术固然好,但是有的时候还是稍微地审慎一点比较好。

其次,从网联平台的角度来讲。从 2018 年 6 月 30 日开始,网联平台将承担所有网络支付资金清算,届时“双十一”、春节发红包等支付高峰节点,被视为是对网联的最大考验。以“双十一”为例,2017 年“双十一”支付流程变化了,支付是从网联平台进行的,但必须要说明的是,2017 年“双十一”只在网联平台上接入了支付宝和微信 50%的业务,并没有将全部业务联上去。目前网联平台的系统设计能力是每秒 12 万笔业务处理量,极值是每秒 18 万笔。但大家如果注意的话就会发现,2017 年仅支付宝的峰值就是一秒 25.6 万笔业务，而撑起这样的峰值的是阿里巴巴自主知识产权的数据库。所以就这一点而言，其实我挺担心，假如是 2018 年所有业务 100％都从网联平台上进行，而网联平台的这个设计能力又上不去，那会发生什么真不好讲。这是我担心的一个安全问题，期待 2018 年会有所改善和提高。

第三篇

电商物流

无人机送货,拼噱头还是拼实力?

派送费涨了,快递费涨价还远吗?

顺丰与菜鸟“决裂”的背后

顺丰与菜鸟物流之争:以“数据”的名义

见证中国供应链十年变革 全程直击百世集团登陆纽交所

01

无人机送货，拼噱头还是拼实力？*

物流大战持续升级，无人机加入战局。是拼噱头还是实力？无人机能否有效降低快递成本？制约瓶颈又如何突破？

一、京东完成首单无人机送货

日前的“6·18电商大战”中，京东出动了无人机。在其创始人刘强东的老家江苏省宿迁市，京东成功完成了首单无人机配送。当日早上7点，无人机从江苏宿迁双河配送站起飞，仅7分钟后就抵达旱闸村，将商品送到村庄推广员手中。因此，此次试飞并不是无人机与买家的直接对接，而是由所在地“推广员”最终送达买家。

刘强东曾放出豪言，声称要在1年内，让京东的无人机送货覆盖范围

* 本文内容主要源自：2016年6月21日东方财经“632观察”栏目访谈（19:30－19:45），主持人周俊夫、嘉宾杨坚争对本文内容的形成亦有贡献，在此一并致谢；视频网址为 http://v.qq.com/x/page/c0308h33ptj.html。

从23万个村庄扩展到42万个村庄,用无人机解决农村最后一公里的问题。

二、首单无人机送货为何选择山村?

我们从两个方向来看这件事发生的背景。先从上往下看,2014—2016年连续三年中央一号文件都是有关农村工作的,2016年的政府工作报告也提到要大力发展农村电商,商务部、其他各部委也出台了一系列推动农村电商的政策。再从下往上看,目前各电商企业,包括前面提到的京东等,都在做渠道的下沉,即原先更多立足于一二三四线城市,如今希望能走到五六线城市去、走到农村去。

回到无人机这件事上来说,因为无人机飞行会涉及城市对于飞行空域等方面的要求,所以从农村起步是件好事。可以用一句熟悉的话来比喻:上山下乡,广阔天地,大有作为。

三、无人机送货既是形式,也有内容

一般人会认为无人机送货的话,送送鲜花还行,如果送大件物品估计就不行了,所以无人机送货就算是在农村,感觉上也是形式大于内容。

有此想法的人估计是把无人机想象成类似直升机一样的飞机,但其实并非如此,事先肯定会考虑无人机所运送的装载货物的箱子在飞行中的安全问题。虽然京东的无人机送货有作秀的成分,但这背后也有内容,就是京东真的是在投入人力和财力进行无人机的研发工作。

大家对于无人机的认识,可能还停留在两三年前的无人机航拍以及无人机送求婚钻戒等事件上。但大家可能没有注意到,前段时间,第二届上海亚洲消费电子展(CES Asia)在上海举行,当时有两款京东的无人机展出,其中一架无人机外观看上去居然像一架喷气式飞机,飞行距离是30千米,载重是30千克。

京东集团JDX事业部无人机项目负责人对于京东发展无人机是这么解释的:目前无人机是处于试运营阶段,核心目标不是说要承担多少配送量,而是要更好地去对现有的机型进行验证,与物流系统做进一步的统一融合。

三、法律法规对无人机发展很关键

事实上,美国电商亚马逊早在2013年就有无人机送货的设想,但时至今日,美国监管部门依然没有批准亚马逊在当地测试无人机的请求。

法律法规可能会影响无人机的使用。必须承认,法律法规其实是滞后的,尤其在城市里,无人机的发展会受到现有法律和法规的制约。这两年,无人机出来后,最初用于航拍,但是由航拍也引发了大家对于隐私和安全等方面的担忧。如果无人机送货是在城市的话,即便是低空飞行,或许也会有很多问题和制约,因此,法律和法规的制约导致无人机的发展只能慢慢来。也正是因为这一原因,所以京东的无人机尝试是从农村起步的。

四、无人机的成本问题

做企业归结到最后就是一本生意经,就是一个成本和收益的配比。大家也许会提出疑问，即在美国由于人力成本比较高，因此用无人机送货可以节约很大一部分成本，但是在中国，人力成本相对较低，那么京东投入大笔资金研制无人机是否划算？

应该这么讲，仅从当前看，或许真的不划算，但是如果综合来看或从长远来看，或许还是划算的。不排除将来京东会变成中国最大的一家无人机生产商，甚至成为无人机调度运营公司。也就是说，公司可以通过无人机延伸出很多其他服务。

考虑这笔生意经的时候，还要看公司最后的落地点在哪里。按照目前中央的战略部署，希望大力发展农村电商，让工业品、日用品下乡去农村，让农产品上来进城市。农村电商涉及的是下行和上行两头。这几年常听到说，农产品卖进城市来很困难，因为会受到时点和季节等因素的影响，所以各地都在努力解决精准扶贫问题和农产品销售难问题。但是，今天的无人机或许可以帮助把两件事情接起来，即送工业品下农村的同时带农产品进城市，从而提高效率。

五、与亚马逊城市送货定位不同

亚马逊是在城市试点无人机送货，更多的是解决送达消费者家里的最后一公里问题。但京东的无人机试点，并非定位于送达消费者的最后一公里问题，而是送到村庄推广员这里，由村庄推广员再往下送，所以解决的是可以称之为最后三到四公里问题。

也正因为定位的不同，那么对于这一段固定行程，可以考虑集约化配送，可以先把相应的路线规划好，把路径予以优化，把这一段时间需要的空域事先进行报备申请，总之，可以事先规划好。所以站在这样的一个角度来说，对于这个模式，我是比较看好的。

六、无人机送货与智能物流

无人机送货的出现并不代表智能物流已经实现，只能说这确确实实是迈出了向智慧物流前进的第一步。

02

派送费涨了，快递费涨价还远吗？*

多家快递公司上调派件费，快递小哥收益有望提高。羊毛出在羊身上，上涨派送费是否会转嫁消费者？

一、全网派费调整通知

近日，中通、圆通、申通、韵达、百世五家快递公司集体发布《关于全网派费调整通知》，规定所有派件网点的派费在原有基础上每票上调 0.15 元。在这之前，多数企业网点的派送费在 1.5 元左右，到快递员手中的派送费为 1 元左右。但针对电商和消费者的快递费，这次暂无变动。

几家快递公司给出的上调派送费的理由是：提高派件质量、顺应市场经济发展趋势、避免低价竞争等。除派件费用之外，面单奖励也得到了调整，达到考核指标之后，超出的部分每件奖励 0.2 元，达到目标值，则超出

* 本文内容主要源自：2017 年 5 月 24 日东方财经“632 观察”栏目访谈（19:30－19:45），主持人杨颖、嘉宾张大成对本文内容的形成亦有贡献，在此一并致谢；视频网址为 https://v.qq.com/x/page/p05064dmdnh.html。

基础部分每件奖励 0.3 元。那么派送费的提升会给快递员带来多大收益？快递成本的提高最终是否会由消费者来承担呢？

二、年报数字的解读

在国内快递公司上市后的首份年报中，2016 年全部的企业利润是超过了 10 亿元，而其中顺丰控股实现净利 41.8 亿元，同比上涨了 279.55%，中通、圆通、申通、韵达也实现了 50%或者是 1 倍以上的增长。那么，是否因为快递行业的家底厚了，所以给快递员提高每件 0.15 元的红利呢？我认为有这方面原因。因为在过去的一年，伴随快递企业的纷纷上市，其利润一路增长，形势一片大好。但末端网点的服务质量是有问题的。所以对于本次派送费上调，我倾向于理解为，快递公司在有了一定家底之后，希望通过经济杠杆的刺激把快递服务质量做上去。

三、快递员流失严重

大家都知道，快递员不需要特别高的学历，入职门槛不高。这些年，电商的发展促进了快递业的发展。但我个人认为，当我们在享受这份电商红利的同时，其实是有愧于快递小哥的。不论刮风下雨，包括“双十一”，他们的工作强度特别大，但工资并不高。前面说，到快递员手里的派送费是每件 1 元钱，那我们假设一位快递小哥一天接 150 单，那么他一个月也就 4 500元收入，同时，他还会有支出。在快递业发展早期，快递公司对快递小哥包吃包住的情况是比较多地存在的，但现在这种情况已经很少了。包吃包住的待遇取消了，但我们对于快递质量的要求不可能取消。另外，因为派送工作没有按时完成等，快递公司对快递员的处罚也蛮厉害的。由于这种种原因，因此上海近一年时间里快递员都转去送外卖去了，流失得非常严重，所以此次上调派送费也是快递公司希望留住人。

四、算笔成本账

不妨算一笔成本账。按照之前的比例，派送费每笔在 1.5 元左右，到快递员手中为 1 元左右，此次上调 0.15 元，快递员能拿到 0.1 元。假如按照一天 150 件来算，多增长了 15 元，如果 30 天全部上班，一月多 450 元。这个提高的幅度算不上特别高，但对于公司来说，这么多快递员，可能是一笔不小的成本支出了。

目前，如果光从这一点来看，这个成本可能是令人担忧的。但其实我们注意到它是一份内部的调整。快递公司末端业务由收和派两部分构成，当今中国可以看到，快递公司 75％的业务是与电商挂钩的，所以是电商的发展带动了快递业的发展。在这 75％的业务挂钩当中，收件这个点其实是赢利点，派出去的时候，是派送的成本点。所以现在快递公司是进行内部协调，通过公司内部的调控，把末端网点的派送费提高，希望不至于由于末端网点的质量和快递员的大量流失造成对整个快递业务的影响。

五、是否会导致快递费涨价

消费者担心的是，这样一种人力成本的提高最终会不会导致羊毛出在羊身上,即快递公司给快递员涨派送费,随后对消费者提高快递费。

个人认为,应该不至于。这次提高派送费的五家公司对于电商网店的依赖度达到了 75%,换句话来说,这些快递公司的业务 75%来自电商,所以其比较难去挑战电商来提价。

六、如何化解成本

快递公司除了内部转移消化成本外,可以借助技术的突破,如更多采纳自提柜。此外,在借鉴国外经验时,也可以学习一下发达地区的理性思考。

最近这几年我们追求的是快和多,价格战打得比较多,但价格战既压榨了供应商,也压榨了快递行业。解决这个问题可以从以下两个方面着手:一是企业自身要进行技术创新和人员管理创新;二是多从环保和节约的角度考虑问题,在某些方面要做些减法,进行优化配置。例如,美国目前的包裹数是一年 150 亿个,而中国是 313 亿个,几乎一天一亿个包裹,可是我们真的需要这么多包裹吗?可否把某些订单合并,只派送一次?

03

顺丰与菜鸟“决裂”的背后*

一言不合就关闭数据接口，菜鸟和顺丰究竟在争什么？如果因此影响到客户的利益，谁又该为此买单呢？

一、顺丰与菜鸟互关数据接口

昨天下午，菜鸟首先发布声明，指责顺丰关闭对菜鸟的数据接口，切断了快递柜的数据回传，因此紧急建议商家暂停使用顺丰发货。

顺丰则表示，菜鸟要求顺丰丰巢提供与其无关的客户隐私数据，丰巢予以拒绝，菜鸟随后单方面切断信息接口。

今天下午，菜鸟发文称，原本只是很小范围的智能快递柜对接问题被顺丰恶意放大，并强调从未要求顺丰提供非淘宝系数据。

目前客户依然可以通过顺丰的官方渠道，包括微信 APP、顺丰的官

* 本文内容主要源自：2017 年 6 月 2 日上视新闻“夜线约见”直播访谈（22：00－22：15），主持人陶淳对本文内容的形成亦有贡献，在此一并致谢；视频网址为 http://www.kankanews.com/a/2017-06-02/0018015500.shtml。

网，以及其他的第三方信息查询平台，查询到物流信息。

此外，今天在淘宝页面上，一些生鲜商家依旧在明显位置打出顺丰速运的标志，商家表示虽然在菜鸟平台上无法追踪到顺丰包裹的物流信息，但并不意味着在淘宝购物不能使用顺丰快递。淘宝卖家表示，用顺丰发货后，可以找其要订单号码，然后上顺丰官网查询物流信息。

二、一次粗暴型的竞争

对这一事件，大家基本上都是用下面这句话在评价：你们之间一言不合把数据接口直接关了，但是城门失火，殃及池鱼，受影响的是众多的商家和客户。尤其这段时间是很多生鲜农产品上市的时间，这些生鲜农产品自身对于物流的品质要求和时间要求都是比较高的，按照以往的习惯，商户大多是通过顺丰来发货的，所以这次确实是影响比较大。

所以，昨天深夜国家邮政局紧急发布消费提示，希望双方高层沟通，强调要切实维护市场秩序和消费者合法权益，不能因企业间纠纷产生严重社会影响。也是希望两家能顾及经济大局和整个经济社会的稳定。

三、一段引发物流业震动的讲话

前不久召开的 2017 全球智慧物流峰会上，马云有这么一段讲话：“今天物流公司在人家的眼睛里的感觉是土不拉几的，如果你不在技术上投入，你是不会有出息的。我看到了前几年物流快递公司之间互相的竞争、互相的杀价，目的是获得更大市场，请记住，市场份额不代表利润。”

这段话当时在物流业界引起很大的震动，也有人说就此已经埋下了顺丰和菜鸟之间的恶性关系。

四、顺丰羽翼渐丰

我觉得马云这段话本身没有错。前些年，伴随着电商的发展，快递业一路成长，但大家确实觉得快递业本身科技投入不多、技术含量不高，更多仰仗的是快递小哥的人海战术，是靠中国劳动力的便宜一路成长起来的。而物流公司真要做大做强，应该要更多仰仗科技的力量。所以，四年前菜鸟网络成立了。菜鸟网络本身没有一辆车，没有一个快递人员，但通过一个平台来聚合各家快递公司，打造一个快递数据平台。从这一点就可以看出阿里巴巴和普通快递公司在公司定位和眼光上的不同。但与此同时，一家有点特别的快递公司出现了，它就是顺丰。它不甘心只做一个出卖苦力的快递公司，所以在科技上大量投入，从而出现了丰巢科技这样的子公司。当顺丰在科技上做了这样的投入之后，快递公司成长起来了，它的科技羽翼一点点丰满了，它的骨头也硬了。所以从这个角度上来说，正是顺丰有了这些科技积累，所以其今天才有了与菜鸟网络决裂的勇气。

五、用户数据是关键

站在旁观者角度来看，无法评价双方在此次事件中谁赢谁输。但值得我们注意的是，双方争执的焦点是用户数据，都强调自己是在维护交易数据安全。换句话说，在这次事件中，两家不争钱、不争地，争的是用户数据，这也从另外一个侧面再次告诉我们，用户数据已经成了企业的重要资产，也已经成了各方争夺的重要领域。

六、时间恰逢《网络安全法》实施

昨天是这两家企业发生争议的时候，恰巧也是《中华人民共和国网络安全法》实施的日子，时间节点非常有意思。

前段时间热播的电视剧是叫《人民的名义》，而这一次两家的争斗，可以称之为是以"数据的名义"或者说是以"信息安全的名义"发动起来的，但其实是对于数据的争夺。在这个大数据的时代，数据就是石油，就是资产，所以大家都会尽可能地去汇集更多的、更厚的、更广的大数据，由此才能够有机会通过这些数据来描绘出360度的用户画像，从而全方位了解用户的消费习惯，进而有机会依托数据可以对用户做精准营销以及实施更多的服务。但问题在于，收集数据固然需要提倡，但在进行数据收集或在数据使用过程当中，还必须要考虑怎样做到合理合规，而这就与《中华人民共和国网络安全法》产生了联系。

七、监管部门的约束

这几年的电商发展中，监管问题成了一个令人头疼的问题，即在行业发展中会出现许多新情况，那么到底是先规范后发展，还是先发展后规范，或者边发展边规范呢？

此次事件的行业主管部门是国家邮政总局。昨天晚上，看到了国家邮政总局的消费提示，但目前似乎没有看到国家邮政总局有什么举措去更进一步地约束两家企业。在商业利益的争夺上，商家之间谈不上谁是谁非，只能说谁能笑到最后，或许就是强者。但是有一点是必须要注意的，即整个经济社会的稳定必须要保持。那么，假如就以目前这个特定的时间节点来说，生鲜农产品如果真的是因为两家的争斗而受到了一定的影响，那我觉得，这两家企业都是要承担一定责任的。

商场中有一句话，没有永远的朋友，也没有永远的敌人。顺丰和菜鸟究竟最后是敌人还是朋友，我们不得而知。但是商场的竞争必须要遵守一条规则，那就是不能损害他人的利益，不能影响整个社会的公平秩序。

04

顺丰与菜鸟物流之争:以“数据”的名义*

国家邮政总局出面,顺丰与菜鸟大战偃旗息鼓。从互撕到和解,双方有何诉求?在企业博弈中,消费者如何不再躺枪?

一、48 小时互怼

6 月 1 日,不少淘宝卖家和客户发现发货时无法追踪到顺丰速运的包裹信息,当天菜鸟首先发布声明指责顺丰关闭对菜鸟的数据接口,顺丰随后表示,菜鸟要求顺丰丰巢提供与其无关的客户隐私数据,丰巢予以拒绝,菜鸟随后单方面切断信息接口。

菜鸟和顺丰的数据争夺战在短短两天时间里迅速发酵,从自提柜数据之争发展到整个行业为其站队。就在僵持不下之际,国家邮政总局介入。

---

* 本文内容主要源自:2017 年 6 月 6 日东方财经“632 观察”栏目访谈(19:30－19:45),主持人刘洋、嘉宾李易对本文内容的形成亦有贡献,在此一并致谢;视频网址为 https://v.qq.com/x/page/o0511wf4ebe.html。

6 月 2 日晚，国家邮政总局召集菜鸟和顺丰高层进行协调，最终双方宣布和解，表示将从讲政治、顾大局的高度出发，共同维护市场秩序和消费者合法权益，同意从 6 月 3 日 12 时起全面恢复数据传输。

二、速战未必速决

48 小时，从互撕到和解，似乎是戏剧化的一幕。

其实这既在意料之外，可能也在情理之中，因为该发的声音也发了，该亮的态度也亮了，但是如果继续僵持下去，那真正受伤的其实是更多的卖家。因为如果说对消费者来讲，真要去查物流信息其实还是能查得到的，但这段时间恰巧是一些小水果等生鲜农产品大量上市的时候，所以对这部分卖家的影响会比较大。所以，国家邮政总局把这一事件提高到了一个讲政治、顾大局的高度来讲，目的就是要保持经济社会的稳定。但我个人的感觉是，这件事速战并没有速决，只是暂时停了下来而已。

三、真是信息安全的事，还是拿信息安全来说事

时间点很巧，这次事件发生的当天恰逢《中华人民共和国网络安全法》实施，因此，若真的是信息安全问题，应该说已经有法可依了，双方都可以去告对方，但事实是谁都没有。所以这次事件实际上是双方以信息安全的名义，在争夺市场、争夺用户、争夺话语权和该领域的霸权。

双方这次的互怼是因数据而起，那不妨就用数据来说话。截止到“十二五”末期，整个快递业每年的增长率大约在 30%以上，目前一年全国的

包裹数是在300亿件以上，整个蛋糕是很吸引人的。正是因为这个市场的诱人，所以两个原本相生相伴成长起来的行业，今天为了将来的业务、为了这份数据的话语权产生了争斗。

四、曾经的预言

在这次顺丰跟菜鸟的事件中，有人翻出了刘强东曾经说过的一个预言："最后你等着瞧那几家快递公司，大部分利润都被菜鸟物流给吸走了，只有一家顺丰是拒绝这么做的，所以我相信将来只有一个顺丰能够作为独立的快递公司长时间地存在下去。"这段话这两天被很多人津津乐道，挺有意思。

五、有关菜鸟网络

菜鸟网络可以看成是物流体系，但是严格意义上来说，应该把它理解成是搭建在过去这些年伴随电商一路成长起来的快递公司之上的一个平台。

四年前阿里巴巴成立菜鸟网络的时候，是希望用5到8年的时间，形成一个中国的智能物流骨干网络，希望把原本各家快递公司分散的各种业务，通过这样一个网络数据的聚合平台把它们聚到一起来。之后，由于这个平台的背后靠着阿里巴巴，而今天大量的快递业务，或者说快递业70%的业务是从电商过来的，因此阿里巴巴就可以通过这个平台来做快递业务的分配和做数据的组合，进而阿里巴巴就有机会在掌握了数据之后，成为标准的制定者。

不妨看看各个快递公司在这个菜鸟网络中究竟能有多少话语权。在菜鸟网络的股份中，除了阿里巴巴占有很大一部分之外，银泰、复星集团也占有一定比例，而我们平常熟悉的这几家快递公司则各自基本就只占了1%。每家就只有这么一点股份，可想而知快递公司的话语权能强硬到哪里去。所以，在这个体系中这些快递公司只能扮演被分配的角色。

六、企业站队的背后

这次的菜鸟与顺风之争，虽然只上演了两天，但已经从两家企业间的决斗演变成了行业内的站队比赛，比如说京东、腾讯、网易就都力挺顺丰。

其实站队的背后透射出了很有意思的信号。我们姑且不去说某一家公司怎样，但至少通过站队让我们看到这么一个逻辑，那就是，敌人的敌人就是我的朋友，所以此次事件也变成了一个测试盟友是否忠心的过程了。

通过这一次争吵与站队，物流业的格局更加清晰。首先，阿里巴巴自身并不做物流；其次，通达系快递企业依附在阿里巴巴的电商业务上，这些快递公司本身并不属于阿里系，它们形成的是一种当时共同利益下的联盟。但顺丰是个例外。差不多三年前，顺丰王伟开出了“顺丰嘿店”，开始涉足电商，两年前的6月6日，顺丰的丰巢科技成立，这是顺丰非常鲜明的自身求变信号。与通达系企业不同，顺丰是真正地想把自己由最初一家由快递起步的企业，变成一个能够把握主干网上话语权的企业，或者说，成为一家综合的物流服务提供商。所以，有些物流企业甘心依附于阿里巴巴，老老实实被分配；但也有些物流企业不甘心，在慢慢做大后，就会闹独立。

其实，有那么一两个出来闹独立不是坏事，有竞争是好事，站在消费者的角度上来说，有竞争才能让这个市场火起来，消费者才有机会获益。

七、关闭数据接口引发的公共服务思考

此次事件是由数据而起，菜鸟要求顺丰的丰巢数据作回传，理由是要做交叉比对，但是顺丰认为，其总共200万单丰巢数据里，与菜鸟有关的只是20万单，凭什么要其把整个200万单的数据全都传给菜鸟，但同时似乎又无法识别，哪20万单是菜鸟的，互相之间就是因为这个原因闹起来的。

双方都认为，这是它的数据，凭啥给对方。但这几年我们在电商领域一直在说，应该有一个既不姓A也不姓B的公共服务平台，让它来做这样一个数据服务的中介，所以这次事件应该引发我们对于数据公共服务的思考。

05

见证中国供应链十年变革 全程直击百世集团登陆纽交所*

从今晚 20 点(美国当地时间上午 9 点)起,到 23 点,第一财经为大家呈现《见证中国供应链十年变革 全程直击百世集团登陆纽交所》特别直播节目。一家伴随电商成长起来的企业,却不仅仅将自己定位于类似通达系这样服务电商的快递类企业,而是秉承技术和业务模式的创新,试图颠覆和变革中国效率低下的物流和供应链行业。智慧综合型供应链服务提供商百世集团赴美上市,公司十年来的发展也是中国供应链十年变革的见证。

一、百世定位智慧供应链服务

从平常人的角度来看,百世就是一家快递企业。但其实并不是这样,

---

* 本文内容主要源自:2017 年 9 月 20 日第一财经大直播(20:00－23:00),主持人李爱琳、嘉宾白洋对本文内容的形成亦有贡献,在此一并致谢;视频网址为 http://www.yicai.com/live/5347317.html? t=1505905227481。

百世的定位是智慧供应链。供应链是一条由快递企业、店家、供应商和生产制造商组成的链条，也可以说是一条由供需构成的链条。在这样一条链条上，百世的定位不仅仅是最后一公里的快递服务，而是在这根长长链条上的综合服务，所以百世首先是一家供应链服务企业。其次，百世还希望将大数据、云计算、物联网等这些科技信息手段应用于供应链服务中，使供应链上的生产供应商服务可以通过这些技术更知晓市场和客户，可以让相应的生产厂家能够在最合适的时间点上生产市场所需要的产品，也可以让相应的销售商采购最合适的产品并送达到相应消费者手里，从而产生供应链上的协同效应，使供应链更加智慧，进而实现在把成本压到最低的同时，把最好的产品在最合适的时间点上送达到客户手里。因此，我认为，百世的定位是智慧供应链服务。

二、百世的基因是技术占主导

百世集团不满足于仅仅做一家快递物流公司，而是想成为一家创新型的智慧供应链解决方案提供商，这与公司创始人周韶宁先生密切相关。周韶宁先生毕业于美国普林斯顿大学，曾在谷歌大中华区担任过总裁，是一位技术出身的企业领导人，所以注定了在百世的基因里，技术是占主导优势的。这可以从以下几方面得以体现：

首先是百世位于上海的一个智慧型云仓。在一般的仓储基地看到的都是工人忙碌的身影，可是在百世的云仓里，看到的是机器人忙碌的身影。那套机器人系统是百世自主研发的，拥有自主知识产权。它可以根据人类发出的指令，自行设计最优的线路，找到需要的货架，然后把货架搬到工人面前，工人只要伸手拿货就可以了。也就是说，与传统的模式下人去找货不同，百世的云仓实现了货主动找人，所以，在整个过程中，效率的提高和人力成本的降低是显而易见的。

其次是百世的智慧型供应链。百世用信息技术、互联网技术，特别是移动互联网技术来引领智慧供应链的服务，为客户提供完整的全供应链服务，包括线上线下，从生产端一直到消费者端，整体的门到门的供应链服务。百世可以通过信息技术帮助品牌商们进行供应链的优化以及仓储的智慧配置和智慧分仓，而在运输方面，百世也可以进行智能调度和智能配载，从而完全改变手工调度和手工配载的传统做法。

再次是百世构建的两张网。这两张网，一张叫天网，一张叫地网。所谓的天网，就是百世利用计算机的系统来进行一系列数据的传输决策和分享分析的过程。而所谓的地网，则是百世基于遍布在世界各地的仓储基地而形成的一个服务网络。

最后是百世通过技术对一些大型制造类企业进行改造。很多制造业企业在把自己的产品生产好、运输到仓库之后，就认为自己的销售结束了，其实这些产品到底是在一级经销商、二级经销商、还是已经在消费者手里，很多制造业企业是不知道的。百世通过系统的改造，可以让制造业企业的高管通过 APP 就能非常直观地了解到企业的货到底在哪里，是在自己的仓库里，还是在各级经销商的手里，或是真正到达了消费者的手里。通过这样把数字可视化的操作，给企业带来成本的降低、效率的提升和整个库存周转的加快。

三、物流供应链与电商

物流的话题常常是与电商放在一起来讲的。最初时，伴随电商一起发展起来的是快递行业。所以,随着电商的快速发展,快递也在蓬勃发展,但这只是在讲供应链的最末那一节。其实,伴随这几年电商的发展,虽然首先带动了供应链最末段的快递蓬勃发展,但这种带动其实还一路往上去,一直带动到生产这一块,从而带动了整个产业链条。只是前些年我们讲电商与快递讲得比较多,但讲供应链与电商讲得比较少,重视程度也相对不够。近年来,大家都注意到了供应链服务的重要性,对基于技术的供应链服务会提得更多。

四、员工持股是信心

员工持股这一领域并不是我擅长的地方,我只站在一个普通人的角度来理解。我认为,员工持股就将员工由一个打工者变成公司的股东,成为公司一部分股票的持有者,也成了公司真正的主人。员工持股会使员工与公司荣辱与共、共同进退,从而极大鼓舞员工的干劲,增强员工的信心。基于这种认识,我认为,百世在自己十周岁生日时上市并实行员工持股,对广大百世员工将是一种极大的激励,必须极大增强百世员工的信心。

五、公司十年发展历程

看很多东西时不得不回到人身上看。百世创始人周韶宁先生有计算机的背景,有国外工程硕士的背景,还有具有国际化视野的职业经理人的职业背景,因此周韶宁先生非常清楚,公司的成长,一种是完全靠自己把它慢慢做大,还有一种是适当地通过兼并收购来快速长大,而兼并收购过程中，资本的力量就十分重要，即用金钱换时间。

百世的发展版图是在不断扩张中的。十年前百世是仅为电商服务的物流，然后是发展快运、快递，一直到云服务，版图一路在扩大。接下来，百世将云计算、大数据融入供应链服务中，现在又上市，希望通过金融的撬动，实现国际化扩张。这张版图是非常清晰的，也非常清晰地展现了百世创始人的职业经理人思路。

六、募集资金用于技术投入

百世是一家有着浓厚 IT 基因的公司。这次上市募集的资金主要用于技术投入，因为其更看重技术背后的数据，这才是重中之重，才是兵家必争之地。

原来我们讲供应链物流时，眼光可能更多看到的是物的流动，但伴随物的流动的是信息的双向流动，甚至有时是信息流动先于物的流动，因此物流信息非常重要。

根据百世的计划，募集资金中的 3 亿元会放在综合物流和供应链网络的建设上。通过这张网的建设，百世的服务将覆盖上下游和覆盖整个供应链网络。这张网的铺设需要大量资金的投入和进行大量的基础设施建设，而进行投入来建设这张网的目的就是为了更好地采集数据和充分利用数据，让数据更好地辅助决策，让数据辅助供应链管理，让数据产生价值，因为数据已经是企业的重要资产。

七、轻资产运营

百世管理层一直强调轻资产，即主要采取加盟模式而不是自营模式，从而使得公司可以非常灵活自主地进行经营。因为采用轻资产方式，所以百世发展很快，其从零开始，到目前拥有七大业务版块。

轻资产方式有利有弊，加盟模式可以实现公司快速扩张，但有时候确确实实令人担心。但我觉得，由于百世创始人周韶宁先生自身是一个技术出身的人，其应该能够通过技术、通过系统对加盟店家、加盟厂商进行控制，这时候就不用怕了。信息化的一个作用就是把管理流程固化，每一步流程都通过信息系统固化，不存在人情或者其他，从而能够有机会去对加盟商进行标准管理。

当然，虽然百世遍布全国各地的相应店家是加盟的，但是在一些关键节点上，百世是百分之百自己控制的，从而使关键节点掌握在自己手里，重要的地方靠自己掌控。

八、智慧供应链为新零售赋能

2017 年在说到零售行业时，不得不说的一个词就是新零售，所有的企业领导人都在提新零售。新零售既对智慧供应链提出了更高的要求，但同时也给智慧供应链提供了一个非常大的商机。

新零售有不同的体现方式，既有像盒马鲜生这样的，线下实体店与线上融合，且集餐饮、超市于一身，也有像无人便利店那样的，干脆把前端销售整个砍掉，各个渠道无缝衔接，完成零售的过程。不管是哪一种体现方式，都有智慧供应链在新零售中的体现和应用。新零售要想成功，必须要有智慧供应链的赋能。我注意到在百世的招股说明书里有“Enable”这么一个词，这个词所要表达的就是要通过供应链的赋能使得新零售能够做得更好。新零售的“新”主要体现在信息技术助推零售创新。创新的目的是把客户体验做得更好，希望消费者能够感受到更好的服务和享受到优质产品，同时把最合适的产品送达到最合适的客户手上。

综上，智慧供应链在为新零售助力，甚至说在其中起到了核心的作用，在为消费升级出力。

九、值得投资者关注的信息

周韶宁先生刚才提到的信息中有几点值得关注。

第一，百世定位于一家提供智慧供应链服务的企业，通过智慧供应链把原来供应端的推动变成了消费端的拉动，这是最鲜明的变化。

第二，若干年前提 O2O 多一些，到了这两年这个词好像过时了，现在更多称之为全渠道的一个整合。希望通过全渠道的整合，寻求线上线下的快速联动，用这种快速联动，希望基于一致的客户服务让这种体验能够做得更好。

第三，百世希望通过整条供应链协同，将消费者、销售商（或者叫电商）、制造商三者进行数字化连接。通过数字化连接，上游制造商的生产可以更加精准，中间销售商的运营能够更加高效，对下游消费者的需求能够更好地预测和满足，从而实现整条链条上的共赢。同时，借助于这样的供应链协同，百世还希望有机会做到准时制生产（Just in Time），从而使生产商不需要积压大量原材料，使中间经销商不需要积压大量货物和由于积压大量货物而占用大量中间经销商的资金。总之，百世就是想用技术、数据和供应链协同，让整条供应链更智慧。

十、用连接创造更多智慧应用场景

一样新技术的诞生，不能光说这技术好，还得给它应用的场景。举个最简单的例子，你发明了一把榔头，你说这榔头多好，得给个钉子让它敲，如果你就在那边乱甩榔头，那只是在作秀。所以技术必须要给它一个应用场景。

我们以前在企业信息化过程中建起了一座座的竖井，或者说是建成了一个个的信息孤岛。缺什么？缺连接。通过系统与系统之间的连接，通过各种应用之间的联系，就有机会创造出 1+1>2 的效果。通过这样一种连接，提高了服务能力，也通过这样一个连接，使得应用场景能够更加智能和广泛。

此外，无人技术在今天也应该赋予新的内涵，即通过人工智能、机器学习实现智能的调拨。就如节目中百世的例子，当你来到李宁门店，看中了某一款服饰，但是这家店没有你的号。没关系，你的尺寸等信息我公司数据库里都非常清楚地记载着，我就从最近的仓库直接给你配送过来，你不用等在这里，回家吧，待会直接给你送家去。所以，这方面绝对有机会去做到更好！

总之，连接之后将更智能、更智慧，可以创造更多的商机。

第四篇

新零售

01

新零售如何带来新体验?*

阿里巴巴集团和百联集团在上海就新零售、新消费、新未来达成战略合作,会给中国的零售市场带来怎样的变革? 两大集团强强联合之后,消费模式、消费者的消费体验会有哪些新的升级,消费场景会出现怎样的变化?

一、合作的想象空间

今天上午股市开盘后,资本市场立即对此做出了反应,百联集团相关股票立刻封涨停。那么两家合作的想象空间在哪里呢?

或许想象空间在于,实体商业可以借助平台,将自己琳琅满目、货真价实的商品真正呈现给国内外的消费者,同时平台可以借助实体商业,构建

---

* 本文内容主要源自:2017 年 2 月 20 日上视新闻"夜线约见"直播访谈(22:00－22:15),主持人夏磊、嘉宾汪亮对本文内容的形成亦有贡献,在此一并致谢;视频网址为 http://www.kankanews.com/a/2017－02－20/0017888278.shtml。

多元的体验层次。新零售会在这样一种合作中充分显示。

在今天的发布会上，“婚礼”这个字被反复地运用，那谁是新郎，谁是新娘？

我可能会更多地认为，本地的是新郎，嫁进来的是新娘。这是一次强强联手的婚姻，双方都很强。百联是上海本地，甚至就高度来说是全国数一数二的零售航母，而阿里巴巴这些年在通过互联网技术所做的各种创新方面有它的速度。一边是高度，一边是速度，两者的结合成为了这份联姻中非常闪耀的亮点。但同时我更多把百联称为本地的新郎，因为百联在上海是一个全业态的经营者，旗下既有十几平方米的便利店，也有标准超市、大卖场、百货，以及大型购物中心，总共拥有几千家门店。甚至今天还有一条消息是这么说的，即其实双方这次联姻是从南京路开始的，因为南京路大概半条街全是百联的物业。

站在一个全球消费城市和消费的桥头堡的角度来看，把阿里巴巴的速度与百联本身固有的厚度和高度结合起来，我觉得对推动百联这艘航母的前进是个很好的推动力。

这几年百联也在自力更生做转型，无论是 2016 年 3 月成立科创中心，还是 2017 年 6 月上线 i 百联，都说明了这一点。但是就推动转型的速度而言，或许通过阿里巴巴这个外力能够使百联往前走得更快一些。

二、合作的化学反应

之前的阿里巴巴和百联似乎是完全在两个平行的跑道上竞争的强手，但这次战略合作则包含了六大板块。那么，这种合作能否产生化学反应？答案是肯定的。

在六大板块中，我个人比较看好的第一板块，即围绕商业零售技术的应用和创新进行的合作。这几年，我们在很多场合听到阿里巴巴说自己是一家技术公司，是一家 IT 公司，是一家数据公司，但它在这些技术上的创新是需要有一个试验场的。今天和百联之间的这份联姻，其实是给了阿里巴巴一个非常好的试验场。从试验的角度说，“双十一”就是一个例子。这几年每当“双十一”，大家都是有所诟病的，一天的狂欢或者一夜的狂欢引发了后边很多其他问题，但是 IT 人士认为求都求不来这样一个能够让信息系统经受大考的好时机，那么多的点击量，这种信息系统大考的机会平常是盼不到的。所以，双方在商业零售技术的发展和创新方面的合作，使阿里巴巴在与百联的联姻中，有了一个很好的试验场。

其次，我觉得在新零售方面的合作也值得期待。阿里巴巴在 2016 年云栖大会上提出了新零售的概念。关于新零售我有自己的看法。我一直认为，我不在乎零售到底是新还是旧，因为零售本身是在发展中，需要通过技术来推动其创新。但是当阿里巴巴来到上海，如果想从零开始，去建设所有的商业基础设施，那么时间和金钱的代价是其承受不了的。但百联的全业态原本在上海已经早早布下，既有购物中心也有商超门店，而且原本就布局在成熟商圈和成熟社区，那么多的便利店、商超门店，本身就是天然的一个个物流配送点。因此阿里巴巴与百联合作就把其从头建设的时间和成本节省下来了。

上面两个方面是我对这次联姻特别看好的地方，也是期待出现化学反应的地方。另外，大数据的打通，会员的打通，包括支付金融的打通，也是值得期待的地方，也希望支付的场景能更加丰富，从而催化出更佳的消费者体验。

三、当年赌局已不复存在

当年马云和王健林曾有一赌，赌的是线上的商业和实体的商业谁跑得更快、谁将先占到更大的份额、谁会先超过 50%的市场份额。

我认为，当年的这场赌局如今已不复存在了，其实从 2016 年 10 月马云提出新零售的时候，我就觉得似乎不用再去关心这个赌局了，到了今天更是如此认为。

我认为，我们之前把两个业态搞得太过对立，认为实体和线上是在两股道上跑的车，但如果回归到商业本质上来说，其实大家都是希望把最好的商品送达到消费者手里，在这一点上大家是相同的，只不过实体商业可能用传统渠道，而电商用互联网渠道。但即便如此，到最后这些渠道也全部是打通的。所以之前以为线上的商业和实体的商业是没有交集的平行线，但慢慢发现，其实前面的终点是一样的，都有一个共同的目标。我认为，“互联网＋商业”催生出来的新型商业，就可以称为新商业，或称为新零售。

四、未来的挑战

阿里巴巴和百联的合作一定是会面临一些挑战的，因为毕竟双方的背景确实是不一样的。但不管如何，我们至少可以预见到双方在六个板块的合作能够打通，并且可以预见到消费端的拉动能够促进供应链上的整合。

我还是要强调，百联在自身供应链上是有优势的。作为一个传统零售航母，百联在过去这一年多时间里一直在试图变革。例如，2016 年 3 月，百联与 IBM 联手打造科创中心；2016 年 5 月上线了 i 百联；2016 年下半年宣布将对南京东路第一百货进行改造，同时还对淮海路锦江购物中心进行改造；2017 年 1 月百联围绕食优供应链和全球供应链进行变革。今天，百联与阿里巴巴联姻，其目的是希望从技术上、从速度上继续推动变革。

综上所述，阿里巴巴和百联的强强联合给未来的新零售和新消费都打开了非常大的空间，我们不妨给予时间去观察一下，看看这两个大品牌在未来的商业之路上会走出怎样美好的未来。

02

百联“联姻”阿里巴巴 “新零售”时代或已到来*

百联与阿里巴巴的结合对于百联这艘上海商业航母究竟意味着什么呢？对于上海整体的商业转型和经济发展来说又有着怎样的意义？

这次百联与阿里巴巴的结合，似乎为百联这艘上海商业航母提供了核动力，从而可能会推动这艘上海商业航母往前走得更快、走得更好。2016年5月19日“i百联”的上线，把百联集团内所有相应的业态予以了打通。那么，对于百联这样一家传统的企业来说，与阿里巴巴的合作的目的应该是希望在原本自力更生的基础上注入一些新的活力。

在百联与阿里巴巴对外公布的六大合作领域中，我更看重的是新型的零售商业技术的创新。这种技术上的创新，也确实是需要一个试验场去配合。从以往仅仅在单店做试验，到今天在百联这样一个商业航母上进行全业态的试验，这是不容易的。

---

* 本文内容主要源自：2017年2月21日东方卫视夜新闻访谈(22:00－22:30)，主持人何婕对本文内容的形成亦有贡献，在此一并致谢。

百联与阿里巴巴的合作现在是从上海起步，但将来或许有机会在全国形成一种标杆，而且是可复制、可推广的标杆。

03

阿里巴巴与百联“联姻” 零售业要变天?*

阿里巴巴牵手百联，十里洋场变身新零售试验场。新零售如何开创新融合？能否催生新一轮市场红利？又能给广大用户带来怎样的消费饕餮？

一、联姻动静大

2017年2月20日上午，百联集团与阿里巴巴集团在上海宣布达成战略合作。两大商业领军企业将基于大数据和互联网技术，在全业态融合创新、新零售技术研发、高效供应链整合、会员系统互通、支付金融互联、物流体系协同等六个领域携手合作。

百联集团是上海市国资委全资拥有的大型零售企业，是中国最大的多元化零售集团，从便利店到购物中心，覆盖所有实体零售业态，在国内200

* 本文内容主要源自：2017年2月22日东方财经“632观察”栏目访谈（19:30—19:45），主持人杨帆、嘉宾李易对本文内容的形成亦有贡献，在此一并致谢；视频网址为 https://v.qq.com/x/page/e03770z66ah.html。

余个城市拥有网点 4 700 余家。阿里巴巴是全球最大的在线市场,2016 年平台销售总额为人民币 3.7 万亿元。

阿里巴巴和百联宣布“在一起”了,一个是互联网巨头,一个是线下大型零售商。这样的“联姻”之前其实还是有先例的,那为什么这次动静会这么大?

我们平常称阿里巴巴为互联网的巨头,其实百联也是巨头,是零售的“航母”。这次“在一起”动静这么大、这么吸引大家的眼球,是因为两家其实都是“大型航母”。两艘“大型航母”试图要合体,怎么会动静不大?这是强强联合!

二、落子上海的原因

马云在签约现场这样说:“2017 年是阿里巴巴启动‘五个新’,尤其是新零售的元年!……上海是桥头堡,杭州是后花园,我认为上海、杭州本来就是一家。……上海百联集团和阿里巴巴的合作也是线上和线下、技术和实业、传统和创新、过去和未来的融合。”

现在阿里巴巴一般的商业活动马云基本上不参加,特别是没有实质的资本运作的商业活动。但这次马云参加了,这说明马云非常重视此次合作。因为这是阿里巴巴在“落子”上海,而百联又是上海的巨头和全国的巨头,怎么不重视?做电商的,可能在天上飞得更多一点,但最终是要落地的。落在哪里呢?必须落在一个消费的高地上。上海作为全国的国际贸易中心,消费力是谁都无法忽视的,更何况还有上海本身的人口优势等所带来的成熟商圈和社区,而百联这艘“航母”已经在上海这个地方深深地扎根下来了,而且在上海也布好了很多的“子”,因此非常自然地成为阿里巴巴落地的首选。

三、联姻后的新零售会带来什么?

资本市场对于两家的"联姻"迅速有了反应,百联集团旗下的 A 股上市公司——百联股份当天开盘一个小时就涨停,港股上市的联华超市股价也是收盘大涨 7.76%,应该说资本市场反响还是挺强烈的。那么回归到零售业的本身,这个联姻后的新零售体系会孵化出什么来?

孵化的内容是六大板块上的合作。第一板块是全业态的融合,这种融合在过去一年里已看到端倪了,即新型的零售门店形式,其与以往的零售门店的区别是在新的基于互联网的零售技术的应用方面。而这又与他们双方合作的第二板块有关,即新零售技术的研发。虽然很多公司都试图研发新零售技术,但新零售技术终究是要落地的,而上海则提供了一个新技术的试验场。同时,第三板块和第四板块的合作目的是打通会员体系,高效整合供应链,让消费端的需求拉动相应的供应商的供应体系,让上下游实现联动,从而使消费者、供应商及众多优质商户之间形成一个合纵、多方的联动,从而实现高效的整合。第五板块的合作是支付金融互联。平时,说到阿里巴巴会想到支付宝,说到百联可能会想到联华 OK 卡,所以双方在支付这个领域各有所长,可以互相融合。第六板块是物流体系协同,因为就算是新零售,也是要把实实在在的商品送达到消费者手里去,所以物流体系的融合就十分重要。

四、传统零售商与电商难舍难分

传统零售商与电商可以说谁都离不开谁。阿里巴巴与银泰之间的合作只不过是在百货业做了一部分的试水;与苏宁云商的合作可能最多是使大家见到了一个特定的家电类的卖场;与三江购物的合作则只是在超市方面的合作。而如今与百联合作,则给了阿里巴巴一个全业态的试验场,而且这个试验场放在了全国的消费高地——上海。

平时,大家对“双十一”会有很多诟病,但是如果从一个信息系统的试验场角度来说,这绝对是一个好时机。因为在全国有那么多的点击量,让信息系统有机会去经受这个峰值的考验。

阿里巴巴与百联双方应该都对此次合作能获得的利益和价值十分清楚。其中,站在百联角度来看,外界可能认为是百联被一个新兴的互联网巨头看上了。但我不这样认为,因为百联这些年也在自力更生地进行转型升级,而这一次其实是它自己主动希望借外力来推动自己的转型升级。

五、阿里巴巴新零售版图的下一站

从银泰商业、苏宁云商,到三江购物,再到现在的百联集团,阿里巴巴的新零售版图已经可以说是集齐了百货、家电和超市这三种传统的零售业态,那么阿里巴巴的下一站会在哪?

通过这次的“联姻”,其实已经多多少少可以看到了阿里巴巴的下一站的设想了。过去,我们把零售的业态边界划分得太过清楚。20 年前我们看到,大卖场、标准超市开始出来,慢慢延伸到便利店,但最近这两年发现,普通的百货商店好像江河日下。但这是因为以往我们是按传统方式划分零售业态的边界。阿里巴巴前面几次扩充版图也是从百货入手、从特定的家电卖场入手,但到今天我们会发现,阿里巴巴的下一站其实是做各种零售业态的融合。这种带有互联网特定基因和相应新技术应用的门店,或许你说它是百货，但又不像百货；是普通标超，又不像普通标准超市；像又不像，可以称之为“四不像”，因为这是一种新型的门店。

围绕阿里巴巴，一直有一种讨论，即当年为什么阿里巴巴在淮海路创立却最后离开？能不能让阿里巴巴回来？其实，前几年我们看到了，蚂蚁金服（就是支付宝）已经落户回来了。今天我们又看到了，通过与百联的“联姻”，阿里巴巴其实已经回来了。应该说，阿里巴巴的归来，是上海这几年一直打造全球电商中心城市和打造总部经济城市的努力的结果。

以前人们认为，电商需要的是数据流，商场需要的是人流，新兴互联网企业需要在数据流上多花些功夫，传统零售商需要在增加人流方面努力，但其实慢慢地双方都在进行融合，都既需要数据流，也需要人流。因此，唯有融合才是出路。

04

新实体经济，如何拥抱“大未来”？*

“两会“代表抨击电商，淘宝如何打“李鬼”？《人民日报》首提“新实体经济”概念，电商甩掉虚拟经济帽子，新实体经济如何拥抱“大未来”？

一、《人民日报》为电商定调

在电子商务迅猛发展的今天，任何企业和个人都离不开它了，但所谓的虚拟经济和实体经济的争论却并没有停息过。最近，《人民日报》给了电商一个新的定义——“新实体经济”。

2017 年 3 月 6 日，《人民日报》在头版头条文章中为“新实体经济”点赞。文章中提到，浙江不遗余力地扶持新实体经济，以阿里巴巴为代表的新实体经济正在迅速崛起，阿里巴巴集团 2016 年合计纳税 238 亿元，带动

---

* 本文内容主要源自：2017 年 3 月 22 日东方财经“632 观察”栏目访谈（19：30 – 19：45），主持人周俊夫、嘉宾晁钢令对本文内容的形成亦有贡献，在此一并致谢；视频网址为 https://v.qq.com/x/page/c0386vfu66c.html。

平台纳税至少 2 000 亿元，相当于 4 000 家大型商家的销售体量，创造了 3 000多万个就业机会。

二、解读新实体经济

不称虚拟经济，而称新实体经济，这是《人民日报》给电商的新定义，应该如何解读?

看这次的定调，不妨从实体经济的定义去看。所谓实体经济，是指人类借助财富、工具等，在这个地球上所创造的生产、流通商业的总称。这里要注意的是，一块是生产，一块是流通。电商这么多年发展过来，在流通这个领域做出了不小的贡献，同时这个流通也的确是在为生产服务，所以也可以把电商称之为是生产型的服务业。笔者认为，这次《人民日报》的定调是对电商这么多年发展的肯定。

此外，电商从来没有脱离过实体经济。不管电商如何在网上让网友点击鼠标去购物，最后还是要通过实体的物流把商品配送出去的，所以说电商从来没有离开过实体经济。以前说实体经济和虚拟经济，主要是指形态。以零售商业为例，实体就是拥有具体的店，在店铺中进行销售；虚拟就是没有具体的店，而是通过网络空间来进行销售。实际上，这两种形态也在融合。任何纯电商都会有线下服务的发展问题，包括阿里巴巴、京东等，都在考虑这个问题。而实体店也在考虑发展网上销售，有很多的大型销售集团都在做这个事情，比如百联电商就已经发展起来了。

由于这种融合，因此已经无法说清楚电商是虚拟的还是实体的，所以用“新实体经济”这个词来描述，还是比较准确的。

三、“两会”代表开炮

此前，某品牌瓷砖董事长黄建平在全国“两会”上直面马云，称淘宝上“李鬼”众多，严重搅乱品牌的价格和服务体系，已给实体品牌企业带来堪称釜底抽薪的麻烦。对此，阿里巴巴回应称，淘宝网是百分之一百的实体经济。黄建平和马云的言论之争被媒体解读为实体经济与虚拟经济之争，实体经济向电商平台和虚拟经济开炮。

隔空喊话的焦点在假货问题上。有关电商假货，背后还会涉及一些品牌商和渠道的争论。

实际上，以前实体商店也是假货很多，也有很多违规现象的。但经过一段时间的发展，在了解了其规律和关键所在后，监管和法规就上去了，就管住了，对电商也是同样。

这一次黄建平董事长的呛声其实不仅是代表他自己，还有很多人也持类似的态度，例如娃哈哈集团的董事长宗庆后一直也对以互联网为代表的虚拟经济抱有怀疑态度。那么，到底是虚拟经济存在问题？还是虚拟经济已经对他们的企业构成了极大的威胁，他们才会发出这样的声音？应该怎样理解所谓的实体经济为代表的委员们的发声？

应该说，无论互联网电商被称为虚拟经济，还是今天被称为新实体经济，有一点不可否认的事实是，在互联网的发展中确实有浮躁的存在，太急于求成。我们看到的是疯狂的烧钱、一味的低价等各类情况，然后在经历了前面的无序竞争发展，最后合并起来进行垄断。在以往的商业发展规律中，这似乎是不可以做的事情，但现在互联网领域出现这种事情似乎不是一件两件了。这也是让大家形成了一种看不惯和对立的思想，这是呛声的主要原因。

另外，商业角色的不同，抱怨点可能也不同。品牌商提供产品，它呛声的主要点在于，电商你不能在网上去仿冒、搞乱它的市场。而一部分商业或零售企业，或许抱怨的是电商挤压了它们的市场。

四、是否叫“新零售”并不重要

无论新旧，无论实体还是虚拟，融合是趋势，对立没有必要。

是否叫“新零售”并不重要。我们更关注的根本点是今天新的互联网技术、新的信息技术在助推零售业的创新，这才是核心。对于这种包括技术驱动、技术融合的创新，不管哪个行业，都要去拥抱。

这是不可能改变的趋势，这个趋势不是由电商或者实体商来决定的，而是由市场来决定的。消费者对商业的要求有四个词、八个字，即效用、便利、体验、兴奋。从电商来讲，它在便利这一方面占优势。从实体商业来讲，它在体验这一方面占优势。而在另外两点上，电商和实体商业做得都不好。在效用方面，都没能很好地提供有特色的商品，从而让消费者产生购买欲望。在兴奋方面，双方做得也不好，仅有体验是不能把消费者吸引到店里的，一定要有兴奋点，而制造兴奋点需要通过创新才行。

五、新经济在上海如何发力

谈到新经济，必须要提到上海这几年非常清楚的定位，即要让上海成为全球电子商务中心城市。这个定位刚提出时是被质疑的。有人认为，上海没有阿里巴巴、没有京东，早年的 1 号店也被收购了，连标杆性的电商企业都没有,凭什么建设全球电子商务中心城市。但是,虽然上海这里没有 8 848 米高的珠穆朗玛峰,但是上海有大平台作为支撑,因此只需平均海拔 4 000 米,就可以成为“青藏高原”和“世界屋脊”!

用数据来说话。我们平时谈论电商,其实只提到了它其中的一小部分。以 2016 年上海市电子商务报告的数据为例,2016 年上海市电商的交易额突破了 2 万亿元,其中差不多 1.5 万亿元是 B2B 的交易额,大概 0.56 万亿是 B2C 的交易额。换句话说,3/4 的交易额属于 B2B,1/4 的交易额属于 B2C,而平常我们其实只讨论了其中的 1/4,而 3/4 则谈得很少。而上海电商的优势恰巧在 B2B 上。

而在 3/4 的份额里,占了半壁江山的是上海的钢铁电商,接下来是有色金属、化工等。在钢铁电商这部分中,欧冶、钢联、找钢这几家平台的交易额就为 0.67 万亿元,也就是说,B2B 中 43%的份额是钢铁电商贡献出来的。所以将来上海作为电商中心城市的发展,必须要在大平台上做大文章。

截至“十二五”末,上海万亿元级的电商平台已经有 4 家,百亿元级的电商平台有 17 家;在以后几年里,这个数据还是要继续增长的。那么,在这个基础上,要想把万亿元级、千亿元级平台做出来的话,则专业金融服务、专业物流服务,以及其他方方面面的专业服务都必须要同步跟上。唯有这些专业服务也同步发展起来,百亿元级、千亿元级、万亿元级的平台才会涌现出来,才能最后建成名副其实的电子商务中心城市。

除了 3/4 的 B2B 电商交易之外,还有 1/4 的 B2C 的电商交易怎么办?问题似乎又回到上海没有阿里巴巴和京东这样的公司上来了。但是仔细想想,阿里巴巴和京东等平台进行的交易总归要落地,而其中有相当一部分交易的落地是在上海,因为上海是一个大家公认的消费大都市。因此,上海的 B2C 部分的发展领域是在与上海的社区、生活服务落地有关的领域中。综上所述,我看好上海电商未来的发展前景。

05

后电商时代，“新”零售如何“攻城略地”？*

百联试水新零售，老牌零售巨头怎样玩转 O2O ？体验式、个性化，将会给消费者带来什么体验？拥抱电商，新零售能否成为下一个风口？

一、百联推出新零售发现店 RISO

2017 年 6 月 26 日，百联第一家全渠道发现店（RISO）在上海正式开业。RISO 由百联集团旗下的全渠道电子商务公司打造，通过重塑零售价值，带给消费者关于生活方式的更好体验，提出“轻食有味”的生活理念和“以人为本”的生活空间。

这家位于上海浦东陆家嘴商圈的 RISO 首店，营业面积 3 000 多平方米，分为上下两层：一层为生鲜商品超市，包括海鲜水产、肉食、蔬菜、日用

* 本文内容主要源自：2017 年 7 月 12 日东方财经“632 观察”栏目访谈（19：30－19：45），主持人林颖、嘉宾赵陈斌对本文内容的形成亦有贡献，在此一并致谢；视频网址为 https://v.qq.com/x/page/w0524z5o9jh.html。

品等种类;二层为特色意大利餐饮档口、进口商品货柜及漂流书吧。

作为传统零售业的代表,百联集团是中国最大的多元化、全业态零售业者,在全国范围内拥有网点 4 700 余家,遍布 200 多个城市,业务涉及商业零售的各个领域。而在 2017 年,百联把目光瞄准了新零售。2 月,百联与阿里巴巴就"新零售、新消费、新未来"达成战略合作。6 月初,百联与 SMG 战略合作,共同打造以演艺为核心的文化综合体验空间。此次,百联 RISO 又在新零售方面迈出了重要一步。

二、作为消费者的体验

RISO 体量不大,给人的感觉是可以用小而美来形容它,可以把自己的身心放松下来。我去的那天正好是晚餐时间,所以就顺便坐下来体验一把了。我特别注意了一下 RISO 的桌椅,与别处不同。平时在别的地方看到比较多的是桌子比较高,然后配高脚凳,似乎是让消费者赶快吃完离开。但是 RISO 的桌子和椅子给我的感觉是,可以安安心心地坐下来慢慢享受。

其次,我也感受了一下支付方式。RISO 的支付方式基本上是应有尽有,不是仅支持某一类支付方式。与此同时,与我们平常在超市里购买完全部东西之后再到出门的地方结算不同,在 RISO 一楼和二楼的每个点,消费者都可以随时结算 。

另外,不得不再说一下"体验"两字。有句话大家可能听说过,"再深的网恋终究还是要见面的"。网购,更多的可能是看重它的便捷,但是有些东西是网购无法提供也是无法体验到的。但是如果你去 RISO,那么那种惬意、那种氛围,是你在网上无论怎么点鼠标、打开 APP 都享受不到的。我觉得这可能是消费者体验中最大的不同，也是 RISO 最大的优势。

三、RISO 传递的理念

在过去，我们看到的是一种价值型的消费，即怎样为顾客提供优质、低价的满足人们消费的方式。但现在，随着消费的迁移升级，个性化、品质化、场景化、便利化的消费服务就显得非常重要了。

在 RISO 店里，货架空间不是像过去那样摆满了，让你感觉琳琅满目才行，而是给你一种惬意的购买感受。RISO 是意大利文，不是字母缩写，本来就是一个名词，是一种稻米，是一种元气，代表生活的一种本味。用 RISO 做店名，百联是希望用一个非常朴实的名字来让消费者感受到百联新零售的服务和体验。

此外，第一次去 RISO 的人可能会觉得很新鲜，因为从来没有过这样的体验，但怎么让客户一直保持这种新鲜感？方法就是让客户感觉到，这是“以人为本”的生活空间，让消费者在这里找到他的生活，只有这样，体验才会可持续。

四、新零售的“新”

所谓“新”字在零售业的理解和概念，我个人的观点是，新旧其实是相对而言的。“新”主要体现在零售业借助新的信息技术来助推其创新。

所以，就像这半年多来看到的，有阿里巴巴提出的新零售，也有包括京东、苏宁提出叫智能零售，或者叫智慧零售，甚至上海这几年也在打造“智慧商圈”，其实若把时间往前推几年的话，百联早就提出过商务电子化，虽然叫法各不相同，但概念是相通的。所以新零售的“新”字背后，更多表达的是借助信息技术助推零售的创新、助推实体商业的变革。

五、作为研究者的新发现

前面我是以一个普通消费者身份去看去体验 RISO，而如果我以电商研究者的眼光去看的话，我会把焦点落在 RISO 开业剪彩时的那张照片上。

就在开业剪彩那张照片上，赫然有两位外国人在列，让人有点意外。其实这两位是新西兰和另一国家的领事，透过两位外国人，我们发现的是 RISO 背后传递的信号，而那才是百联零售创新中的重头戏，而这是以其全球供应链为支撑的。

六、线上线下全渠道融合

根据国家统计局发布的数据显示，中国网上零售额增速 2014 年是 49.7％，2015 年是 33.3％，2016 年是 26.1％。从三年前的接近 50％，到 2016 年的 26％，给人的感觉几乎是拦腰一刀，好像说很悲哀的。但是如果我们与其他国家比较一下，就会看到，2016 年欧盟的网上零售额增幅差不多是 13％，美国是 8％，所以比较来看，没有想象中的那么悲哀，中国前些年的增速是特别高，现在逐步趋缓是正常的，怎么可能永远保持 50％的增幅，若一直这样倒是不正常了。所以，即使是 2016 年的 26.1％的增幅也是不低的。

此外,零售业其实也在回暖。2017 年 7 月 3 日,商务部刚刚发布了《中国零售行业发展报告(2016—2017)》。报告显示,到 2016 年年底,整个社会商品零售额接近 29.7 万亿元大关,同比增长了 10.4%,这是不低的数字。

很多时候,我们把部分实体商业因选址的原因,或因物业租期到了的原因而导致的关门,一概解读成了实体商业一败涂地,实体商业被电商打败,这是一种误读。

另外,2017 年以来,我们看到了一个非常令人欣喜的现象。原本以为,电商与实体商业是两条道路上跑的车,是对立的,但现在发现,回归本源,其实双方都是在做零售。只不过一个更多的是通过传统渠道,另一个更多的是通过网络渠道,但到最后,无论线上还是线下,都是实行全渠道经营。

七、回归零售本质

在最近这一年时间里,很多地方给人的感觉是,只要上大数据、上系统,好像就能解决一切问题了。但我认为,虽然是科技助推零售创新,但不是说用上大数据,零售业就立刻发生翻天覆地的变化。真正的问题是要回归到零售本质上去,即零售企业应该为最合适的客户群提供最合适的商品和服务。只有先把这一点弄清楚了,那么再加上技术助推和借助数据驱动,才能真正把服务做上去,发挥“新”零售的作用。

百联在 2013 年设计全渠道方案时,把新零售称为商业电子化,重点强调的就是“回归商业零售的本质”。商务电子化的核心是商务,是用科技和信息的手段,助推零售业或者说让零售业插上互联网的翅膀,运用互联网的技术和手段来为消费者提供更好的服务。

因此,若问零售业转型升级的抓手在哪里,则还是要回归到零售的本质。零售本质在哪里?在消费者的手里。商业存在的基础是商业要去满足消费者的需求,所以消费者是商业企业的服务对象,也是商业企业得以安身立命的根本。所以,我们今天要做的,就是通过运用新技术,用新的手段更多地去了解消费者,然后通过不同的渠道来提供更多的服务,发挥供应链的优势,去全球采购更多和更好的货源,并在此基础上,为每一个消费者提供量身定制的服务方案,满足消费者的需求,甚至有可能去创造需求。

06

盒马鲜生创始人侯毅论新零售 日日鲜究竟打败多少“菜贩子”*

作为盒马旗下最重要的特色品牌“盒马日日鲜”，一端连着国内顶级优质的农产品供应基地，另一端触达了千千万万需求旺盛的消费者。新零售创新，更深层次上对传统产业的冲击在哪里?

一、日日鲜品牌的推出

一个多月前，盒马鲜生推出了一个名叫“日日鲜”的品牌。针对绿叶菜，采用高品质的保鲜袋，每天的包装袋用 7 种颜色区分，醒目标注从周一到周日的 7 个日期，便于消费者识别。从菜量上看，盒马鲜生“日日鲜”所售绿叶菜普遍是 300—350 克一包，猪肉则是 350—450 克一包，正好满足炒一盘菜的需求。目前，绿叶菜、鲜猪肉已经各达十几种，冰鲜鸡肉也已上

---

* 本文内容主要源自：2017 年 9 月 7 日人民网上海频道，记者韩庆对本文内容的形成亦有贡献，在此一并致谢；网址为 http://sh.people.com.cn/n2/2017/0907/c134768-30705890.html。

架，还在不断扩展鸭、鸽、鲜奶等新品类。

对于当天没有卖完的绿叶菜和鲜猪肉，盒马“日日鲜”会采取下架处理措施，坚决不卖隔夜菜和隔夜肉，而小包装设计也是贴近新中产所需，避免用户吃隔夜剩菜，间接推动消费者养成健康的饮食习惯。

无论商品的保质期是3天、5天还是7天，盒马“日日鲜”均只做1天的售卖期，确保给到消费者的产品极致新鲜，也引领了生鲜行业的新标准。

二、完胜菜贩子的原因

“日日鲜”产品价格亲民，无论绿叶菜还是猪肉，都能做到比菜市场便宜10%左右，也改变了消费者认为超市菜品一定比菜场贵的固有认知。

怎么保证商品新鲜、快速、损耗小？盒马鲜生与崇明区政府和基地进行合作，每天让当地农户根据销售计划进行采摘、包装，送到门店，所有中间环节都是在冷链状态下，保证商品品质。

同时，盒马鲜生还通过物流创新，使商品在源头尽可能全部实现标准化作业。门店定蔬菜，一箱蔬菜20包，门店必须是一箱一箱定，信息发到农场，农场做好送过来，再对各个门店进行分配，转到盒马鲜生的冷藏车，送到门店。

“日日鲜”完胜菜贩子的根本原因，一是基地直采的优势，剔除了中间环节；二是标准化包装大幅降低了流通环节和消费环节的损耗。

三、关键在供应链

从新零售的角度来看，盒马鲜生通过与基地和农民建立双赢的渠道及定单生产，全程冷链保证商品品质，同时也把价格做到行业最低水平，其实是在深度重构供应链。

盒马鲜生通过使用新零售技术来缩短供应链，减少中间环节，将节省下来的费用惠及消费者，使之能享受到质优价平的新鲜菜品，这对于生鲜领域的智慧供应链建设是一次很好的实践，对行业有借鉴意义，也是新零售技术让城市更美好的最佳实践。

生鲜涉及的是老百姓的一日三餐，关乎的是城市的“菜篮子工程”。作为串接田头到餐桌的新零售企业，盒马鲜生“日日鲜”的推出不仅实现了生产者、消费者、企业方的三赢，也促进了政府民生服务工作的进步和提升了“菜篮子工程的质量”。

07

聚焦新零售 浦东大力扶持电子商务*

全生命周期政策扶持，浦东电商发展迎来新契机。产业升级叠加制度改革，上海建设全球影响力电子商务中心城市，浦东如何再发力。

一、第三届浦东互联网＋大会

2017 年 9 月 25 日，聚焦新零售、新共享、新智能，第三届中国浦东“互联网＋”大会召开，由 11 家单位发起成立的上海市电子商务服务业联盟在会上揭牌。会上透露，“十三五”期间，浦东新区将加大对电商企业和电商园区的政策扶持力度，实施全生命周期不同阶段的政策扶持办法。

目前，浦东已聚集了一批大宗商品贸易的平台、网上购物的平台、第三方支付平台和专业技术服务平台。2016 年浦东新区实现电子商务贸易额

---

* 本文内容主要源自：2017 年 9 月 27 日东方财经“632 观察”栏目访谈（19：30－19：45），主持人周俊夫、嘉宾黄岳对本文内容的形成亦有贡献，在此一并致谢；视频网址为 https://v.qq.com/x/page/r055545exxy.html。

3 402.6 亿元，占上海市的近 1/5。

二、本次大会亮点

第一，与前两届相比，这次非常明显的亮点是人气爆棚。

第二，除了表面看到的人气之外，本次大会关注度更多聚焦在新零售上。

第三，大会的影响力三年来一年比一年强，吸引了包括亚马逊全球副总裁薛小林、欧洲电商协会负责人等外国同行的参与。

虽然名字看上去依然还是浦东“互联网＋”大会，但我更多认为这是代表上海的互联网大会。或者可以这么说，有点像我们栏目，名字叫东方财经“632 观察”，感觉是侧重浦东，但其实是站在上海的最高点来观察全国和全世界。

此外，三年以来，大家逐渐认可了这个会议，它不仅仅是表面上看起来的区域性的会议，其知名度、美誉度已经在电商业界中得到了大家的认可。同时，浦东既是上海的浦东、中国的浦东，也是全球的浦东，所以说这个平台将来是要打造成一个开放的、全球都可以参与的大会平台。

三、上海市电子商务服务业联盟

这次大会上揭牌了上海市电子商务服务业联盟。这个联盟填补了电商行业的空白，理顺了服务关系。我们平时常听到的是几大平台如何如何，然而，事实上对于平台来说，它周边的服务是不可或缺的。在这次上海市电子商务服务业联盟的 11 家发起单位里，有提供基础技术支撑的企业，如欧电云、商派；也有提供电商营销服务的单位，如宝尊、中彦的返利网；还有本身是线上线下融合的企业，如百联；还有提供电商数据服务的企业，甚至是提供物流、仓储服务的企业，如外网供应链。虽然在 11 家发起单位里目前暂时没有支付服务企业，但是像快钱、通联支付等支付企业，本身也是浦东新区的电商企业，将来或许会加入。所以通过上海市电子商务服务业联盟，可以说形成了“电商服务业，服务电商业”这样一种氛围。

四、万向国际创新港的转型有代表意义

在这次大会上，万向国际创新港获得浦东新区电子商务示范园区称号，代表了园区转型升级的契机。

万向国际创新港坐落于浦东新区中南部的航头镇，原本定位的是工业园区。伴随着大麦湾产业园的整体转型，作为政府政策支持的一号项目，万向国际创新港的转型，具有非常典型的从办工业园到成为互联网电商园区的代表意义。

五、全生命周期不同阶段的政策扶持

为了加大对电商企业和电商园区的扶持力度，2017 年七八月间，浦东新区陆续出台了一系列财政补贴政策。其中有一块与电商的关系特别大，那就是《“十三五”期间促进商贸服务业发展的财政扶持政策》。这份政策的亮点尤其在于，提出了实施全生命周期不同阶段的政策扶持办法。也就是说，浦东将按照企业的生命周期的不同阶段提供不同的政策支持。在

《"十三五"期间促进商贸服务业发展的财政扶持政策》中提到，能享受扶持政策的企业可以是新落户的企业，也可以是以前就落户到浦东新区但是没有享受到扶持政策的企业，还可以是以前已经享受过但现在依然在可享受阶段的企业，做到全覆盖。在全覆盖中，按照企业可能会带来的贡献度，政策将给予企业一定的奖励和扶持。其中，比较典型的做法有两种：一是园区运营方鼓励社会投资者参与电商园区的建设，进行主题招商，当招商进来的企业能够对新区发展有贡献，就奖励引进企业进来的人，也就是说园区和企业一起成长；二是如果企业有机会入选上海市或者全国电商示范企业，政府可以连续五年对企业进行奖励。同时，这个政策还明显扩大了对小微企业的扶持力度，即企业只要经营满 1 年且年营业收入在 10 万元以上，就有机会享受扶持政策。

六、聚焦新零售、新共享、新智能

这次大会聚焦的是新零售、新共享和新智能，主要着眼于未来，也是一种趋势性判断。对于上海要把握的是，无论 B2B 还是 B2C，回归本质都是要把优质产品送到客户手中。像盒马鲜生这种新零售代表，是通过在零售末端的努力，让老百姓接受了这样一种新物种的出现。但沿着这条供应链朝上走，也就是说，可能一端是老百姓餐桌，而另一端则是延伸到了田间地头，所以其实需要的是长长供应链上的协同，而在供应链的协同上，也是 B2B 发力的机会。因此上海电商的发展，一方面希望能在大电商平台上做出大文章，但另外一方面不可忽视的是，如果说大平台是顶天，那么为 2 500万人服务是立地，你得为老百姓服务。所以生活服务的本地化、精准化、优质化是上海应该抓住的机遇。

也正因为如此，所以大量的电商企业在上海会有很多机会，所以那天大会下午的闭门私人董事会上，20 多位参加会议的电商老总对上海电商发展的未来一致看好。

七、具有全球影响力的电子商务中心城市建设

上海市电子商务"十三五"规划中提出，到 2030 年，上海要建设成为高端要素集聚、产业生态完善、创新应用广泛、服务功能突出、规则话语权强、具有全球影响力的电子商务中心城市。

说实话，从现在到 2030 年稍微远了些，还有一个相对中期的目标，即在 2020 年，也就是在"十三五"结束的时候，要搭建好具有全球影响力的电商中心城市的框架。

为了实现这些目标，要做好以下两方面工作：首先，要搭建好一流的生态体系，而上海市电子商务服务业联盟其实就是在为这样的生态体系服务的。其次，电商要和城市经济的各个领域相互融合起来，要与上海的城市特色结合。再进一步说，上海作为国际化大都市，全球影响力至关重要，要提高整个影响力，或许有必要引进一批国际组织进来，包括举办一些有影响力的电商论坛。在上述基础上，或许我们就有机会在制定规则的时候拥有话语权。

08

新零售加速跑马圈地
“互联网+商业”打造“蓝海市场”*

自2016年首提新零售概念以来，新零售便成为国内商业领域的一大“卖点”，众多电商企业、传统零售企业及创业公司等争相布局。

在生鲜超市方面，盒马鲜生、超级物种等异军突起；阿里巴巴、京东两大电商巨头也积极向线下延伸，在社区便利店领域展开新一轮“跑马圈地”。

2017年9月28日，盒马鲜生宣布位于上海、北京、深圳、杭州和贵阳的10家门店同时开业，接下来还将加快拓展成都、武汉、西安、南京等省会城市。盒马鲜生是国内新零售的代表案例之一。它以日常家庭高频、刚需消费的生鲜商品作为切入口，以3 000米为半径免费送货，打造出“生鲜食品

* 本文内容主要源自：2017年10月1日新华网上海频道，记者高少华对本文内容的形成亦有贡献，在此一并致谢；网址为 http://www.sh.xinhuanet.com/2017－10/01/c_136651997.htmll。

超市＋餐饮＋APP 电商＋物流”的复合型商业综合体。

以消费者为核心和充分使用信息技术是新零售的两大制胜法宝。盒马鲜生正是通过新零售技术来缩短供应链，从而使消费者享受到质优价平的新鲜菜品。

目前“新零售”已成为热词，但发展新零售绝不是简单的商品布局、促销调整，也不只是简单的 O2O 线上线下融合，只有进行自主创新、系统创新、体系创新，持续为客户创造价值，才是商业的本质与核心。

另外，新零售革新的内容在不同阶段会呈现不同表现形式，例如，当前表现为数据驱动，未来可能是人工智能主导；当前表现为跨界，未来更多表现为无界；当前为了满足消费者体验需求，未来可能会满足消费者其他心理需求。

新零售的发展正在倒逼传统商业加快转型升级。数字化是零售业实现转型和创新的一个重要突破口，通过互联网技术的应用，助力实体商业转型升级，为消费者搭建全生态的智慧零售和场景体验，将成为传统零售业的突围方向。

09

如何看待新零售?*

从盒马鲜生到无人超市,再到汽车自动贩卖机,以互联网技术和大数据驱动的零售商业变革的时代已经来临。那么我们应该如何理解新零售,应该如何看待它,它将给传统的零售行业带来怎样的变革?

一、新零售概念的理解

刚才注意到了大家对新零售概念的各种理解,包括门店后仓、时间提速,等等。如果要把新零售当作一个词来讲的话,可能不得不提到的是2016年10月13日的云栖大会,当天阿里巴巴提出了“五新”,新零售是其中之一。

但那天新零售这个词出来后,其实对它的解读并不清晰。随后,到了

* 本文内容主要源自:2017年12月22日上海人民广播电台FM93.4“非常解读”直播(17:00－18:00),主持人任重,嘉宾黄麒、颜旺平对本文内容的形成亦有贡献,在此一并致谢;音频网址为http://m.ajmide.com/touch/pages/forum/audio/history.htm?phid=24469926&from=singlemessage&isappinstalled=0。

2017年2月，上海财经大学的校友、也是阿里巴巴的CEO张勇，对新零售做了一个相对比较全面的解释。张勇认为，新零售其实是利用了互联网和大数据，将人、货、场这些传统商业要素进行了重构，在这个重构的过程中，既有生产流程的重构，又有商家与消费者关系的重构，同时还有对于消费体验的重构。

如果说张勇是给出了一个理念的文字解释，那么盒马鲜生则做到了把理念与让消费者实实在在看到的实际场景结合起来。盒马鲜生是一家诞生在上海的新企业。近两年来，盒马鲜生让我们看到了新零售这一概念实实在在落地，让大家产生了一种看得见、摸得着、甚至说吃得到的这样一种新体验。

我认为，新零售的背后就是信息技术的发展在助推着整个零售的创新。在此，必须提一下2017年2月百联集团和阿里巴巴的战略合作。百联集团董事长叶永明先生就从一个老商业人的角度对新零售提出过他的见解。他认为，"新"字的特点，其实是在一个"全"字上。那么"全"在哪里呢？就是用互联网、物联网、人工智能、大数据这些领先的技术来作为一个推动和驱动的力量，面向线上线下提供一种全客群、全渠道、全品类、全时段、全体验的新型的零售模式。

因此，我是觉得，新零售的概念可以由新兴的互联网人士来提出，但也不妨听听老商业人的解读。

甚至我们还可以听一听另外一家电商企业的说法，那就是京东提出来的无界零售。新零售与无界零售是否不同呢？我个人认为，两者是一样的。我们可以把京东提出的"无界零售"更多地理解为一种线上线下的融通。从2017年"双十一"京东在全球好物节启动发布会上做出的解释来看，可以看出以下几层含义：首先是要针对消费者的服务进行创新，以提供给消费者一种个性化的体验；其次要在场景上进行创新，提供线上线下的更丰富的终端；再次要对供应链进行创新，打造智慧供应链，包括使用无人科技和服务升级；最后是通过无界零售解决方案来实行营销创新。通过这样的一层层创新，目的是实现数据的融合、场景的贯通和交易的同步。

虽然对新零售的解释多种多样，但其本质是一样的，即线上线下融合，用科技助力零售创新。

二、新零售是对线上线下的融合与创新

对于线上线下而言，新零售既是一种融合，又是一种创新。以盒马鲜生模式为例，盒马鲜生实际上是一个线上线下一体化的公司，采用的是"生鲜食品超市＋餐饮＋电商＋物流配送"这样一个多业态的结合，由此满足客户全方位、多场景的消费需求。这一过程就相当于给传统零售真正插上了互联网的翅膀，用整个互联网的思维重新构造传统零售的人、货、场。

有网友认为，新零售是一个伪命题，零售业发展至今一直都在变革发展当中，不能说因为有了互联网的介入，就把它看成一种新的零售模式。我觉得这位网友的话虽然有点犀利，但并非完全没有道理。记得从新零售这个名词出来之时，我就曾经不止一次地在各种场合表达过，我们一般习惯用数字来代表不同阶段，如 1.0 阶段或 2.0 阶段，假如真的用新零售这个词，其实蛮为难的，也就是说假如去年是新零售，今年是否叫新新零售，明年是否叫三新零售？所以如果非要把新零售当作一个正儿八经的名词，可以说是一个伪命题，所以有时候我更愿意把它表达成是一种零售业的创新。这种创新，既包括技术助推的创新，也包括零售业经营者自身思维方式、管理模式等方方面面的创新。

另外，新零售不是简单意义上把线下的货品拿到线上来卖，即不只是披上互联网外衣的传统零售。在新零售模式下，商家需要知道一个城市的

一个或者一群消费者在想买什么，并围绕这种需求做出供应链规划，从而引发消费结构的改变，升级消费者的生活，而这背后需要的是全面的、数据驱动的产品和技术能力。

三、作为消费者对盒马鲜生创新的体会

应该说我对盒马鲜生的了解还是比较多的，2016 年年初我就接触到了盒马鲜生在浦东金桥开出的第一家店，随后两年来我一直在跟踪着盒马鲜生。

说实话，第一次踏入金桥店的时候，我是有点被震撼到的，因为看到的东西、见到的环境，包括送货等，真的是感觉眼前一亮。然后，差不多半年之后，也就是 2016 年 10 月，盒马鲜生的第二家店——大宁店开业，我又去看过，同样能感受到消费者对它的欢迎。也是从那个时候起，我一直开玩笑说，啥时候我们家能进入到盒马鲜生的配送范围内，那真的是一种享受了。一直到 2017 年 7 月，我们家真的很幸运地被纳入了盒马鲜生的配送范围内。当天我特意将此事发了朋友圈，真的是很欣喜若狂。

这听上去有点好笑，但这是消费者的真心话。因为尤其是在 40 度的高温天，身为家庭主妇，让我出去买菜实在有点不大愿意。有了盒马，只要在 APP 上选选就行了，它会按照你指定的时间给你送来。关于送货时间这点，大家一般都会说有多快，但我认为，不要一味追求快，要的是在消费者需要的时间点给消费者送到。以我为例，我可能下单的时候并不在家，但是我知道，我可能五小时之后会到家，因此我需要在我指定的那半小时时间段送来，这才是更精准的服务。

此外，盒马鲜生还颠覆了人们一个原有的观点，即菜场东西便宜，超市

东西要贵一点，因为盒马鲜生送过来的食材是包装好的，而且不见得比菜场的贵。原来盒马鲜生把各种不必要的费用和损耗全部降下来了。而且盒马鲜生之后又推出“日日鲜”的品牌，范围从最初的蔬菜“日日鲜”，到肉品“日日鲜”，再到牛奶“日日鲜”。此外，盒马鲜生真的是站在消费者的角度考虑问题，它帮消费者大概算好了小家庭一顿饭的量。这一切都体现了盒马鲜生的匠心精神。

四、盒马鲜生从生鲜布局的原因

盒马鲜生以生鲜食品作为切入点，进行新零售试验，有以下两方面的原因。

第一，整个生鲜食品这一块的市场空间很大，机会比较多。这些年来，家电服装这些标准化的商品和一些标准化的生活用品，甚至一些标准化的食品，基本是已经被大型电商平台占据了。而生鲜市场的特点是高频、刚需，且市场空间很大。举个例子，目前整个生鲜市场的规模有 10 万亿元，但预计 2017 年整个生鲜电商的规模才 1 500 亿元，缺口空间非常大。

第二，盒马鲜生线上线下一体化的商业模式能够克服生鲜电商的一些劣势。比如说产品的丰富度不够，没法解决产品的活性配送，物流成本配送成本高，无法解决消费者现场体验和现场堂吃等需求，以及线上流量越来越贵等问题。盒马鲜生模式能够克服这些缺点，所以从这里切入是找对了地方。

五、关于标准

我认为，可以从几个角度来看标准。一个是商品本身是否是一种标准商品，如服装和3C类产品就已经是标准商品了；一个是商品传递过程中的流程是否标准，如盒马鲜生的“3千米范围内30分钟送达”就是一种标准；还有一个是售后服务是否标准，如“七天无理由退货”就是一种标准。

但是在生鲜这个领域，标准其实有时候是蛮难做的。关于这一点，有必要提一下2017年12月1日的第四届中国上海生鲜电商论坛，这次论坛有一个非常大的亮点，即国内首个生鲜电子商务平台的退换货服务要求标准的出台。这个政策的出台是在长宁区政府、上海市网购商会、质协的用户评价中心等多方的协同努力下完成的，同时还联合了包括盒马鲜生、菜管家、易果生鲜等一系列生鲜电商企业的共同参与。这个退换货标准其实是给出了一个行业的标杆，这样的服务标准，在全国也是一次创新。

六、VR/AR在新零售中的地位

我认为，新零售中的很多技术都是助推零售业往前创新的技术，目的是使消费者买得到、买得好、买得安心和放心。VR/AR也是这样的技术。VR/AR技术是在2016年七八月随着口袋精灵游戏的推出而被大家知晓，随后又出现了戴着VR/AR头盔逛商场的体验活动。但VR/AR技术的应用场景到底在哪里？我觉得，戴着VR/AR头盔逛商场固然可以算一种，但它真正的应用场景，也是这类技术在新零售中发挥地位作用的地方，应该是在新零售企业后场的物流拣货这些地方，在这些地方使用VR/AR技术将能极大地提高企业工作效率。

第五篇

转型创新

面对电商冲击，实体商业怎么办？

如何杜绝网上违规餐饮店？

资本热炒下，生鲜电商如何突围？

B2B迎来新的春天？

O2O为什么来得快又去得急？

传统百货转型　购物中心的出路在哪里？

“钱”途难料，生鲜电商变革突围

食品过度包装　不顾“里子”的“面子”惹人厌

无人业态站上创业风口　各路资本竞相追捧

“三国杀”成“二人转”　外卖格局怎么变？

浦东商业创新 打造实体零售新蓝海

绿色快递　好听更得好用

陆家嘴滨江金融城　助力打造“上海购物”品牌

打造“人人向往的购物天堂”

01

面对电商冲击，实体商业怎么办？*

受电商等新经济的冲击，线下实体店令人担忧。受成本高、利润低、人流量下滑等多重因素影响，实体店的关店潮一波接着一波，传统的实体店没落的原因仅仅是因为电商的冲击吗？它们该如何力挽狂澜？

一、实体业态受到冲击的程度各不相同

这段时间大家比较关注的，或许是 2015 年 6 月 30 日赢商网公布的一份资料。在这份资料中，提到了实体商业受到的影响，即截止到 2015 年上半年，全国又关闭了 120 家实体店，其中有不少是大家非常熟悉的知名百货，如万达、玛莎等。

我手头刚好有一份 2014 年上海市商务委的统计资料，这份资料把实

* 本文内容主要源自：2015 年 9 月 24 日上海人民广播电台 FM93.4“非常解读”直播（17:00－18:00），主持人任重、嘉宾潘正权对本文内容的形成亦有贡献，在此一并致谢；音频网址为 http://m.ajmide.com/p.html? p=12283&t=1192344&from=singlemessage&isappinstalled=1。

体商业的各个业态进行了划分。根据这份资料可知，实体商业的各个业态受到冲击的情况不同：购物中心几乎没有受到冲击，甚至还有些得益；一些快时尚的专卖店受到一些冲击，但情况不严重；便利店也受到冲击，但情况也不太严重；家电专卖店受到冲击；大型综合超市受到的冲击非常明显；百货商店受到的冲击也非常明显；建材专卖店和标准超市等受到的冲击也比较大。

昨天，我在中欧商学院开会。晚上会议结束后，我在碧云社区转了转，无意中注意了一下那里的百安居。记得前些年大型超市旁边到处都可以看见百安居，但这两年好像少了很多。如今并不是没人买房，也并不是没人重新装修房子，也就是说依然需要家居建材，但家居建材店跑哪里去了？

二、实体店的优势要发挥

实体店对消费者的吸引力会依消费者年龄的不同而有所不同，比如对于 80 后和 90 后的年轻人与对 60 后的人的吸引力就会不一样。但就以我这个 60 后来说，有时候也愿意在网上购物。只要商品的价值等方面与实体店里真的完全一样，或者是购买某些标准商品的时候，我就会在网上购买，因此现在去大型超市的次数也比以前少了。这应该是大型综合超市受到冲击的原因之一。

当然，某些商品的购买可能还是要去实体店的，比如服装，真的需要穿上试一试，既试试大小，还要看看穿上后的感觉和穿上后的气质怎样。但现在的情况是，实体店已经沦为了试衣间，消费者到了实体店，抄下服装的型号和款式，然后上网去购买。当然，也有不少的实体店甘做试衣间，因为它们是想先张开双臂把客流引进来，引进来后再通过服务黏住消费者。但消费者为什么会只是把实体店当成试衣间呢？我觉得其中的一个原因是同类商品网上的价格便宜，如果将来能做到网上和网下同价，或没有太多的差异，而实体店店员的服务让消费者感觉非常好，那情况可能会发生变化。另外，我觉得还有一个原因是物流配送上的差异。在网上购物，可以有物流公司送货上门，但在实体店买完东西后，消费者不得不大包小包地提回家。如果将来实体店在物流配送方面做一些改进，或许情况也会有所变化。

综上，我认为，实体店只要能充分发挥自身优势，并做好上面讲的几方面的服务，应该还是会把失去的客流抢回来，因为消费者毕竟是追求服务环境和服务体验的。

三、注重消费者体验

若干年前谈制造业的转型升级多一些，这几年开始说实体商业的转型升级了，尤其是在电商的冲击下，实体商业的转型升级必须被提到议事日程上来了。

以往我们讲实体商业，追求的是地段，争的是寸土寸金，讲究坪效，讲究成本，恨不得把货架上所有的地方都填满，让消费者感觉这是个好商店，这里商品琳琅满目。但如果我们理智思考一下就会发现，消费者进入实体店也好，进入虚拟店面也罢，其所要考虑的因素是，商品本身和购物体验所产生的价值之和能否超越其花在购物上面的时间成本、交通成本和价格成本之和。

这其中的购物体验非常重要。刚刚，苏宁云店的潘店长谈到，苏宁云店拿出了相当大的一块地方用于消费者体验。同样类似的还有苹果体验店。这些体验的地方或体验店能吸引消费者，并让其流连忘返，甚至能让消费者愿意下次拖家带口过来。这样的话，由于实体店给了消费者非常好的体验感，那即使商品卖得贵一点，可能消费者也愿意掏腰包购买。

四、关于租金等成本

在实体店的高成本中，房租、员工工资、水电费等方面都是重要组成部分。这些成本成为了实体店与电商竞争中的短板所在。同时，国家对于电商有优惠政策，比如税收优惠政策，但对实体店却没有，这在一定程度上也导致了实体店在与电商的竞争中处于劣势。此外，城市商业布局也会影响实体商业的发展。例如，目前上海原来市中心的实体店的客流和人气都在慢慢下降，而徐家汇周围、五角场地区等则形成了新的商圈，聚集起了新的客流和人气，而这就是由于城市商业布局的影响。

当然，我认为，对于实体店在房租和人力成本方面的投入，要给予时间上的容忍度，不能要求实体店当年开业、当年就一定要有回报。

五、电商平台也会遇到瓶颈

任何事物的发展都会是起起伏伏的，电商也不例外。2014 年年底，我曾经让 MBA 学生讨论过一个案例，案例的名字叫《从 0 到 2 000 万，电商淘“宝”，接下来怎么淘?》。案例的内容是：外号八公八婆的兄妹俩在淘宝上创业卖服装，销售额从 0 元做到了 2 000 万元，相当不错，但接下来管理的瓶颈出现了，因为规模大了之后，有些工作不能完全靠兄妹两个人进行，因此如何合理化的分工外包就成了瓶颈。

记得若干年前马云说，开阿里巴巴是希望天下没有难做的生意。但这几年我们会说，电商其实也不好做。做到一定规模，运营成本、管理瓶颈等一个个问题都会出来，甚至还有假货问题。

六、线上线下融合是关键

昨天，在中欧论坛上，我与嘉宾有过这样一段对话："如果连商都没有做好，何来电商。"虽然这句话听上去有点绕，但想要表达的是，电商归根结底也是"商"。

接下来我们就从"商"的角度看看实体店该怎么做。从"商"的角度来看，实体店就是要千方百计地引导消费者来到你的店内，然后给他一种很好的体验，用你的服务使消费者流连忘返，从而带动消费者个人或消费的家庭的购买。此外，还要把产品连通起来。这里以苏宁云店为例。我们知道，大型家电的购买在一段时间内是有饱和度的，但是一些生活用品并不存在这个问题，因此可以进行商品的跨界混搭并形成互补，苏宁云店就是采取了这方面的办法，使本来想来店里看空调的消费者，最后也购买了牛奶。一瓶牛奶可能不起眼，但由此带来的长尾效应却是不可忽视的。

02

如何杜绝网上违规餐饮店?*

市消保委公布的抽查结果显示,在加入饿了么、美团、大众点评等9家网络平台的外卖餐饮商户中,有超过七成的店家都是无证无照经营。平台怎样整改,如何杜绝网上违规餐饮店?

让平台去管入网餐饮企业,该怎么管?上海市食品药品监督管理局给出了两条准则:一是入网餐饮店的标识地址和餐饮服务许可证地址不一致,就不合规;二是可从上海市食品药品监督管理局官网的查询栏目,查询商户的餐饮服务许可证,如果觉得商户的证件存在问题,平台应派人去现场核实原件。平台发现违法行为应及时制止并报告监管部门,发现严重违法行为,要终止相关商户的服务,否则,平台或将面临最高20万元的罚款。

那么,平台据此去管理餐饮商户能管好吗?一周来,不少大型电商开

* 本文内容主要源自:2015年11月20日上视"新闻透视"(18:55－19:05),记者王潇月对本文内容的形成亦有贡献,在此一并致谢;视频网址为 http://www.kankanews.com/a/2015－11－20/0017237167.shtml。

始推行两个审核办法：一是要求挂号的企业必须上传证照，先由系统自动跟官网数据比对；二是成立一支抽查队伍，专门去现场核验证照信息可能有问题的商户。还有一些订餐平台则通过付费招募社会观察员，赴申请商家实地核查。

但这些措施似乎并不能杜绝平台上的违规经营行为。虽然商家十分配合地出示了营业执照和餐饮许可证，但像普通网友这样的非专业人士可能很难去辨别它的真伪和规范性。同时，第三方平台也承认，他们的审核人员并不具备专业的监管能力，所以不敢保证能杜绝入网商户的违规行为。

政府管互联网平台、互联网平台管入网企业渐成一种模式，但这并不意味着政府可以做甩手掌柜，而是对政府事中和事后监管能力提出了更高要求。在这方面，不妨通过大数据共享和监管指导为平台审核帮一把力。

在大数据时代，真正的大数据在谁手里？是在政府手里，而且政府甚至还是一个数据资源的提供者和整合者，因此政府可以辅助第三方平台，把监管这件事情真正地落实下去。毕竟监管的是吃进口的东西，因此必须要让大家觉得安心。

政府管平台、平台管入网企业的监管模式源于专车市场。但对于餐饮企业和食品安全的监管要远远复杂于对专车的监管，因此这种监管不仅需要大数据的共享和比对，更需要专业的监管能力和辨别力。如果完全依靠平台企业自行审查，恐怕仍然无法杜绝无证商户或者违规经营行为。如何创新这一领域的事中和事后监管模式，值得相关部门思考。

03

资本热炒下，生鲜电商如何突围？*

实体经济与互联网+结合，上海水产集团牵手电商食务链，强强联手如何共同打造从海洋到餐桌的产业链。2015 年生鲜电商百花齐放，市场规模翻倍增长，野蛮生长过后资本热炒下的生鲜电商又该如何突围？

一、生鲜领域出现新的尝鲜者

生鲜食品难以保存，运输损耗又极大，因此长期以来生鲜食品领域一直被视为电商的禁忌领域。但是，随着市场的不断开拓及技术条件的日趋成熟，生鲜食品这个电商产业中最后的一块“大蛋糕”正在不断地被各路资本竞相角逐。2015 年“双十一”，马云拍了一条金枪鱼，让大伙对生鲜电商记忆深刻。

* 本文内容主要源自：2016 年 1 月 13 日东方财经“632 观察”栏目访谈（19：30－19：45），主持人刘菲、嘉宾张颂、唐文华对本文内容的形成亦有贡献，在此一并致谢；视频网址为 http://v.qq.com/page/q/0/c/q0180vyhe8c.html。

2016年1月12日，上海水产集团与电商平台食务链正式宣布展开战略合作，成为该领域又一个敢于尝鲜者。

二、强强联手意在B2B

上海水产集团与电商平台食务链的合作，标志着上海最大的国有水产集团与电商平台实现强强联手，共同打造从海洋到餐桌的产业链。

上海水产集团发展远洋渔业已有30多年的历史，是一家集国际贸易、市场批发、食品加工于一体的大型国有水产企业，每年约有15万吨优质海产品的渔获量，更有海外基地落实全球水产品进口贸易的能力。该公司近几年非常注重电子商务的发展，认为水产品的营销走电子商务这条路是发展的趋势，即互联网＋水产是一个趋势。同时，该公司近几年也做了尝试，比如说在天猫和1号店都设立了该公司的电子商务品牌，但主要是以B2C的形式把公司的产品通过电子商务销售给终端的消费者。

在生鲜食品领域，B2B和B2C最大的不同点在于市场。B2B面对的是餐饮，这是一个高频、高需的市场。以阿根廷红虾为例，如果是个人用户自己吃，一周顶多在线上买一次；但是餐厅就完全不一样了，是每天都要买的，因为这是餐厅非常重要的原材料。电商平台食务链切入的是85%的刚需餐饮市场，是B2B的市场。市场不同导致供应链上也有很大的不同。还以阿根廷红虾为例。B2C的供应链上的客单价最多五六百元已经很厉害了，而在B2B的供应链上，基本上一单就是5 000元或10 000元，从而物流成本也会降低。

电商平台食务链拥有线上线下结合的营销网络，在引领终端消费上极具优势。食务链的商业模式是B2B的形式，其拥有一批非常有粘性的、以餐饮服务为主的客户，这些餐饮客户也是水产集团作为产品供应方非常希望能够服务到的。所以此次两家携手，将共同在生鲜 B2B 领域发力。

三、生鲜电商是块“不好啃的骨头”

根据中国电子商务研究中心最新监测数据显示，2014 年全国生鲜电商交易规模达到 260 亿元，比 2013 年的 130 亿元增长了 100%。而就在 2015 年上半年，全国生鲜电商交易规模就达到了 320 亿元，而 2015 年全年的交易规模已近 500 亿元。与此同时，各路资本布局生鲜电商市场的步伐正在加快。2014 年，阿里巴巴布局生鲜电商；2015 年 8 月，京东也开通网上的生鲜超市。各家平台角逐生鲜市场，天猫、京东、顺丰优选、本来生活，鲜易控股等很多平台都想要雄霸生鲜食品市场。然而，由于供应链、冷链系统、物流等门槛要求，仅 2015 年，就有小农女等中小生鲜电商纷纷被市场无情洗牌。

四、生鲜电商渗透率低

据预测，生鲜市场是万亿规模的市场，但是生鲜电商的渗透率只有 3%，所以生鲜电商被看作是生鲜零售的最后一块蓝海。那为什么渗透率会这么低呢？

平常在讲电商渗透率的时候，基本都是在跟大家非常熟悉的，比如说 3C 类、服装、化妆品等等相比较。后面这些商品品类，电商容易切入，但是生鲜就比较难。生鲜从标准化角度，要比前面几种来得难，但更重要的还不在于产品本身。无论生鲜是从田头走到餐桌，还是从海洋最后来到你的身边，这当中的冷链、物流，还包括整个供应链上的协调工作的难度，确实是比我们一般的商品要难得多。整个协调过程堪称复杂工程。

五、生鲜电商死亡原因

随着“互联网＋”热潮的兴起，生鲜作为电商的最后一块肥肉，热度从2014年开始就有增无减的，但是生鲜电商的死亡榜也挺吓人，其中大部分是初创的B2C企业。

做生鲜电商的难度是比较大的。首先，生鲜电商要有比较完善的冷链系统，保证从供应侧到消费的整个过程中必须要有一个完整的冷链、物流配套。如果在冷链运营这一块配套比较差的企业，就容易出问题。其次，因为生鲜电商的资本投入要求比较高，如果资本投入不够充沛的话，到了一定阶段，可能就难以维持了。

需要指出的是，部分初创企业当时以为这里是一片蓝海，欢欣鼓舞地进去了，但是没想到生鲜其实是深水区，水性不佳者很可能被呛死。因为消费者对于生鲜食品的质量和保鲜的要求是非常高的，所以生鲜电商并不是像想象中的那么容易做。

六、生鲜电商如何突围

生鲜电商真要想做好，最重要的是要保证品质、安全，包括货源的稳定，同时需要冷链物流的保障。唯有这样才能冲出包围圈，但这是需要强大资本和实力支持的。

04

B2B 迎来新的春天?*

找钢网获得 11 亿元人民币融资,这是 B2B 行业最大单笔融资。从集体沉沦到快速发展,迈入 2.0 时代的 B2B,何以涅槃重生。资本聚集,百花齐放,B2B 站上风口,电商平台又该如何应对?

一、找钢网获 B2B 领域单笔最大融资

最近,总部位于上海的钢铁电商龙头找钢网宣布获得 11 亿元的战略融资,刷新了 B2B 电商单笔融资纪录。这是找钢在四年内完成的第五次融资,与前四次均为美元融资不同,此次是以人民币进行融资,公司希望在 2017 年年底前登陆国内资本市场。

2015 年被称为 B2B 电商 2.0 的元年。公开数据显示,2015 年全年共

* 本文内容主要源自:2016 年 1 月 19 日东方财经"632 观察"栏目访谈(19:30－19:45),主持人刘菲、嘉宾杨坚争对本文内容的形成亦有贡献,在此一并致谢;视频网址为 http://v.qq.com/page/e/0/1/e018158esl1.html。

有 103 家 B2B 企业获得融资，与 2014 年相比，获得融资的企业数量增加了 329％。除了率先起跑的钢铁领域，化工领域、农业领域和煤炭领域等各大垂直 B2B 电商也如雨后春笋般涌现，纷纷获得资本青睐。

在资本寒冬下仍然能够大量融资，这无疑显示出中国的互联网热点正加速从消费互联网转向产业互联网。

二、大宗商品电商为何快速崛起

做电商的人，这几年有这样一个说法：假如某个行业日子很好过，或许电商没有什么戏可以唱，因为这个行业里的企业会不思改革、不思进取；但是如果这个行业日子开始难过了，电商就有戏唱了。比如说这几年，煤炭行业日子不好过，所以找煤网、易煤网都开始起来了。所以这背后有时候是一个很有趣的行业兴衰现象，它是一种悖论。

此外，B2B 电商借助互联网的优势可以把它营销的触角伸到世界各地，从而解决供给侧的改革问题，所以，从电子商务入手促进供给侧的改革，是一个很好的思路。

三、什么样的行业适合与互联网联姻

2015 年出现了很多以“找”字开头的网站，除了找钢网，还有找船网、找塑料网、找煤网，但显然不是套上一个找字，就能够乌鸦变凤凰的。在“互联网＋”的风口上，到底哪些行业更适合与互联网联姻呢？

站在行业角度来说的话，我认为，首先要看这个行业本身品类复杂不复杂。就如平时我们在 B2C 领域常喜欢说的 SKU,如果它的品类非常复杂,那确实需要用这样一个平台来帮助去掌握、去把控。其次也要看整个上下游产业链的长短。如果它本身不是非常冗长的话,或许就没有必要非得通过 B2B 这样一个交易平台去中间化,去缩短这样一个中间环节。另外,还有一点是我刚才已经提过的,就是这个行业是否已经从卖方市场转向买方市场,也就是刚才说的日子到底好不好过,因为这背后折射出了从业者自身解决问题的愿望是否迫切,唯有迫切需要,融合的化学反应才有可能显现出来。

四、横向铺开还是垂直深入

2016 年 1 月,阿里巴巴集团在杭州举办了一个全球 B2B 生态峰会。在峰会上,阿里巴巴的 CEO 张勇说,B2B 的春天正在到来,但是阿里巴巴内部也在反思一个问题,就是虽然阿里巴巴覆盖的行业足够多,但是对行业的垂直深入还不够,没有把某些领域做深、做透。那么,到底是全面铺开好呢,还是要关注这个行业垂直的问题呢?

我认为,既要有横向的覆盖,同时也要有纵向的接合,即合纵连横。记得阿里巴巴上市一周年的时候,马云曾经发过一份致全体股东信,在那封信上就特别强调过这么一句,阿里巴巴是一家做商业基础设施的企业。所以如果是从这个角度来说的话,阿里巴巴其实做的是横向。但是在 B2B 领域,行业完全不同,钢铁、煤炭或者说某一类化工产品说起来都是 B2B 大宗商品,但是它的每一个专业分工重心下是完全不一样的。因此,对阿里巴巴来说,横向覆盖有了,但是纵向向下深入,尤其是在 B2B 某些细分行业领域里的深入,还是有所欠缺的。

五、阿里与五矿的结合

2015 年底，五矿集团和阿里巴巴联合打造了一个新型钢铁电商，业内对此有不少议论。

其实，五矿集团在它自身的专业领域里头够垂直、够细分、够专业。在五矿集团和阿里巴巴的结合中，它们两家是各取所需。五矿集团需要的是阿里巴巴的横向覆盖面，包括阿里巴巴在打造基础设施平台上的专业度；阿里巴巴需要的则是五矿集团在特定领域中的专业垂直度，所以两家的结合是一种互补的结合。同时，两家的结合也反映出来国有企业和民营企业在电子商务中的一个新的结合点。

六、供给侧改革与 B2B

最近国家反复强调供给侧改革，是因为看到了供需不平衡给经济带来的不利影响，供给侧改革的提法和 B2B 有什么关系呢？

可以这么讲，如果优质的供给不充足的话，那么整个 B2B 行业即便呼唤春天到来，但这春天有可能会姗姗来迟。也就是说，对 B2B 来说，若没有优质的供给，是会影响 B2B 爆发的。

05

O2O 为什么来得快又去得急?*

2015 年以来，资本裹挟着 O2O 行业急速扩展，从餐饮到零售，从美甲到推拿，几乎所有行业都被 O2O 所浸润，号称可以解决“最后一公里”的难题。然而，资本冷却后，O2O 行业的生存现状并不乐观，闭门歇业不计其数。O2O 为什么来得快，去得也急? 这个行业如何才能够健康稳固发展?

一、O2O 热潮

说到 O2O 这样一个名词，相信大家一定不陌生。有人觉得这个 O2O 好像没听说过，但其实您在生活中方方面面都有用到。比如说打车软件、外卖平台、点评网站及各种各样能在互联网平台中提供服务的，这些都囊括在 O2O 的范畴中。

---

* 本文内容主要源自:2016 年 2 月 24 日上海人民广播电台 FM93. 4“非常解读”直播(17:00－18:00)，主持人任重、嘉宾周欣华对本文内容的形成亦有贡献，在此一并致谢；音频网址为 http://m. ajmide. com/p. html? p＝12283＆t＝2970405＆from＝groupmessage＆isappinstalled＝1。

在互联网发展成熟的阶段，在各种新模式的推动和资本的催化之下，出现了一个 O2O 的狂欢乐潮。它涉及的领域基本上无处不在，除了我们熟悉的各种电商平台之外，一些很小的类别也加入了 O2O 平台，比如说上门洗车、上门按摩、上门送餐、上门化妆等等。可以说 O2O 早已和人们的生活融入在一起，成为人们生活当中密不可分的一部分，它所涉及的领域无处不在。

随着大家一窝蜂涌入 O2O 这个行业，产生了很多看上去很繁荣的需求，但其实是由资本大量的补贴而产生的虚假的泡沫，它掩盖了很多真实的情况。可以说，很多不是刚性需求的商业模式也开始出现了，就像上门按摩、上门洗车等等模式。在各种 O2O 项目如雨后春笋般出现之后，从 2015 年下半年开始，就不断出现相关 O2O 项目夭折的事件。现在网络上流传的一份 O2O 死亡名单显示，近年来像汽车、社区旅游、教育等 16 个领域的多个 O2O 项目都关门大吉了，仅外卖餐饮等 O2O 项目倒闭的就有十几个。前一段时间，关于洗车的 O2O 项目也死了不少。虽然 O2O 项目现在死亡率是非常高的，但是还是挡不住很多企业争先恐后想入局，甚至与 O2O 行业关联并不密切的企业现在也有想要试一把的心态。

二、O2O 的发展历程

严格意义上说，O2O 是广义的，是指线上线下的联动，即所谓的 online 和 offline。其定义的时间点可以追溯到 10 多年前，大概是 2003 年左右，与今天的高速发展期和成熟期相比，当年是 O2O 的混沌期。那个时候，B2C 思维开始出现，借助网上平台，电商开始在国内普及。在此过程中，希望能够逐步把线上线下联动起来，所以 O2O 的第一个发展时期就是从那个时候开始的，称为混沌期。进入到 2008 年，团购蓬勃发展，引发 O2O 进入到它的萌芽阶段。由那个阶段走过来，我们不得不感谢 2012 年开始的移动互联网的发展，因为移动互联网进入到了发展的逐步成熟期，所以 O2O 开始发力，差不多到 2014—2015 年的时候，O2O 真正进入到了高速发展期。

这就是 O2O 的整个发展过程。今天我们在谈 O2O 的时候，其实比较多是在谈它进入到高速发展期的这个阶段。

三、O2O 解决的问题发生了变化

最开始的时候，O2O 是解决一个信息不透明的问题。以点评为例，消费者原来对公司附近、对家附近的餐厅是比较了解的，但若到了别的城市或者更远的地方，消费者就不知道了。而大众点评就可以解决这个信息不透明的问题。不论消费者到了什么地方，只要看一下大众点评就能发现附近有什么好吃的。

到后来，大家觉得只做信息，壁垒并不是特别高，而对于一个公司来讲，壁垒不高其实意味着容易被复制。所以大家觉得应该从信息转向交易，因此，O2O 进程就从信息到了交易。

再到后来，就出现了很多的到家服务。在前面的时期，不管是信息也好、交易也好，都是到店的，在店里发生的，而这一时期则慢慢地变成到家了。

再到后来，随着演进过程，发现 O2O 其实是一定要跟线下绑定的。刚开始，为了迅速地扩展，很多做 O2O 的企业是与线下的店进行合作或者采取加盟的方式。但到后来发现，合作和加盟实际上没有办法很好地去控制这家店，所以现在那些相对来讲跑到前面、跑得快的O2O企业已经开始自己做经营，即自己经营一些门店了。

所以，O2O经历了一个从解决信息、到解决交易、再到解决到家，在合作中从轻的模式一直往重的模式走的过程。

四、O2O类型的划分

今天大部分人认为O2O是分为四大类、五小类，这其实是大家能在网上查到的分类方法。四大类分别是衣食住行、居家理财、结婚生子、健康美颜。再细分的话，在衣食住行里，首先大家会想到的可能与餐饮有关；在居家理财里，可能有家居、房产和其他（例如汽车服务）；在结婚生子里就不细分了；在健康美颜里，可能有美甲、美发、美容等这些类别。大致上，O2O就是围绕着生活服务来展开的，所以只要围绕生活和能给生活带来便利，就都可能发现O2O的身影。

五、O2O真的是来得快去得急吗？

对此问题，我只是部分认同。认同的部分是，确实在过去一到两年的时间里，大量的O2O项目就像雨后春笋般冒出来，但是有的甚至没有活过半年或一年就纷纷倒下。因此确实有点来得快去得也快。但同时也看到，那些通过大浪淘沙真能活下来的O2O项目，其实才是真正能被大家认同的O2O项目，也才是消费者真正需要的生活服务项目。

六、进入倒计时的是无效补贴

应该说，进入倒计时的不是补贴，而是无效的补贴。

补贴并不是一个特别新鲜的概念，它不是特别针对互联网，更不是针对O2O的，它其实只是一个营销和推广的手段。举个例子，你到餐厅门口，人家给你发一个代金券，说先生您进来吃饭可以用这10元钱抵扣。其实这就是某种程度上的补贴。那如果我拿着这10元钱的代金券，进到这个餐厅吃了一碗10元钱的阳春面，以后再也不来了，这就是一个无效补贴。但如果我拿这10元钱的代金券吃了100元钱的饭菜，并且因为觉得好吃，来了第二次、第三次，那这就是一个有效的补贴。现在所谓的补贴，其实是在O2O风口最高的时候的无效补贴，以至于如果补贴停了的话，店家可能一大半的订单就没有了。所以无效补贴肯定是进入倒计时的。

七、关于打车和外卖

打车和外卖这两块高度依赖补贴，似乎生存得不错，原因何在？

其实这两块不是说不错，而是说外卖也好、打车也好，已经经历过和团购差不多的无数人在战场上厮杀的血雨腥风的阶段。

平常说，一个行业如果门槛比较低，就会出现千团大战。老大和老二去打，结果老三、老四及后面的全部被打死了，然后老大和老二合并了。其实这两个领域现在就有这种情形，即所谓格局已定的状态。比如说外卖，美团和大众点评合并了，饿了么和阿里巴巴绑在一起了，BAT各占一家；

而在打车方面，滴滴和快滴合并了，再加一个国外的优步，格局也已经定了。其实格局定了，是因为有很多很多企业死掉了。在这种情况下，这几家还活着的原因就是这几家占了两方面优势：一个是高频，一个是刚需。这是两个最受大家欢迎的品类，所以投资人给了这几个 O2O 企业大量的资金，从而支撑着它们往前走，并指望这几家大平台能够往后发展到一个毛利高且比较赚钱的服务领域。

八、粉丝经济扮演的角色

我觉得粉丝经济还真的不容小觑。刚刚注意过主持人前面连续报过几次关于 O2O 的投票数据，即外卖占到了 50%、打车出行占了大概 30%、各类点评占了 18%左右。也就是说，80%是外卖和打车类，但还有 20%其实就是信息类。

如果以今天的节目来比喻，我们今天在做一个非常解读的节目，可是就在我们直播解读的这个过程中，我们依然在仰仗着《非常解读》栏目的粉丝贡献给我们信息。所以我觉得粉丝不容小觑，信息这一块不可放弃。

虽然有很多的 O2O 项目最初是从信息开始起步的，但信息这一块确实不像交易那样能够带来大量的现金和可观的收入，因此大部分项目走的是这样一条路：先是信息，然后交易，随后走到金融这条线上。因为谁都知道，走到金融是最赚钱的。但我觉得，信息其实不应该被放弃。

以合并后的“新美大”为例，大众点评这么多年做下来，事实上留下了很多数据，应该用起来。就像刚才我们看到的，《非常解读》这个栏目的粉丝们对于我们每一次栏目所提的问题都积极留言，那我们应该想想怎样用好这些留言。从我这个从事信息工作的人来说，这背后是一个大数据的应用问题。今天都在说大数据好，但有时候我们真的没有好好利用大数据。

九、社区 O2O

社区 O2O 是个非常好的话题。提到社区 O2O，就让我想起 2015 年 8 月出现的但后来又销声匿迹了的“社区 001”。

这是一家从北京开始起步，然后走到上海的企业，我曾去这家企业做过好几次调研。当时我是挺看好它的，因为它号称要打造5 000米的生活服务圈，即与周围的商场、超市形成一种联动。本来，消费者买一瓶酱油要去一家便利店，买灯泡要去一家五金店，但只要在“社区 001”下单，它就会帮助消费者把这些货整合之后一起采购并送到消费者手中。但问题在于，这种服务的形式有点类似于物业服务，甚至可以称之为物业服务的扩充。将来在一些比较成熟的小区，如果由物业公司来延伸做这一块服务，我觉得挺不错，但是“社区 001”把它专门当成一个项目来做的话，需要在各地布点、招人。这方面的投入(包括门店场地的租金、人员招录)非常大，最后企业承载不了，就销声匿迹了。

但这块社区 O2O 服务我觉得很好，是老百姓需要的，而且是一个整合。所以，今天在互联网里，虽然我们需要垂直细分，但有时候垂直也需要与横向之间有一个联动。

十、O2O 未来的发展

总的来说，一个趋势是，从轻往重走，从门槛比较低的品类往门槛比较高的品类去走。因为对于门槛比较高的品类，做起来不容易，相对来讲有议价空间。

另外，大平台是大家都想做的，但这两年我们都生活在了BAT大平台的阴影中。其实如果你有心的话，是有一些拾遗补阙的机会的。

我还有一个观点是，O2O这一块其实更多的是生活服务本地化，即O2O要与本地应用密切联系起来。

06

传统百货转型 购物中心的出路在哪里?*

业绩下滑,加上受电商冲击,传统百货店面临关店潮、纷纷向综合性的购物中心转型。在购物中心爆发式增长的背后,盲目开张、同质化竞争、客流减少等问题困扰着购物中心。购物中心未来的出路究竟在哪里?

一、百货业关店潮

近两年,百货业关店潮来袭,相关企业关店的速度明显快于开店的速度。以万达百货为例,仅 2015 年就关闭了 56 家门店;天虹商场、玛莎百货、王府井百货等知名企业,也都在不停地关闭门店,行业出现的是一片惨况。在客源出现流失时,百货企业就已经着手准备转型,但无奈受限于面积、租聘期限、改造瓶颈等各种硬伤,转型一直未能成功。不但转型难以实

* 本文内容主要源自:2016 年 8 月 19 日上海人民广播电台 FM93.4"非常解读"直播(17:00-18:00),主持人任重、嘉宾苏凯、万立江对本文内容的形成亦有贡献,在此一并致谢;音频网址为 http://m.ajmide.com/p.html? p=12283&t=5730652&from=timeline&isappinstalled=0。

现，百货招商困难也成了行业发展的新常态。合作品牌方也纷纷调整销售渠道，撤离百货商场柜台。对于百货企业来说，这无疑是雪上加霜。

如今的消费者更加注重的是体验式消费，而百货商店通常是以单纯的购物为主，配套不足。百货商店只销售服饰、化妆品等，而柜台聚集给人感觉相当拥挤和杂乱，使得消费者的体验很差。即便是服饰品牌，与购物中心相比，百货店依然是处于劣势。在百货商店中的品牌杂且小，并且大多数都是不知名品牌，与当下的品牌消费主流并不相符。业绩的下滑加上电商的冲击，传统百货企业转型已经是在所难免，目前转型的方向主要是购物中心和奥特莱斯店，但如今的购物中心和奥特莱斯店的竞争同样相当激烈，百货企业的转型并非易事。百货企业的转型不一定能够改变当前的困局，但一直坚守只能面临着关店倒闭的结局。

二、传统百货整体下滑是普遍现象

我觉得这是很正常的，任何事物有上涨也一定会有下降。

过去这些年，大家看到了传统百货的兴盛，这两年走下坡路，也没啥大不了。但是有一点，我们不能仅仅以某一家或某个区域的情况来代表全部。以上海为例，可能大家看到了淮海路太平洋百货的关门，看到了市中心其他百货公司的关门，但是也必须看到，在人口密集的社区（如五角场等）不断有新的购物中心开张。所以说，这是一个此消彼长的过程。另外，这几年，受电商的冲击的情况的确也是存在的。

其实，传统百货业的整体下滑不仅仅出现在上海，也不仅仅出现在中国，放眼世界，都出现了不同程度的关店潮和调整。2016 年 8 月 11 日，梅西百货宣布要在 2016 年关掉 100 家门店，所以大家开玩笑说：“一家百年老店怒关百店。”

追究传统百货下滑的原因不外乎两个:第一个是百货行业经过了20年的黄金发展,它的舒服日子过完了,接下来该想的应该是如何去提高自身的竞争力,给消费者提供更好的服务。第二个是在如今的环境下,消费者的选择更多了,从原来周末只能逛百货商场变成了拥有多种选择,例如可以去郊游、可以去农家乐、可以去购物中心、可以宅在家里上网,选择变多了,也就形成了一个分散和碎片化的新的购物态势。这是趋势。

三、百货下滑不完全是电商惹的祸

很多人把百货的不景气归咎于电商,但我认为百货的不景气的原因是传统百货没有跟上消费习惯的变化。

从大的时代来说,70后、80后、90后的消费习惯是有非常大的差距的。过去大家习惯了传统百货业的摆放,这种位置和这种购物的习惯,在90后看来,就不喜欢。整个中国社会因为这种代际的消费习惯的不同,带来了巨大的变革。不仅仅是百货,传统的KTV(如钱柜、歌城)都在倒闭。这是新一代的90后、00后的消费习惯导致的,这些人本来就是互联网上的原住民,而新的业态是不是有机会就在于是不是能够迎合这一代人的消费心理。

四、百货发展的方向

百货主要有两个发展方向:第一个是消费升级。现在大家都在谈消费升级，但这个消费升级并不是让更多的人去买奢侈品。在消费升级方面，升级的是满意度，升级的是匹配度，是从消费的多元化、服务的多元化及消费的质感等方面去升级。第二个是渠道必须更多元。渠道的发展由消费者习惯的变化所决定，由于目前消费者接受信息的习惯、购物的习惯（例如是否喜欢用手机看新闻，是否喜欢用电脑上网，是否喜欢用手机买东西，是否喜欢逛街，以及逛街的时候要做什么，买东西的时候要做什么，等等）都发生了很大变化，因此渠道必须更多元，才能匹配消费者新的购物行为。这是两个比较明显的发展趋势。

五、创意办公引发关注

注意了刚才对于网友的三个调查问题，排在第一位的有两次都是创意办公问题。对这点我挺好奇，因为今天的主题是购物中心和传统百货的出路究竟在哪里。可为什么有那么多的网友首先想到的是创意办公这个问题呢？可能是网友们对自己的工作环境不是很满意，想调整一下？当然还有一种可能，即网友们希望把工作与消费、娱乐结合起来。那从这个角度也给了我们一个启示，即消费者希望迎来的是一种综合体。以往的百货只是一个单纯的百货商场，而现在传统百货受到的冲击非常大，但一些综合性购物中心（包括奥特莱斯）的情况并不差，综合之后或许有一定竞争力。

六、共享办公与商场的结合

消费升级需要个性化的设置，客人需要的不是千篇一律，他需要的是个性化，个性化的需求带来了差异化的定位。

对于商业综合体来讲，首先定位一定要比原来更精准，不能做大而全、千篇一律的东西，要在更细分的客户群里做更精准的定位。其次要有差异化的内容，不管是引进、合作，整个商场定位的客群一定要有选择性，比如共享办公与零售的结合就是一种差异化的综合选择。

方糖小镇与金鹰百货合作的这个业态是一个创新零售试验区，把办公、体验、活动三大功能跨界融合在了一起，把办公环境融合到了商场中去。也就是说，把人与时间这两样事情黏合在一起的话，就是创造了一种消费的场景。

节目开始之前，我问过万总，你现在共享办公的空间，想让什么人进来？如果完全是 0 到 1 阶段的创业人，可能这些人很难在金鹰这样的商场消费。万总回答我，进来的人可能是 1 到 2 阶段或者更高阶段的创业者。这就对了，因为入驻的如果是设计师，那他在几小时冥思苦想的创作后，就会愿意走出办公室到商场里逛逛。有了这样有消费能力的人，有了这样一个需要调节的时间，再有了可以提供消费的空间，那就是一种完美的结合。

七、转型之路怎么走

刚刚我们提到了上海的一些传统百货在做转型，这里可以提一提百联这几年的转型实践。

百联转型这个项目差不多是两年前这个时候开始的，我曾经去做过调研，当时对外还是保密的。到 2016 年 5 月“i 百联”平台上线后，很多信息可以公开了。对于百联的这一转型，大家都给予了很多厚望，即希望通过百联这一转型来探索传统百货的转型之路怎么走，希望能做出一种模式的创新，把线上线下打通。

同时要指出的是，转型不是仅仅开发一个 APP 就能转成功的，即不仅仅是做一个电子化那么简单，而是全方位地转。

记得两年前，也就是 2014 年 4 月，来自南京的宏图三胞收购了英国老牌的福来莎百货，那是一个非常著名的中国企业“走出去”的例子。当时看这个案例的时候，印象最深的是宏图三胞看中了福来莎百货的买手制。这几年，大家也在说，在零售转型过程中品牌其实是个蛮大的问题。百联目前有 10％的商品是自采的，但有很多百货商场的自采比例已经降到了 5％了。而自采与你的品牌有很大关系，这是转型中非常重要的一块。

假如说今天我们在这里看到的金鹰百货与方糖小镇的融合，是闯出了一条零售加办公的特殊转型路线，那我更愿意在今后看到它们回归商业的本质，提供有特色的商品和服务，彰显品质和个性上的张扬，以这样一种特色，走一条差异化、非同质化的转型之路。

07

“钱”途难料，生鲜电商变革突围*

近日，一则生鲜电商“死亡名单”在业界引发震动，仅2016—2017年间，就有十多家生鲜电商企业倒闭。这一名单获得广泛传播的原因值得玩味，生鲜电商正在遭遇“寒冬”，业界对其前景缺乏信心。

一、烧钱过后　盈利困局仍待破解

生鲜电商被称为时下电商市场的最后一片蓝海。据艾瑞咨询公布的数据显示，2016年，国内生鲜电商的整体交易额约为900亿元，比2015年的500亿元增长了80%，预计2017年整体市场规模可以达到1 500亿元。巨大的市场前景诱惑着各路资本纷纷“拥抱蓝海”。

然而，与融资顺利形成鲜明对比的是，大部分生鲜电商仍未实现盈利。

* 本文内容主要源自：2017年5月4日《中国医药报》第5版，记者蒋红瑜对本文内容的形成亦有贡献，在此一并致谢；网址为 http://epaper.cnpharm.com/zgyyb/html/2017-05/04/content_565476.htm?div=-1&from=singlemessage&isappinstalled=0。

有关数据显示，2014 年全国共有 4 000 多家生鲜电商，其中实现盈利的只占 1%，其余的 99%中大部分亏损，小部分勉强保持盈亏平衡。2016 年，来自中国农业生鲜电商发展论坛的一组数据显示，全国 4 000 多家生鲜电商企业中，只有 1%实现了盈利，4%持平，88%亏损，而剩下的 7%则是巨额亏损。

其实生鲜电商这门生意，是人人都想做，但是人人都知道不好做。3C、服装等领域的产品相对标准化，电商容易切入。但是生鲜产品从标准化角度来说，较为困难，何况百姓对于食品安全的要求越来越高。更重要的是，生鲜产品无论是从田头走到餐桌，还是从海洋来到身边，当中的冷链、物流、仓储，包括在整个供应链上的协调工作，其难度比一般的商品要高得多。生鲜电商对资本的投入要求较高，且投入回报的周期也比较长，因而资本不敢再野蛮热炒。初创企业失去了资本的持续“输血”，降温也就不足为奇了。

二、四面突围　引领变革自我输血

融资越来越困难，竞争也越来越激烈。生鲜电商已经意识到单纯的价格战并不能让自己占据优势，用户的忠诚度并不会随着价格的下降而提高。是等待四面楚歌的到来，还是选择变革突围？不少生鲜电商已经开始用行动应对这种艰难的局面。

开设线下旗舰店是一种变革。2016 年 1 月 15 日，盒马鲜生开设了首家支付宝会员店，4 500 平方米的门店主营食品，采用线上线下全渠道经营，提供店内购买和线上下单5 000米内 30 分钟送达服务。2017 年年初，永辉也在大本营福州推出第五种消费品业态——“超级物种”，并提出

2017 年开店 50 家的目标。近日，本来生活透露 2017 年 6 月初将在成都天府新区铁像寺水街开设首家线下旗舰店。

生鲜电商的实体店有着实实在在的需求，并非前些年所说的电商将完全取代“店商”。同时，新型的实体店也不是盲目开店，而是“店商”与电商的线上线下融合。

以盒马鲜生为例，其实体店对于选址有着严格的要求，可以为周边客户提供3 000米的配送服务。同时周边范围内的客户又要符合盒马鲜生的定位标准，尤其是消费标准。实体店可以为消费者提供更多的场景，不仅提供新鲜食材，还提供现场烹饪服务，像超市又像饭店。这种“四不像”形式的逛吃逛玩，可以为客户创造流连忘返的新消费场景。

在让消费者获得新鲜满意食品的前提下，实体店避免了生鲜电商一味追求高客单价的误区，用更高的频次来解决总消费金额的问题。因此，实体店可以实现消费者与经营者的双赢。

此外，瞄准中高端市场，说明一些生鲜电商正在细分市场，是件好事。同时也说明，生鲜电商确实不好做，需要通过中高端市场的高用户单价来弥补运营成本。

三、生死赛跑　如何享受增长红利

对生鲜电商来说，曾有这么一笔成本账：物品损耗 5%—10%、人工 10%、物流仓储 10%、市场推广的用户补贴 10%。也就是说，生鲜产品的毛利必须达到 35%—40%，才有可能实现盈利，而这对于一般生鲜产品几乎不可能做到。但是，生鲜产品作为老百姓的高频和刚需产品，又有一个千亿元级的市场打底，生鲜电商的前景应该无忧。但生鲜电商是蓝海，同时也是深海,不是谁跳入都可以盈利,盲目入场很有可能会被淹死。要实现盈利,生鲜电商应该怎么做?

生鲜电商不能再盲目烧钱补贴用户,要以信息技术降低人工成本,以规模效应摊低物流仓储成本,以精准预测、精细化管理降低损耗,才有可能实现盈利。

中国的生鲜电商经历了近几年的洗牌,已经进入淘汰期,并不是所有的电商都具备生存的能力和空间。因为生鲜电商要经历三个链条:建立自己的产业链,由产业链产生价值链,从而建立起生态链。三链合一,生鲜电商才有生存的空间和发展的能力。

目前,以价格战获取流量的竞争阶段已经过去。在消费升级需求的驱动下,要分享到未来高速增长的红利,生鲜电商需要拿出更多的筹码。

08

食品过度包装　不顾“里子”的“面子”惹人厌*

随着电商的发展，在水果、生鲜等食品类快递领域，关于包装没有明确的国家标准、地方法规或指导文件的问题，值得引起重视。

一、过度包装的定义及缘起

包装耗材过多、分量过重、体积过大、成本过高、装潢过于华丽、辞藻过于溢美等，都属于过度包装。目前，国家质检总局发布的《限制商品过度包装要求——食品和化妆品》规定，只要包装空隙率、包装层数、包装成本占售价比例 3 项指标中有一项不合格，就属于过度包装。不过这项国家标准并未对包装的材质和是否可回收利用提出明确要求，也没有详细规定处罚标准，包含的商品范围也十分有限。

---

* 本文内容主要源自：2017 年 6 月 15 日《中国医药报》第 7 版，记者杨柳对本文内容的形成亦有贡献，在此一并致谢；网址为 http://epaper.cnpharm.com/zgyyb/html/2017－06/15/content_566797.htm?div=－1。

二、包装呼唤创新和新业态标准

随着电子商务的兴起，水果、生鲜等食品类快递领域都还没有明确的国家标准、地方法规或指导文件，过度包装标准的缺失仍是普遍性问题。生鲜电商由于有着特定的保鲜和防损等要求，需要保温隔离等包装，就其自身体验而言，基本未见过度，但有时候消费者不喜欢水果（如苹果）上贴的小标签。这种小标签往往影响食用时的方便性。

《食品安全法》第 33 条规定，贮存、运输和装卸食品的容器、工具和设备应当符合保证食品安全所需的温度、湿度等特殊要求。热菜出餐后，保持在 60℃以上的储存环境，除了可保持较佳口感，还能有效防止细菌滋生。为切实保证配送环节的食品安全，响应新修订《食品安全法》的要求，60℃恒温是新外卖箱的核心设计思想之一。基于此，2016 年初，“饿了么”与上海交通大学陆伯勋食品安全研究中心开展合作，启动了全新的外卖箱研发工作，走在行业改革的前列。

“饿了么”推出的恒温外卖箱属于行业首创，采用了自发热模式，箱体内铺有导热性极佳的碳纤维加热薄膜，接上便携电源后，可在 15 分钟内把箱内温度从室温提升至 60℃。随后，智能控温元件即将加热薄膜转为保温状态，确保了食品安全。

此外，个人比较欣赏盒马鲜生对于包装的设计及送货员对于包装盒的直接回收，有利于环保再利用，符合循环经济的发展理念，但前提是盒马鲜生设定了送货范围，且是自己送货。

这可以作为一个抑制食品过度包装的发展趋势。

三、让包装回归本来功能

商品的使用价值应该始终只附加于其本身，而商品包装也只是体现商品价值的一个辅助工具。对于食品而言，包装的最大意义在于隔离外界污染、保持食物清洁、便于运输携带等；一些特殊食品的包装可以在一定时间内保证食物不变质，如真空包装、冷藏冷冻等。如果抛却这些基本的功能诉求，一味追求食品的过度包装，则会本末倒置。一方面，过度包装会产生极大的资源消耗和浪费，造成环境污染；另一方面，消费者会被食品包装光鲜的外表所吸引，而忽略了购买食品本身的质量要求。因此，在食品包装的消费引导上，各个环节还需努力，摆脱过度包装带来的影响。

09

无人业态站上创业风口　各路资本竞相追捧*

无人业态引人关注，资本推动，创业者纷纷涌入，热闹中需要保持理性。

一、无人业态创业正酣

科技改变传统消费模式。无人便利店、无人驾驶、无人酒店……与传统业态模式看似相悖的表面之下，大数据支撑是无人业态得以发展的核心要素。刚开业的阿里“淘咖啡”的整套技术依靠集感知、学习、目标跟踪、分析、意识识别于一体的物联网技术方案的支撑。根据产业调研，RFID、计算机视觉、重力感应技术、ESL（电子价签）都是无人核心应用的黑科技。

利弊尚需权衡，毋庸置疑的是，无人业态的优势在于能够降低人工成本，一定程度上增厚了利润。

---

* 本文内容主要源自：2017 年 8 月 22 日《青年报》B04 - 05 版，记者陈颖婕、明玉君对本文内容的形成亦有贡献，在此一并致谢；网址为 http://app.why.com.cn/epaper/webpc/qnb/html/2017-08/22/content_35803.html。

此外，无人驾驶也成为当下的创业风口，无人机、无人汽车、无人港口等与出行相关的无人创业项目，正成为越来越多创业者的新方向。创业者的脚步从未停歇。

二、无人项目创业需要考虑多方面因素

无人酒店、无人驾驶……所有无人项目创业的背后，都是通过数据和人工智能的感知，在技术的支撑下，从而提供更好的服务，这是有广阔发展前景的项目。

未来，无人项目创业是大趋势。但提醒创业者，这不是简单的小打小闹的创业，是有很高门槛的。不能看到了创业风口，就盲目冲进来，这样很容易失败。

无人项目创业的困难点主要体现在以下四个方面：一是创业公司需要具备过硬的科技实力，并且要在某一特定领域有比较精细化和专门化的开发和投入。二是技术要与特定的行业和领域结合，应用于那些真正有刚需的产业，才能发挥作用。三是时机的选择很重要。通常，创业项目的成功也是时间因素的水到渠成。但如果过于超前，很有可能不会被市场和大众接受。四是无人项目创业需要大量的资金投入。这不是小型创业项目，资金的支持是非常重要的。

提醒想要加入无人项目领域创业的创业者，要端正心态，专心把技术做到极致。如果无法具备多方面的因素，不妨考虑合伙创业，这也是不错的选择。

10

“三国杀”成“二人转” 外卖格局怎么变?*

8 月 24 日,饿了么成功收购百度外卖,兼并完成后,百度外卖成为饿了么的全资子公司,仍以独立品牌和运营体系发展,包括管理层在内的人员架构保持不变。此次收购无疑为外卖行业三足鼎立的局面画上了“休止符”。未来外卖格局将如何改变?外卖补贴大战是否还会持续?

一、外卖格局走向

收购“落幕”,外卖市场由之前的“三国杀”变成了“二人转”。

依据艾媒咨询 2017 上半年中国在线餐饮外卖市场数据显示,饿了么以 41.7%的份额领先,美团外卖以 41%紧随其后,百度外卖则持有 13.2%的份额。饿了么兼并百度外卖后,市场份额将达到 55%。从市场占有率

* 本文内容主要源自:2017 年 8 月 31 日《中国医药报》第 6 版,记者宿志红对本文内容的形成亦有贡献,在此一并致谢;网址为 http://epaper.cnpharm.com/zgyyb/html/2017-08/31/content_569803.htm?div=-1。

而言，确实拉开了与美团外卖的距离。

有一种观点认为，外卖业务作为社会基础性业务，具有天然的垄断性。未来外卖市场最终会形成一个类似淘宝的统一大平台，而统一大平台对外卖行业发展是有利的。外卖市场只有达到一定规模，才能发挥促进社会发展、提高社会效率的作用。

对此，本人并不看好外卖行业变成一个类似淘宝的大平台，也不希望行业被平台垄断，因为会形成竞争无序。个人认为，此次收购只是把外卖行业的“三国杀”变成了“二人转”，离行业统一还有距离。饿了么作为上海本土成长起来的“生活服务平台企业”，对外卖行业的影响不仅体现在市场占有率，更多的是对于外卖行业餐饮标准、食品安全及环保餐盒的研发推广利用上。

二、关于补贴力度

拿下百度外卖的饿了么与美团开启了外卖行业“二人转”模式，新一轮的 PK 赛，会展开新一轮的“补贴”大战吗？

从行业竞争角度来讲，“补贴”将维持原状，不会减少。原因有两个方面：首先，从表面看，美团已经很长时间没有融资了，财务状况很可能捉襟见肘。其次，饿了么与百度外卖刚刚整合，大规模增加订单并非迫在眉睫的事。

但是，希望大家不要太看重“补贴”，这只是企业在资本支持下在一定时期内的促销政策，不可能长久维持。从企业以及行业长期发展角度看，烧钱补贴不是长久之计。企业不应只依赖补贴疯狂成长，消费者也要适应“无补贴”的真实社会。

11

浦东商业创新　打造实体零售新蓝海*

上海浦东发布 2017 商业创新成果，电商突起，实体经济新蓝海如何打造？浦东探索提出“社会消费总额”新指标，究竟新在哪里？

一、2017 浦东商业创新成果

10 月 31 日，由上海浦东新区商务委主办、东方财经浦东频道等单位承办的“创赢未来”浦东消费指数发布暨 2017 浦东商业创新成果展示活动举行。浦东在全国率先打破传统社会消费品零售总额的指数统计方式，探索提出消费指数领域的新指标。从具体数据测算结果看，2016 年，普通社会消费总额为 5 791.8 亿元，比 2015 年增长 9.5%。

未来，浦东将积极承接建设国际消费城市的重点目标，预计“十三五”

* 本文内容主要源自：2017 年 11 月 6 日东方财经“632 观察”栏目访谈（19:30 − 19:45），主持人杨帆、嘉宾梁晓磊对本文内容的形成亦有贡献，在此一并致谢；视频网址为 https://v.qq.com/x/page/m0501zgk9ou.html。

期间新增10 000平方米以上商业项目将达 28 个，浦东新区各大商业企业将进一步开创多元化业态，开展跨界合作，发展集百货、休闲、娱乐、旅游于一体的大型商业综合体，努力成为商业创新发展的先行者，打造实体零售新“蓝海”。

二、社会消费总额

浦东新区商务委发布的浦东消费指数中，有一个亮点是，在原先统计“社会消费品零售总额”的基础上新增了“服务性消费总额”。

平时大家比较熟悉或常听到的是社会消费品零售总额，这是表现国内消费需求最直接的数据。按照国家统计局公布的统计口径，社会消费品零售总额是指企业(单位、个体户)通过交易直接销售给个人或者社会集团非生产，属于非经营用的实物商品的金额，以及提供餐饮服务所取得的收入金额。但不包括服务性消费，例如教育服务、医疗卫生服务、文化娱乐服务、自有住房服务、金融保险服务等。也就是说，以往的统计中注重的是实物商品的销售。

随着居民消费结构升级，消费增长由依靠商品消费向商品和服务消费双轮驱动转变，商品性消费向高端化迈进，服务性消费向新兴领域扩张，已成为不争的事实。

这几年浦东新区消费结构的变化，非常鲜明地反映出了这种销售结构中商品和服务的双轮驱动。所以在这次发布的指数上可以看到，2016 年的统计数据非常明显，服务消费和实物消费的占比其实已经颠倒过来了，服务消费占到了六成，同时在服务消费中，金融服务的比重最高，其他如旅游服务文化类的增速也很快。所以在这样的情况下，如果还是仅拘泥于以往的实物商品统计，那是无法反映目前整个浦东新区真正的消费规模、消费结构、消费数量。

伴随消费趋势的不断改变，对消费的统计指标需要一个有的放矢的调整，体现统计指标本身的与时俱进，使之能更真实的反映目前浦东新区的实际情况。

所以去掉一个"品"字，由社会消费品总额变为社会消费总额，组成既包括实物商品销售总额，也包括服务性消费总额。可谓"文字做减法，内容做加法"。

三、创新成果的亮点

在2017年浦东商业十大创新成果中，长泰广场的创新成果是商业地产和电子竞技的创意融合，即通过电竞嘉年华，把二次元集体、新新人类吸引到商业广场。长泰广场商场地处张江，它的这个瞄准特定消费者人群的差异化定位非常好。

同时，在2017年浦东商业十大创新成果中，有一些原本大家就非常熟悉，比如说第一八佰伴，记忆中就是跨年之前的狂欢；还有一些成果是这几年我们都在看到的转型。所以我更愿意把这十大创新成果的亮点归纳为：注重服务，体现多元，给你提供一种有情感、有温度、与这个城市相融合的转变。

四、成果发布传递的信号

"双十一"即将来临，浦东商务委发布十大创新成果，很多人会认为是在叫板“双十一”和叫板电商，其实不是。一方面，电商、店商原本就不该分离；另一方面，我更愿意把发布十大创新成果解释为，这是浦东商务委在交作业，而这份作业是2016年“双十一”时在国务院办公厅印发的《关于推动实体零售创新转型的意见》中所布置的。

那么，这份作业到底完成得怎样？这份一年前布置的作业是有要求的，即要求加快实体零售企业结构的调整，要求创新实体零售企业的发展方式，要求实现跨界的融合。从在这次公布的十大成果中可以非常清楚地看到，一年来所有的实体商业都在围绕着这份意见进行努力，一年走过来，可以说交出了这份商业创新的成果，交出了一份非常好的成绩单。

五、创造需求

长泰广场坐落于张江科技城北部，周边聚集了七八十万的白领精英。这些白领精英之前给人的印象是张江男、张江女，宅在家里不出门，每天沉迷于工作，没有消费欲望，但其实那是因为没有创造出一个消费场所给他们。现在长泰广场通过创新业态，在传统的零售餐饮之外，配套了儿童亲子娱乐、文化艺术，甚至电竞，从而增加了商业的体验感，让商场成为日常生活的一部分，成为消费者家里的会客厅，也成为了一个城市的会客厅。

因此，创造需求是今天的经营者必须要考虑的。其实这种需求的创造也就意味着经营者是站在一个客户体验的视角上，在为客户做考虑，在考虑是否可以提供更好的服务。这才是商业转型真正要做的事情。

六、实体商业的出路

前些年，实体商业慢慢沦落为商业地产，在做二房东，自己不思进取。但从这次的十大商业创新成果中，可以明显地感觉到，实体商业正在慢慢觉醒，知道了不能一味躺在地产上面。

本来，在上海拥有一块地产不是坏事，而如今在这块地产上面，再叠加新的东西，配合天时地利人和，可以让它发挥出更大的作用。比如，把文化和特定的区域特点、特色结合起来，就是值得考虑的方法。让消费者来到商场后，不仅是买了几件商品、买了几件衣服就走了，要千方百计留住他。不妨脑洞大开一下，结合特有的资源禀赋和特定的客群，做一些与众不同的东西，其实这就是一种特色服务。

优质商品，再搭上特色服务，两者叠加，创造需求，这才是实体商业真正的出路。

12

绿色快递 好听更得好用*

绿色、低碳、环保成为 2017 年“双十一”快递物流业的一个显著特征。那么，在众企业各显神通的同时，还需打通哪些痛点和难点，绿色物流如何走得更稳、更远？

一、共享快递盒

长 30 厘米、宽 20 厘米、高 20 厘米，黄色箱体，有底有盖——这是最近火爆网络的共享快递盒，它由苏宁物流于 2017 年 4 月推出。

目前，共享快递盒只用于运输“3C”商品、母婴产品、快消易碎品，主要适用于用户自提快递和快递员送货上门两种方式。据了解，共享快递盒由更环保的 PP 材质制成。每个共享快递盒可循环使用 1 000 次以上，大约可节约 1 棵 10 年树龄的树木。如果按每个共享快递盒每天平均循环使用

* 本文内容主要源自：2017 年 11 月 8 日《北京晚报》第 20 版，记者李松林对本文内容的形成亦有贡献，在此一并致谢；网址为 http://bjwb.bjd.com.cn/html/2017-11/08/content_190020.html。

两次计算，截至10月份，苏宁投放的5万个共享快递盒已累计节约了650万个传统快递盒。2017年“双十一”期间，苏宁共享快递盒计划继续扩大范围，从“北上广”等8个城市扩展到13个城市。

共享快递盒、循环包装袋、“绿仓”、电子运单……2017年以来，各家电商平台和快递物流公司相继推出创新方式，减少快递“白色污染”。尤其是，随着“双十一”的临近，这场“没有硝烟的战争”的“战况”更为激烈。

二、观点

共享快递盒等新尝试是快递企业伴随电商快速发展、获得上市后，环保意识和企业社会责任感提高的体现。当然，其中也不排除原纸价格上涨的因素。

然而，共享快递盒等循环使用的包装，在实际推广时，难免会遇到消费者的种种担心。比如，卫生问题、当着快递员的面拿出隐私物品时的尴尬、快递盒上的个人信息是否消除，等等。所以，对于企业来说，要解决的不仅仅是用可循环使用的材料代替一次性纸箱这么简单，卫生消毒、隐私保护等措施都要紧紧跟上。

从长远看，绿色环保物流是大势所趋。但在包装材质上做文章的同时，也可以考虑与智能结合，通过智能算法匹配最合适的箱子。避免过度包装、小物件装大箱子，鼓励纸箱回收等，也是在为绿色环保物流做贡献。

13

陆家嘴滨江金融城　助力打造“上海购物”品牌*

打造上海购物品牌，浦东又添新助力。陆家嘴滨江金融城揭幕，商业配置汇入历史、艺术、文化元素，能否开启生活新风向。放大既有购物优势，打造上海购物天堂，还有哪些可能？

一、陆家嘴滨江金融城揭幕

说到陆家嘴、东方明珠、上海中心等地标，总是能让游客和市民们享受一场场的视觉盛宴。而如今除了看看看，这里还多了一个买买买的选择。随着陆家嘴滨江金融城的揭幕及其中首个商业项目的开业，历史、艺术和文化将再次交织。

浦东南路银城路口，在有着150多年历史的上海船厂原址上，一座新

---

* 本文内容主要源自：2017年12月26日东方财经“632观察”栏目访谈（19:30－19:45），主持人杨帆、嘉宾戴巧灵对本文内容的形成亦有贡献，在此一并致谢；视频网址为 https://v.qq.com/x/page/c05248upf3h.html。

的雕塑矗立，下落的水滴和想把水滴接住的孩童，表达出对这段辉煌工业时段的追忆。

在这片广场上，陆家嘴滨江金融城拔地而起。经设计改造后的金融城占地约 136 万平方米，汇集商务楼、公寓酒店及购物时尚艺术中心。作为其中首个商业项目，尚悦湾近日正式营业，已入住 90 多个品牌，建筑设计处处体现船的元素，电梯按钮采用了船舵造型，安全出入门也是船舱门形状。而更临近黄浦江的船厂 1862 则变身时尚艺术新地标，建筑本身留存的时尚元素也对市民充满了吸引力。

提到陆家嘴金融城大家都很熟，但是陆家嘴滨江金融城，多了滨江两个字可能意识上会有点模糊。其实陆家嘴滨江金融城也可以称为原本意义上陆家嘴地区的一个东扩工程，融合了写字楼、购物中心（也就是这几天开业的尚悦湾）、街区型购物的尚悦街、五星级酒店、船厂 1862 等，可以说是把商业、文化、金融、各块地标融合在一起的一块区域。

近日，上海提出要全力打响上海服务、上海制造、上海购物、上海文化四个品牌。陆家嘴滨江金融城历史、文化、艺术交织的新风尚，能否助力打响上海购物品牌呢？

二、体验型消费上升

以往谈到购物中心，我们首先想到的就是一个零售。以往陆家嘴地区的商业业态比例是这样的：餐饮、零售、体验型业态的比例是 3∶6∶1。从最后一个“1”来看，也就意味着这几年说得比较多的休闲娱乐、艺术人文、亲子互动这一类体验型的业态数量，在陆家嘴地区相对来说是稀缺的。而这一次开业的尚悦湾，有 85 个品牌入驻，在这 85 个入驻的品牌当中，餐饮占39%，零售占39%，体验占22%。换句话说，差不多已经由原来的3∶6∶1比例改变成了4∶4∶2，非常明显地看到，体验这一块的比例在上升。

三、透出文化艺术和历史气息

这种改变是购物商场在整个消费升级之后被推动着做出的。

这种改变中，可能会被更多看好的是文化艺术这个氛围。如果观察那里的照片，你就会发现，透过斑驳的陶土红砖能够看到外边的滨江，同时还发现，它是一种互相之间的融合，因为你见到的陆家嘴这一边是剔透的高楼，然后与有着年代感的陶土红砖相结合，形成的是一种可以被称为海派文化的混搭。而且在这混搭中，还透露出来另外一个信息，那就是这里原来是上海船厂的前身，所以在这里有着一个老工业基地的沉淀，也是对于昔日上海制造的一种追忆，是有这样一种文化历史情节的。

同时，这个老船厂如今成为了新时尚，或许这个新地标是有机会扬帆起航的，而且它本身的很多设计中都融入了船的元素。

四、购物方式变化后的新命题

曾几何时，上海是全国人民向往的购物天堂，但是时过境迁，现在觉得上海对于很多外地朋友的购物消费的吸引力慢慢下降了。

原因可能更多的在于购买方式的转变上。如果以前大家更多的说你是必须要跑到上海来，你要来到南京路你才能购物，那今天对大家来说，或许有部分东西可能通过电商的手段、通过网络就能完成。

假如我们说还想把他再吸引过来的话，那这时候对上海来说，其实是提出了一个新的命题，你如何去吸引人家过来？包括把外地游客吸引过来，把本地的上海市民从家里吸引出来，甚至把海外消费吸引回来。

五、上海购物与四大品牌联动

从新消费的创造来说，不仅仅是满足消费，更希望去创造消费，吸引客户来消费。

以最近提出的上海四大品牌而言，上海制造、上海服务、上海购物、上海文化，从表面看，似乎是四句不相关的话语，各自独立，但我个人觉得，它们应该是融合在一起的。就如今天的话题，讨论的主题是由购物引出的，但是购物的当中会看到，老船厂今天变成了一个新风尚，回忆的是昔日上海制造的荣耀，但是今天怎么样让我们的先进制造业能够再去焕发第二春出来呢？同时我们会说，正是对这样一种以往上海制造工匠文化的敬畏，对上海这样一种现代工业文明发祥地、这种老工业基地文化的敬仰，所以值得我们今天去回忆它。再说服务，我觉得这里不仅仅是说狭义的服务，而应该是广义的可以传递的服务。就如今天我们所说的服务，以这个购物中心为例，我可以理解成是为陆家嘴滨江金融城为周围 8 栋金融楼里的工作人员服务，但同时这种服务是可以传递的，即他们又为谁服务？由于金融在为实体经济服务，因此在资源禀赋充分发挥的情况下，我们可以说那 8 栋金融楼的工作人员在为长三角服务、在为全国服务。

上海简称申，我们不妨就用这个申字，可以说这是有新“申”度的新名牌，是把以往上海购物的老铭牌擦得更亮，赋予了更新的含义。

六、精神文化是物质消费的原动力

当物品的商品要素不再有那么高的吸引力，或者说不再是放在最顶端的时候，可能需要用文化、制造、服务去打响上海的品牌。对标纽约、巴黎、伦敦、东京四大国际购物中心，有很多值得我们学习的地方。

以纽约为例，正好 2017 年七八月我在那里。个人的感觉是这样的，或许在自己这一年龄段，买买买的冲动不会特别大。去到纽约，更愿意去一些有地标意义的地方，例如新纽约世贸中心、大都会博物馆等，其中的原因是文化的吸引。但当我去了这些地方之后，当我身临其境地感受到了某种文化之后，我就会购买一些跟文化相关的产品。所以我觉得，真正吸引人的，一定不仅仅只是一个物质的东西，而应该是物质和精神共同作用。这是我们在打造上海购物品牌时需要特别注意的。

14

打造“人人向往的购物天堂”*

几乎每一个世界级的大都市都堪称是购物天堂，让人情不自禁地就想去买买买，这是一座城市不可抗拒的魅力，也是生生不息的活力。近日，上海提出要打响上海购物这个品牌，把上海打造成国际消费城市，目标在前，上海是不是已经胸有成竹了？上海购物又有着怎样的未来愿景？

一、上海商业历史的亮点

上海是一座因商而兴的城市，多年的商业发展沿革留下了很多亮点，甚至从曾经脍炙人口的广告词可见一斑。比如在南京路西藏路口，如今的绿地、当年的精品商厦，曾有一句非常响亮的广告词——叩开名流之门，共度锦绣人生。在它的对面是新世界百货，当时重新改造开业时，也有一句

---

* 本文内容主要源自：2017 年 12 月 82 日上视新闻“夜线约见”直播访谈(22:00－22:15)，主持人周瑜对本文内容的形成亦有贡献，在此一并致谢；视频网址为 http://www.kankanews.com/a/2017－12－28/0018281681.shtml。

广告词:十里南京路,一个新世界。这些留在了人们的记忆中,这是上海商业的辉煌。

时间若再往前推,上海的商业文明甚至还可以上溯到唐宋时期。这两年青浦青龙镇的考古发掘工作揭开了青龙港在唐宋时期辉煌的国际商贸历史。最新,我们在讲"一带一路",其实在早年海上丝绸之路,上海是"海上丝绸之路"出海的重要一站。上海是作为一个重要的商业市镇而生的。

二、上海的商业数据

前面是讲上海历史上曾经的辉煌,接下来不妨来看看现在的情况怎样。2016 年,上海市全市消费品零售总额超过 1 万亿元,消费对于经济增长的贡献率接近 65%,商业综合体 200 个,知名品牌聚集度超过 90%,几乎可以说,世界上的名牌在上海没有买不到的。

数据说明,上海离世界消费中心、购物中心的目标应该是非常接近的。以消费对于经济增长的贡献率为例,上海接近 65%,记得好像在其他地方看到的统计数据,说中国香港作为购物天堂,消费对于经济增长的贡献率是在 70%左右。平时,我们常把上海与伦敦、巴黎、纽约、东京几大全球消费中心城市做比较,最近看到的一份报告说,上海全球零售商的集聚度达到 54%,仅次于伦敦和迪拜,超过了纽约和巴黎。

知名品牌集聚度、全球零售商集聚度等这些数字清楚地表明,作为一个全球性的消费城市,上海可以站到世界舞台的中央了。

三、老业态依然受宠　新业态层出不穷

从大家的体验感来讲，这几年新兴业态出现了好多，包括盒马鲜生、百联RISO、超级物种等，可以说跨界零售新物种竞相登场。以盒马鲜生为例，真的是方便。而且更重要的是，诞生在上海的盒马鲜生，在把新模式、新技术、新应用的创新用在上海这个试验场并试验成功后，已经走出上海，在向全国推广。

另外，也挺有意思的是，刚刚片子里我还看到了新老的交替，看到了光明村门口的人口攒动，我自己也曾经是他们家门口排队人流中的一员，这份对于老字号的怀念割舍不了。

所以这样一座以商业文明而兴起的城市，今天在走到世界消费舞台中央的时候，它自身还在不断创新，同时以往的亮点也在延续。

四、商圈、品牌有待提高

上海商业发展一直在进步，但与世界上其他城市相比，短板肯定存在。

以往大家都会说，上海是公认的购物天堂，或者说在过去的几十年里，外地游客可能会带着一张亲朋好友委托的购物清单来到上海买东西，去市百一店、去食品一店，甚至跑到城隍庙，跑到其他地方。但这几年，这种景象很少看到了。当然不能由此说上海落后了，因为今天交通的四通发达，可能有些东西在外地也能够买得到，不需要再跑来上海采购，甚至网上就有。

但如果真的要去审视短板的话，或者说如果真的用一个国际性消费大

都市的标准来衡量时，那么有哪些知名商圈、有哪些在国际上能够叫得响的本土品牌是必须要考虑的内容。

上海目前有十几个市级商圈，同时在原来的商圈建设基础上，配合技术的融入也在做智慧商圈建设，我们节目前一段时间好像就曾讨论过静安智慧商圈建设的大数据应用问题。但问题是，当说起知名商圈的时候，上海是有，但是扳着手指去数的话，好像还是只有南京路，而能媲美香榭丽舍大街、第五大道的商圈则十分欠缺。另外，上海也缺少响当当的本土品牌。所以，从这两个指标来看，我觉得上海与纽约、巴黎等国际性消费大都市相比还有一些差距。

五、吸引国外游客多逗留

从目前看，上海吸引国外的人到上海来购物的能力，好像还不是很强。按照统计数据显示，上海跟东京、纽约、伦敦相比差距很大。例如，2016 年上海的境外过夜游客数量是 612 万人次，伦敦是 1 988 万人次，国际过夜游客的消费，2016 年上海是 50 亿美元，伦敦是 198 亿美元，差距非常明显。

从数字看，上海跟伦敦的差异其实非常大，上海只有伦敦的 1/3。我猜测，产生这种状况的原因可能与上海是座金融城市、国外的商务客偏多一些有关。因为国外商务客到上海办完事情就会不作停留地直接离开。但我觉得不管原因如何，应该要争取让国外商务客留下来，并且留的时间更长一些，这样才能够有机会带动消费。

六、商品进口环节的制度要改进

以化妆品为例。大家平常出国，买化妆品会多一些，一方面有价格的原因，另一方面或许是新品上市的原因，比如说国外某款产品已经上市，但国内由于以往的监管制度的原因，无法做到与国际同步。前段时间，上海自贸区在非特殊用途化妆品的监管上就有一个创新，即将原本的审批制改成了备案制，从而使非特殊用途化妆品的通关速度大大提升，这样的话，将来甚至有希望做到国外化妆品在中国与全球同步上市。因此，对于进口商品，一方面需要监管，另一方面也希望监管上有创新，在保证质量、为老百姓把好关的同时，争取速度的提升，所以在制度上是可以有改进的空间的。

七、化解商业成本压力

大家担心上海的房租租金比较高，商户压力比较大。在这一点上，我觉得这并不是今天冒出来的新问题，因为上海历来都是一个寸土寸金之地。同时，这些年商业房产租金不只是上海在涨，全国也都在涨。

因此，上海商业房产租金不可能很快降下来，如此只能考虑怎么提高收入和销售额。只有提高了收入和销售额，那即使成本较高，利润也就出来了。

八、抓住2018年进口博览会契机

现在有一个观点，即既要有效满足需求，更要善于创造需求、引领需求。

不管是对国外还是对国内的中高端消费层次来说，不远的未来就有一个摆在上海面前的机会。2018年11月，中国进口商品博览会将在上海举行，这对上海来说就是一个难得的好机会，是一个很好的创造需求、满足需求、引领需求的契机。

一座城市能否云集全球的产品，能否吸引各地的消费者，能否引领世界的消费潮流，这关乎它在国际经济体系当中的话语权和影响力。打响上海购物品牌，打造人人向往的购物天堂，任重而道远，还需要我们久久为攻。

第六篇

跨境电商

上海如何破解跨境电商“洼地”难题

2015 跨境电商盘点

如何破解“海淘”维权难?

税改之意不在税

海淘或将结束“野蛮生长”

海淘还能“嗨淘”吗?

跨境电商　供给侧结构性改革的新通道

跨境电商税改进行时

跨境电商开始征税,免费蛋糕不再有

解跨境电商困境　“通关单”新政暂缓执行

新政或暂缓一年,跨境电商做好准备了吗?

应对跨境电商新政冲击波,行业如何继续健康发展?

怎么理解跨境电商政策的反复?

跨境电商新政背后的大数据思考

跨境电商撬动外贸,带来营销四大变化

一周年之际,跨境电商新政情况如何?

政策红利难做商业模式　跨境电商路在何方?

一支口红的自贸区之旅

跨境+生鲜　激烈竞争下行业如何发展?

01

上海如何破解跨境电商"洼地"难题*

上海跨境电商的发展被称为是"起了个大早,赶了个晚集",要走出跨境电商的"洼地"需要多部门"联手改善"。这一切努力的背后存在一个正"爆发式增长"的数字:在即将到来的2016年,我国跨境电子商务交易规模很可能达到6.5万亿元。

一、差距

2013年5月,我国先后批准了8个城市进行跨境电商的试点,上海是其中之一,其他城市分别为郑州、广州、深圳、杭州、宁波、重庆和天津。迄今为止,在两年多时间,B2C领域的跨境电商正成为一种新的产业形态,并出现了爆发式增长。

在2015年5月国务院发布《加快电商发展的意见》后,跨境电商产业

* 本文内容主要源自:2015年11月27日《第一财经日报》要闻版,记者顾文剑对本文内容的形成亦有贡献,在此一并致谢;网址为 http://www.yicai.com/news/4717747.html。

的发展逐渐“提速”。《加快电商发展的意见》明确提出，2015 年将积极开展跨境电商综合改革试点工作。于是，作为一种新的“产业优势”，多地正在大力推出服务跨境电商方面的“优惠政策”，并试图抢占跨境电商的“制高点”。但与其他城市相比，上海的跨境电商发展给人的感觉是“规模小、发展慢、与其他城市拉开了差距”。

二、规范

上海在跨境电商 B2C 领域的“数据落后”可能与相关政策“不够大胆”有关系。因为上海在跨境电商方面“操作过于规范”，所以才导致今天出现了上海跨境电商发展方面的“数据落后”，但这种“数据落后”反过来又可以说明“上海监管体系的严格”。上海在 B2C 领域以及跨境电商领域中的产业政策设计和监管体系方面“全国最为严格”，而在执行操作过程中也“最为规范”。

多家知名电商企业承认，虽然不同城市在口岸监管、检验检疫等方面尺度不同，操作手法也不尽一致，但“上海最为严格”。

此外，在“完税价格”“单次货值”等实际操作层面上，上海的监管也都较为严格。

三、监管与优化需要并举

必要的监管不可或缺，但“规范”在某种程度上也意味着“效率降低”，而“时间”对大多数跨境电商平台则意味着“生命成本”。

多数跨境电商平台在承认“严格监管”好处的同时，几乎提出了一个同样的问题：上海的监管能否“优化”？

上海有跨境电商业务的市场需求，有海空运的成本优势，也有人才基础，实现快速增长和超越完全有可能。“规范”不能成为产业发展滞后的“借口”，我们既要“规范”，又要“创新”，期待监管能够优化。

02

2015 跨境电商盘点*

2015 年,一方面是消费升级的需求,另一方面是国家政策的鼓励,在这种合力之下,跨境电商行业发展势头喜人。不仅如此,跨境电商的蓬勃发展,也在倒逼国内企业尽快转型升级。

We will try to continue to see the growth of e-commerce and business particularly in the cross-border sector. Research shows that numbers of Chinese online shoppers buying goods from abroad grew young year from 27 to 35 percent this year, Dong Yilin takes a closer look at this booming industry.

Clare Liu is an international shopper who never needs to leave Shanghai, thanks to cross-border e-commerce sites. She spends an aver-

* 本文内容主要源自:2015 年 12 月 31 日 CCTV 英文新闻,记者董怿翎对本文内容的形成亦有贡献,在此一并致谢;视频网址为 http://english.cntv.cn/2015/12/31/VIDE1451547001895844.shtml。

age of seven or eight thousand yuan per month buying cosmetics, clothing and handbags among plenty of other things. Clare says the growing Chinese websites are increasingly effective shopping channels.

Previously, when I bought from overseas, it took one or two months for me to receive the parcels, and things could get lost. It's faster now. I get my things from US or Europe one or two weeks after buying them. Also, there are more websites available this year and they all have promotions which make some products even cheaper for shoppers.

The websites and their business have also got a substantial boost from the further development of Chinese mainland free trade zones. The zones can now act as payment and trans-shipment locations for the websites. For example, Amazon has seen Chinese consumers spent 6 times more on overseas goods during the first ten month of this year than during the same period last year, the second year into partnering with big overseas retailers, Alipay's cross-border sales went up 30 times year on year during this year's black Friday promotions. Two year old Chinese shopping site, Yangmatou, which introduces consumers to professional buyers living abroad so the numbers of its users growing from nearly 3 times this year. Zeng Bibo, the company CEO, says market share has been the key words for the industry this year.

2015 was about getting a bigger market share. It was a big, crucial loss for us, it was the same for everyone else. But during that, you are less focused on consumer experience of service quality, that's what we will be focus on next year. We see bigger consumer demand in the market, and so we want to increase the number of professional buyers living abroad from 20 000 to 200 000. We also will be investing more in logistics.

Companies are confident about the potential growth of their businesses, and so are experts. Lao Guoling, professor at the Shanghai University of Finance and Economics, says that consumer demands and favorable policies not only will dive the development of cross-border e-commerce, but also bring changes to domestic companies.

The boom in cross-border e-commerce site will force upgrades of domestic products, such as baby-formula diapers or health care products, which had most frequently been purchased from overseas. As consumers become more interested in other product categories, we will see upgrades of other domestic brands and products to please shoppers.

Currently, 80 percent of savvy buyers for overseas products are women. And so unsurprisingly, clothing, cosmetics and handbags are the three most popular categories. According to China Customs and China e-commerce research center, over 18 million Chinese shoppers bought goods online from overseas last year, spending sum of 114 billion yuan. The research center expects that figure to exceed 1 trillion by 2018.

03

如何破解“海淘”维权难？*

在经济全球化和电子商务迅速发展的今天，不少消费者都喜欢“海淘”。但在潇洒购物的同时，您是否知道“海淘”存在退换货麻烦、售后争议维权难、无法全面执行七天无理由退货等一系列的问题？“海淘”究竟该怎么淘才相对安全？

中华人民共和国商务部统计数据显示，2015 年我国跨境电商数量同比增长 30%以上，目前各类跨境平台企业已经超过 5 000 家，云集了超过 20 万家的外贸企业。然而，在行业爆发性增长的同时，问题也接踵而至。最近中国消费者协会发布的报告显示，2016 年跨境消费投诉呈现激增态势，已成为网购投诉的重灾区。

案例 1：钱女士的宝宝还没满月，她特意从一号店“海淘”了号称日本

* 本文内容主要源自：2016 年 3 月 14 日上视“新闻透视”（18:55－19:05），记者吴骥、王潇月对本文内容的形成亦有贡献，在此一并致谢；视频网址为 http://www.kankanews.com/a/2016－03－14/0017421212.shtml。

进口的某品牌婴儿纸尿裤。可才用了一天半，就发现宝宝屁股上出现大面积红肿。检查后，钱女士怀疑纸尿裤有问题。于是，钱女士又去实体店购买了相同品牌的纸尿裤给宝宝换上，孩子这才逐渐恢复了正常。事后，钱女士翻看商品评价，发现有不少消费者遇到了类似问题。然而一号店客服表示，要消费者自己找厂商出具检测报告，并拒绝对已拆封的商品进行退货处理。

案例 2：韩先生的“海淘”经历也很不愉快。2015 年“双十一”，他通过支付宝平台“海淘”了一件梅西百货的男士外套，价值 1 000 多元人民币。12 月到货后，发现实物与网上照片存在较大色差，于是就与卖家沟通退货，对方爽快地答应了。可是随后的退款流程折腾了一个多月仍然杳无音讯。无奈之下，韩先生只好向消保委投诉，支付宝这才表示可先行垫付退款。至今，韩先生也没明白，退款流程到底卡在了哪里，只觉得这次“海淘”经历把自己的耐心都磨光了。

2015 年，上海跨境电商销售额突破人民币 4 亿元，同比增长了 10 倍。这主要是因为 2014 年 7 月海关总署在跨境电子商务平台上逐步试点采用行邮税进行报关。与一般进口贸易采用关税加增值税加消费税的报关模式相比，行邮税报关的税率降低了近 30%。此外，免税进口，出售再征税的保税仓模式也促进了跨境电商的飞速发展。可销售额激增的背后，海淘商品真伪难辨、退换货困难等售后问题也大量出现。

由于我国目前并没有法律法规适用于海外购物，《消费者权益保护法》《网络交易管理办法》等法律效力无法延伸到国外，因此海淘监管一直面临商业主体责任落实难、产品溯源管理难和消费纠纷处理难三大挑战。

目前，在法律尚不完善的前提下，建议平台方应先承担相应责任。因为，对于国内的消费者来说，他们没有三头六臂去对着国外那么多的法律条款一条条细致地研究。平台在享受了跨境电商的政策利好和方方面面优惠的同时，对平台所销售的跨境产品的真伪和质量要承担起责任来。

从当下来看，境内已有不少海淘平台试点设立保证金制度，对消费维权争议实行先行赔付。然而层出不穷的海淘争议显示，仅仅靠行业自律是不够的，相关监管制度的创新也该及时跟上。

04

税改之意不在税*

2016 年 3 月 24 日晚，财政部、海关总署、国家税务总局正式发布通知，将从 2016 年 4 月 8 日起，实施跨境电子商务零售进口税收政策并调整行邮税政策，引发了大家对于跨境电商税收新政的热议。

一、回顾新政的出台

2015 年，跨境电商尤其是跨境进口电商呈井喷式增长，原因是政策的宽松鼓励。

进入 2016 年以来，有关跨境电商税改新政将于 2016 年 4 月开始实施的传言越来越多。2 月 18 日中午，我与几位企业负责人一起吃午餐，也聊起了跨境电商税改新政，主要谈到即将推出的海关新系统及新系统背后的

* 本文内容首发于：2016 年 3 月 31 日上海财经大学商学院微信公众号，原文名《税改之意不在税——4/8 新政将助推跨境电商步入良性发展新轨道》，随后搜狐等进行了转载；网址为 https://mp.weixin.qq.com/s/MrWgNrQicEyl - eD1NWxscQ 或 http://mt.sohu.com/20160408/n443663763.shtml。

税收新政业务。3 月 2 日，我应邀主持第 26 届华交会的《跨境电商主题论坛——传统外贸的互联网进化之旅》，在谈到鼓励跨境出口、帮助中国企业走出去时，又再次提及了跨境电商税改新政。3 月 14 日，我在接受上视《新闻透视》采访时，专门录制了一期有关跨境电商税改新政的节目。

如今，跨境电商税改新政已发布近一周，我已看到了对此的无数评论。我归纳了一下这些评论，内容大多雷同，不外乎是"就税论税"。但我认为，只有真正理解跨境电商税改新政是要对跨境电商发展进行引领这一意图，才是最重要的。

二、税改之意不在税

跨境电商税改新政的重点，简单地说，是从过去鼓励所有类型的跨境电商转变为鼓励跨境出口电商和对实体经济促进作用较大的 B2B 模式跨境电商，同时限制跨境进口 B2C 模式，也即保税＋行邮方式的个人消费品跨境进口电商。

我认为，此次的跨境电商税改新政，看似从税收入手，其实税改之意不在税，监管、公平、调结构、推动跨境电商由享受"灰色红利"的野蛮生长步入公平竞争的良性轨道才是其真正的意图。下面我从三个方面对跨境电商税改新政的目的进行讲解：

第一，破解 B2C 进口监管难题。

不可否认，跨境进口电商 B2C 模式这几年的发展，一方面让企业尝到了甜头，也让其看到了以消费者为核心的创新商业模式带来的巨大产业发展潜力，但另一方面则让海关等监管部门面临着如何监管以几何级数增长的碎片化包裹问题。在这里，海关面临的挑战，主要是以小包装行邮的方式入关的商品所产生的假冒伪劣、知识产权及价格监管等问题。因为过去是10 000件衣服只对应一个报关单,而现在则每双鞋、每件衣服都可能对应一个报关单。2016年1月8日,时任商务部部长助理张骥国在新设跨境电子商务综合试验区有关情况政策吹风会上,就曾援引海关的监管数据表达过这方面的担忧。所以,降低监管成本和提高通关效率是此次实施跨境电商税改新政的目的之一。

第二,建立规范、公平的环境。

跨境电商税改新政以法律文件的方式明确了跨境电商的合法性,让跨境电商的生意更公平。同时,行业规范程度变高,无论是税收、监管、行业规范都有了明确的法规依据。

过去,跨境电商模式有很多通道,邮关和快件等通道有时会存在漏洞,存在一些逃税、低报税、瞒报税的情况。跨境电商税改新政实施后,这种情况应该会大大减少,会更加规范,也会让跨境电商最终回归外贸的本质——成本和效率。因为过去跨境电商选择试点区域时主要考虑的是通关便利化,哪里通关简便、哪里成本低就去哪。跨境电商税改新政实施后,全国的跨境电商制度管理更加规范、公平和统一,海关的政策也更加统一,且由新系统执行,因此不再有所谓的政策洼地,也就会促使跨境电商回归外贸的本质——成本和效率。同样道理,各跨境进口城市的竞争也一定是围绕着成本和效率来展开,而不是像现在这样靠政策洼地来吸引企业。同时,跨境电商税改新政实施后,跨境电商平台也回归了零售的本质,即跨境电商只是商品抵达消费者的一种物流方式,更准确地表达是进口商品的国内销售,无论是通过线上也好,线下也好,其本质还是零售的一种方式。

所以,建议规范、公平的环境和推动跨境电商平台进入规范发展也是此次实施跨境电商税改新政的目的之一。

第三,调结构、稳增长。

此次出台的跨境电商税改新政充分考虑到了现有的宏观经济形势状况、B2C跨境进口电商对公平贸易的影响，以及对现有投资的影响。

按照国际惯例，一般通行的做法都是宽出严进，也就是对待出口管制较松，而对进口管制较为严格。但这两年由于跨境进口电商的爆发式增长，使得境外货物可以直接入关，导致一些原本在中国沿海地区设立贸易公司的外企开始撤离，这些信号引发了一些不安。同时，外需不振导致的出口数据的全面深度下滑，也开始让政策逐步向出口倾斜。

此次跨境电商税改新政传递的信号非常清楚：跨境电商发展的主体是明确的，B2B是主体，B2C是补充。B2C会发展，但是走不远、做不大。真正要做强走远的是B2B。所以跨境电商要重点发展B2B，这符合我国外贸稳增长、调结构的需要，也是此次实施跨境电商税改新政的目的之一。

三、跨境电商税改新政是上海跨境电商腾飞的良机

曾几何时，虽然贵为全国首批跨境电商试点城市，但上海跨境电商的数据却不免让人尴尬，传统外贸企业一蹶不振，跨境电商数据陷于“洼地”，这是上海跨境电商的痛。

2015年我进行了多次有关跨境电商的调研。调研结果显示，上海在跨境电商监管方面十分规范，甚至说是十分严格。例如，上海在B2C领域跨境电商领域中的产业政策设计和监管体系上“全国最为严格”，而在执行过程中也“最为规范”，在“完税价格”“单次货值”等实际操作层面上，上海的监管也都较为严格。这种严格和规范有助于跨境电商健康成长，但由于全国其他地区对跨境电商的监管都比较宽松，所以反而导致上海跨境电商

发展方面的数据落后于全国其他地区。所以我一直呼吁关注"严格规范vs监管优化"问题。同时,我也认为,跨境电商靠打擦边球的"灰色红利时代"不会长久,假以时日,上海的规范严格会被成长起来后的跨境电商企业所接受,从上海转移出去的企业会再回到上海。

如今,跨境电商税改新政的出台吹响了跨境电商由享受"灰色红利"的野蛮生长步入公平竞争良性发展的"集结号",将推动跨境电商进入阳光化的新时代。

我相信,卸下枷锁之后,上海的东浩兰生等传统外贸企业将有机会强势进入跨境电商市场的竞争,并凭借其良好的资源基础成为上海跨境电商领域的新生力量。同时,依托上海离消费市场近、离产品货源地近、离空港海运码头近等一系列优势,上海跨境电商发展方面的数据将会不断上升。

我更相信,上海打造全球电子商务中心城市的愿景与培育形成50家电子商务重点上市企业、10家有影响力的外贸和跨境电商综合服务提供商的努力,将吸引更多的优秀跨境电商企业落户上海。同时,我也期待上海的跨境电商借跨境电商税改新政腾飞。

05

海淘或将结束“野蛮生长”*

即将于 2016 年 4 月 8 日开始实施的一项新政策震动了跨境电商界和“海淘客”们。这项政策的调整，对消费者来说影响可能是真真切切的；业内人士认为，大部分跨境电商商品将面临涨价，母婴产品和进口食品首当其冲。

一、50 元以内免征的税收优惠取消

“海淘”红火源自于目前跨境电商平台上的商品即使交了税也比实体店便宜，原因是目前针对跨境电商征收的是行邮税，将关税、进口环节增值税、消费税三税合并征收，税率普遍低于同类进口货物的综合税率。

即将于 4 月 8 日正式实施的跨境电商税改新政(以下简称“新政”)，将对跨境电商零售进口商品按照货物征收关税和进口环节增值税、消费税

* 本文内容主要源自：2016 年 4 月 2 日《新民晚报》，记者陈杰对本文内容的形成亦有贡献，在此一并致谢；网址为 http://xmwb.xinmin.cn/html/2016-04/02/node_3.htm。

(消费税主要是针对不含护肤品的化妆品)。同时,新政将单次交易限值由行邮税政策中的人民币 1 000 元(我国港澳台地区为 800 元)提高至 2 000 元,单个不可分割商品限值额从 5 000 元下调到 2 000 元,个人年度交易限值为 20 000 元。在限值以内进口的跨境电子商务零售进口商品,关税税率暂设为 0,进口环节增值税、消费税则不再免征,而是暂按法定应纳税额的 70%征收。超过单次限值、累加后超过个人年度限值的单次交易,以及完税价格超过 2 000 元限值的单个不可分割商品,均按一般贸易方式全额征税。

行邮税也有调整,即将目前的四档税目(对应税率分别为 10%、20%、30%、50%)调整为三档,其中,税目 1 主要为最惠国税率为零的商品,税目 3 主要为征收消费税的高档消费品,其他商品归入税目 2。调整后,税目 1、税目 2、税目 3 的税率将分别为 15%、30%、60%。原先税额 50 元以内免征税的优惠将被取消。

对此,资深"海淘客"左小姐一语中的:"这直接击溃了跨境电商现有的火爆卖点,海淘食品、保健品、奶粉、纸尿裤等基本都保不住性价比了,可能直接加速行业洗牌。"

二、母婴商品、食品或迎来涨价潮

按照新政,大部分跨境电商商品将面临涨价,母婴产品和进口食品首当其冲。

以一款国外知名婴儿配方奶粉为例,其在某海外购网站上的标价为人民币 488 元三罐。在新政实施前,由于未到行邮税起征点,因此免征税,但在新政实施后,则要额外缴纳约 58 元的进口环节增值税。所以,业内人士指出，由于目前大部分跨境电商盈利低，利润率平均只有10%，因此涨价不可避免。

当然，新政出台后，也有部分商品会更便宜。例如，原来行邮税率较高的3C电器类产品和个人洗护类产品的新税率分别比原来降低了8.1%和38.1%。

此外，电商企业未能接入电子商务交易平台的交易，以及快递企业不能提供“三单”信息（交易信息、支付信息、物流信息）的交易，仍然要计征行邮税。

三、新政之意不在税，在监管、公平和调结构

此次的新政，看似从税收入手，其实税改之意不在税，监管、公平、调结构、推动跨境电商由享受“灰色红利”的野蛮生长步入公平竞争的良性轨道才是其真正的意图。

不可否认，跨境进口电商B2C模式这几年的发展，一方面让企业尝到了甜头，也让其看到了以消费者为核心的创新商业模式带来的巨大产业发展潜力，但另一方面则让海关等监管部门面临着如何监管以几何级数增长的碎片化包裹问题。在这里，海关面临的挑战，主要是以小包装行邮的方式入关的商品所产生的假冒伪劣、知识产权及价格监管等问题。因为过去是10 000件衣服只对应一个报关单，而现在则是每双鞋、每件衣服都可能对应一个报关单。2016年1月8日，时任商务部部长助理张骥国在新设跨境电子商务综合试验区有关情况政策吹风会上，就曾援引海关的监管数据表达过这方面的担忧。所以，降低监管成本和提高通关效率是此次实施跨境电商税改新政的目的之一。

此次新政以法律文件的方式，明确了跨境电商的合法性，让跨境电商的生意更公平。过去跨境电商选择试点区域时主要考虑的是通关便利化，哪里通关简便、哪里成本低就去哪。新政实施后，全国的跨境电商制度管理更加规范、公平和统一，海关的政策也更加统一，且由新系统执行，因此不再有所谓的政策洼地，也就会促使跨境电商回归外贸的本质——成本和效率。

另外，这两年由于跨境进口电商的爆发式增长，使得境外货物可以直接入关，导致一些原本在中国沿海地区设立贸易公司的外企开始撤离，这些信号引发了一些不安。同时，外需不振导致的出口数据的全面深度下滑，也开始让政策逐步向出口倾斜。

06

海淘还能“嗨淘”吗？*

2016 年 4 月 7 日晚上，财政部等 11 个部门正式公布了《跨境电子商务零售进口商品清单》，也就是大家俗称的“正面清单”，其中包含了 1 000 多个商品。在“正面清单”中，一些有限制条款的海淘热销商品，例如婴幼儿配方奶粉、液态奶等，未来都有可能存在无法销售的风险。海淘新政的推出会助推海淘商品涨价吗？对于规范海淘市场，又有哪些积极的作用？

一、影响各有不同

位于上海松江跨境电商中心的天猫国际仓库，今天发货处于停滞状态，因为“正面清单”从昨晚发布到正式实施仅有不到 4 小时缓冲期，上万种商品都要重新校对税率编码，并对接系统。

---

* 本文内容主要源自：2016 年 4 月 8 日上视新闻“夜线约见”直播访谈（22：00－22：15），主持人陶淳对本文内容的形成亦有贡献，在此一并致谢；视频网址为 http://www.kankanews.com/a/2016－04－08/0017461513.shtml。

而不在跨境电商“正面清单”中的商品该怎么处理，更让商家头疼。比如原先最火爆的婴幼儿配方奶粉，现在被要求必须获得食药监局发出的证书，因此只能暂停发货，后续如何处理还不得而知。不仅是奶粉，食品等多类海淘热门商品都因“正面清单”的发布而有了限制。此外，谷歌眼镜、扫地机器人等高科技消费品也不在清单上。

不过，与保税模式不同，目前跨境电商中的直邮模式仍按原先规定执行，只是要求上线用户进行身份信息认证，以核对海淘新政中每单不超过 2 000 元人民币、一年不超过 20 000 元人民币的交易限额。

二、跨境电商税改新政推出的时间

从 3 月 24 日跨境电商税改新政（以下简称“新政”）公布到 4 月 8 日正式实施，其实我们已经等了差不多半个月的时间。

至于为何推出新政，得从两年前说起。2014 年海关部门发布 56 号文，鼓励发展跨境电商。2015 年被称为跨境电商爆发年。在两年多的发展过程中，通过跨境电商试点，整个行业爆发式增长，迅猛发展，但同时也让监管部门看到了问题的存在。所以通过出台新政，监管部门希望能够从各方面对这一行业进行疏导。

三、关于正面清单

大家都知道，上海自贸区成立之后，实行的是“负面清单”。所以 3 月 24 日新政出台以后，大家其实一直期待出“负面清单”，觉得不应该出“正面清单”。但昨天晚上最终发布的是“正面清单”，有点出乎大家意料。

我认为，上海自贸区实行“负面清单”主要是为了精简行政审批的流程和提高效率。但对跨境电商实施“正面清单”，则主要是为了规范对跨境电商的监管。

四、“正面清单”会“长大”

自从有了海淘以来，在海淘商品排行榜中，母婴用品（比如像奶粉这样的婴幼儿用品）一直排在前列。这次“正面清单”推出后，对奶粉等母婴用品都有了限制性条款。所以，很多海淘用户很担心，觉得是不是以后这些东西都无法再通过海淘渠道购买了，好多人前些天都说赶紧囤货，尤其是到了昨天，都说是最后一次机会了。

广大消费者的这个心情我能够理解。我认为，目前这份“正面清单”中的母婴类产品种类比过去减少的原因是监管部门希望通过这份名单给予消费者一个质量的保证。所以，可能目前我们心仪的产品暂时没在这份“正面清单”上，但只要那些产品真的质量有保证、确实口碑好，不排除将来这份“正面清单”有“长大”的可能。因此，爸爸妈妈们或许不用太过担心。

五、新税制变化

在这次新政中，除了实施“正面清单”外，也实施了针对海淘商品的新税制。新政实施后，广大消费者直接在海外的网站或实体店购物，如果是通过邮政快递或自己携带入境，则要缴纳行邮税。

在新税率中，上调幅度最大的是人民币 10 000 元以上的高档手表，税率调高了 30%；除化妆品中的护肤类产品税率下降 20%外，其余物品税率大多提高 5%—10%。在新政实施之前，若是单个海外邮包应缴税款低于人民币 50 元，则可享受免征的优惠，但在新政实施之后，单个海外邮包的总价只有低于人民币 333 元才能享受免税。这意味着，一般来说，买两罐奶粉就超过了免税额。而对于在海外“血拼”一族来说，在烟、酒、奢侈品税率提高到 60%以后，则在其携带这些商品入境时，如果价值超过人民币 5 000元的免征额度，则需主动缴纳行邮税。同时，新政实施后，行邮税由原来的四档变成了三档，上下区间也稍微有了一些变化。但总体而言，新税制的出台应该是有数据测算为依据的，并且目的是以税率的手段来有意识地进行引导。

六、监管的出发点是综合考量

从 3 月 24 日至今的半个月里，消费者比较多地关注了某类商品价格上涨了多少，所以给大家整体的感觉是这次新政实施让商品价格提高了。但是，如果从监管的角度和从规范跨境电商平台和商家的角度来看，价格的上涨或许是因为在保证商品质量、进行产品的溯源及其他方面的投入的增加造成的。

此次新政实施的目的是为了营造公平的市场竞争环境，促进跨境电子商务的健康发展。当然，新政效果究竟如何，我们需要拭目以待。

07

跨境电商　供给侧结构性改革的新通道*

2016 年 4 月 12 日下午，杭州市决咨办、市综试办、浙江大学跨境电商综试区研究院、《杭州日报》社联合举办杭州综试区“供给侧改革与跨境电商发展”专家咨询会，听取专家学者对杭州综试区发展的意见建议。杭州市委常委佟桂莉、副市长谢双成、杭州市决咨委常务副主任崔鹏飞出席咨询会。

本次咨询会上，来自全国部分高校、科研院所、跨境电商企业的 12 名专家，围绕“发展跨境电商产业，推动供给侧结构性改革”的主题，根据自身研究领域，分别就通过跨境电商提升企业在全球产业链中的地位、提高跨境电商服务能力、发挥数据信息优势，扩大供给范围和内涵等发表了真知灼见。上海财经大学的劳帼龄副教授提出跨境电商既要“优进优出”还要“优服”。劳帼龄副教授提出以下建议：(1)跨境电商“优进优出”，不仅要优

* 本文内容主要源自：2016 年 4 月 14 日《杭州日报》A6 版杭州综试区“供给侧改革与跨境电商发展”专家咨询会发言摘要，记者刘伟、涂玥、张丽华对本文内容的形成亦有贡献，在此一并致谢；网址为 http://hzdaily.hangzhou.com.cn/hzrb/html/2016-04/14/content_2239753.htm。

化产品结构和质量，还要优化企业在产业链上的地位和人才结构及服务。(2)杭州综合试验区要激发市场活力，吸引平台、产业带、第三方综合服务商、商圈、协会、培训机构、金融物流等各种经济业态参与其中。(3)跨境电商产业和企业为调结构、促增长和推动供给侧改革而努力；政府在政策创新、机制设计、流程监管上，为这些产业和企业提供服务。(4)要发挥综合试验区数据信息优势，预测国际产品需求风向，警示跨境电商企业产品风险，帮助企业未雨绸缪。

08

跨境电商税改进行时*

经历过去两年的试点鼓励,跨境电商呈现井喷式发展,同时也暴露出不少问题。跨境新政的出台,一方面是从政府管理的层面希望做到税收的公平,另外一方面也是希望规范跨境市场,实现有序竞争,最终更好地保护消费者。

China's total trade law input via cross-border e-commerce companies reached over 2.1 trillion yuan last year. With a new tax policy online cross-border trade gonna shake up within the industry. But this exists just as well as the department. Our reporter looks at how the changes affect the players in the industry.

These photos claiming travelers abandoned the goods at airport cus-

* 本文内容主要源自:2016 年 4 月 16 日 CCTV 英文新闻 TAXING CROSS - BORDER E - COMMERCE,记者胡楠对本文内容的形成亦有贡献,在此一并致谢;视频网址为 http://english.cntv.cn/2016/04/16/VIDEemCEg7y6oe4JmsSVjmHd160416.shtml? from=singlemessage&isappinstalled=0。

toms to avoid being taxed when the bureau updated the tax policy on the cross-border e-commerce trading coming to effect. But in fact, it's just a regular open-box inspection conducted when passengers carry suspiciously large amount of goods. This passenger's purchases, for example, obviously exceed personal use. And according to her entry and exit record, she goes to Japan or South Korea every month.

Our main focus is to prevent smuggling under the cover of personal luggage and spot the carriers who don't declare at customs. According to the law, passengers suspected of smuggling with an amount of exceeding 100 000 yuan will face criminal liability. Other than carrying the goods back to China in person, the under method was to mail them as personal passel through delivery services. In the past, passels with posted tax under 50 yuan were exempted from paying tax. Now cross-border e-commerce passels should pay 70% of the flight rate import value-added tax and consumption tax. And personal passel, even though still enjoys the 50 yuan posted tax exemption, are encouraged to deliver commodities into China. So it looks certain that in general people will be paying more for their overseas purchases.

The pressed surge for the consumers will be hard to accept at first. But we have to look deeper. After two years of experimental operation, the cross-border e-commerce industry is in disorder. On the policy side, the new tax rule eliminates the new equality between tax bonded areas. On the market side, it ceases a vicious competition and save good production. That protects our consumers.

So individual online retailers have a big herders to jump. How about the large e-commerce platforms? The new tax policy combines a flight rate import value-added tax with a consumption tax. And if a single transaction exceeds 2 000 yuan, customers will add a on top of all that. Online shopping platform yangmatou.com has its own overseas logistic system. Still the new tax policy presents problems.

The small company will be well judged soon any way with or without the new tax policy. Only giants like Alibaba, Tmall, or JD.com go survived in the competition of what we call the alleged demand market. And cross-border e-commerce should be bigger than that. More characterized a declined demand of goods and services should be provided. Therefore, the 200 000 yuan for a single transaction is setted too low and may hit the development of this industry.

More than 5 000 cross-border e-commerce platforms and over 200 000 affiliated businesses are operating in China. The new tax policy is hoped to regulate competition and boost the industries' development.

09

跨境电商开始征税，免费蛋糕不再有*

2016 年 3 月 24 日，财政部、海关总署、国家税务总局联合发布《关于跨境电子商务零售进口税收政策的通知》，宣布自 2016 年 4 月 8 日起，我国将实施跨境电子商务零售企业对消费者（即 B2C）进口税收政策。伴随着新政的实行，畅销产品不断下架，税收优惠从此终结。新政到底戳到了跨境电商的哪些痛点？中国的海淘族会就此剁手吗？

一、海淘平台变样源于正面清单

近日，中国商务部和海关总署先后发布了 2016 年一季度进出口数据，数据显示，进出口贸易额同比下降了 5.9%，其中，一般贸易进出口贸易额

* 本文内容主要源自：2016 年 4 月 23 日凤凰卫视中国深度财经（21：30－22：00），嘉宾高红冰、陈烨凡、冯凌凛和记者刘静对本文内容的形成亦有贡献，在此一并致谢；视频网址为 http://i.ifeng.com/news/sharenews.f?guid=01e4b9ac-0a28-440e-89b7-cf5625ed8cd0&from=singlemessage&isappinstalled=0。

下降 4.9%，而其他贸易进出口贸易额则增长了 3.3%，并且连续两个季度保持增长，跨境电商贸易就包括在内。在 2015 年，跨境电商贸易更是逆势增长将近 30%，但如此蓬勃发展的市场，最近却是风云突变。

不少年轻人喜欢海淘，平时吃的、穿的、用的很多都是来自世界各国的“舶来品”，其中大部分来自海淘爱好者的乐园——跨境电商平台。然而在 2016 年 4 月 8 日前后，海淘族们发现海淘平台变样了。这些变化首先源于一份清单，也就是 2016 年 4 月 7 日财政部等 11 部门公布的《跨境电子商务零售进口商品清单》（被称为“正面清单”）。在清单中包括 1 142 个商品，主要是能以快件和邮件等方式入境的生活消费品。一周之后，这份“正面清单”扩容，又有 151 项商品被列入，颇受关注的生鲜、保健品和液态奶等品类被补充进去。根据规定，只有正面清单上的商品种类才能通过跨境进口保税模式进关，才可以在进口时免于向海关提交许可证件，而只有列入正面清单的直购商品才可以免于验核通关单。

对于正面清单，我认为其出台之前一定是做过调研的，而其扩容也一定是在听取各方意见后所做的及时调整，而且未来也一定会不断更新。

二、海淘方式与新税制影响

在正面清单公布后的第二天，即 4 月 8 日，财政部、海关总署和国家税务总局联合下发《关于跨境电子商务零售进口税收政策的通知》（被称为“海淘新税制”）。根据《关于跨境电子商务零售进口税收政策的通知》的规定，正面清单上的商品将依照新税制进口，清单之外的商品则执行一般贸易税收政策或行邮税政策。

解读新税制要先了解海淘方式。海淘一般有两种方式：一种是个人代购、直邮或旅游购物;另一种是通过跨境电商平台购买。业内人士普遍表示,此次的新税制对前一种海淘模式影响不大,但对第二种海淘模式则影响很大。

2013 年 10 月,上海、重庆和郑州等城市开展跨境电商通关服务试点,对于通过跨境电商服务模式购买的商品,免去一般贸易进口关税、增值税和消费税,只缴纳行邮税。2014 年 7 月,中国海关总署又接连出文从政策层面承认跨境电子商务,认可了业内通行的保税模式。在政策红利之下,跨境电商平台快速发展起来,聚美优品、唯品会、小红书等创业公司发展起来了,天猫和京东等企业也各自依托其自身资源构建起跨境海淘平台。

在最近几年里,部分中小跨境电商较多地是把赌注押在了保税进口缴纳行邮税的方式上,包括销售的商品也大量压在那些所谓的爆款身上,但这次是受到一定影响的。

这些企业绝大部分是在跨境电商试点城市进行备案的,并利用上海自贸区保税特制将商品大宗进口后在保税区存放备货。在法律上,这些备货商品可以被视为尚未通关入境,无须缴税。当买家下订单后,再将这些备货商品分解成小包,并以个人物品清关,同时按照行邮税缴税而享受 50 元免征额。而 2016 年 4 月 8 日的新税制则限制了跨境电商的免税大蛋糕。新税制规定,零售进口商品的单次交易将限值为人民币 2 000 元,个人年度交易限值为人民币 20 000 元。限值以内的进口商品关税税率暂设定为 0,进口环节增值税、消费税取消免征限额,暂按法定应缴纳税额的 70%征收。超过单次限值、累加后超过个人年度限值的单次交易及完税价格超过人民币 2 000 元限值的单个不可分割商品都按照一般贸易方式全额征税。由此,跨境电商平台上的进口婴儿纸尿布等商品在新税制下的税收支出明显高了。但并不是所有商品都因为新政而涨价,比如一瓶折合人民币 1 000元的香水此前要交商品价格 50%的行邮税 500 元,现在只需要交约 330 元的增值税和消费税,反而便宜了一些。

三、各方反应不一

跨境电商零售进口税收政策调整后，各方反映不一。

首先，消费者认为自身或多或少都会受到影响，不过中国消费者的海淘欲望似乎并没有因此而降低，因为税率调整后跨境电商仍然比商场专柜有价格优势。而且进口商品税率有升有降，也给海淘族提供了选择空间。

其次，跨境电商平台认为自身受到冲击，特别是那些采用保税仓模式的跨境电商平台。由于部分跨境电商对新政出台准备不足，没有制定预案，因此受到了很大影响。

再次，相关行业人士的观点也各不相同同，但大家都认为，新政出台带来的切肤之痛将倒逼跨境电商行业形成公开、透明的市场，并开始规划新的产业布局。

四、决策层的初衷

2016 年 4 月 15 日，财政部发文称“新政对跨境电商长期利好”。海关总署新闻发言人则表示：目前还不掌握新政实施后新增的税收规模，但长期而言，新政对跨境商贸的影响将是积极的。新政出台是为国内跨境电子商务的发展营造稳定、统一的税收政策环境，引导电子商务企业开展公平竞争，鼓励商业模式创新，形成新兴业态与传统业态、国外商品与国内商品公平竞争的环境，提高市场效益，促进共同发展。

首先，税收新政的出台是为了为营造公平竞争的市场环境。我国目前庞大的跨境电商交易潜藏着税收漏洞，如果不加以规范，则会纵容很多跨境电商企业走上偷漏税的违法道路。同时，在跨境电商试点的那几年，几大试点城市的保税区都是通过行邮税方式对跨境电商进行征税，而且只有上海、重庆、杭州、宁波等7个保税区拥有跨境电商试点资格，除此之外的非试点城市，不能开展跨境备货业务，也就是无法享受保税区的行邮税，这显然有失公平。

其次，规范行业、加强监督也是税收新政出台的主要缘由。随着跨境电商行业的大发展，有关的消费投诉激增。《2015年度中国电子商务用户体验与投诉监测报告》显示，跨境电商的投诉以7.53%位列投诉第三位。同时，随着跨境电商大规模发展而带来的碎片化包裹呈几何级数增长，现有的监管力量已经无法应对。

最后，突出B2B、弱化跨境电商中的B2C模式是税收新政出台的终极目的。2016年初，商务部部长助理张骥曾经表示，B2B是跨境电商发展的主体，B2C则是补充。B2C会发展，但走不远，做不大。重点发展B2B符合中国外贸稳增长、调结构的需要。从规模体量角度来看，与B2B相比，跨境电商进口零售或者说B2C模式似乎也不能撑起跨境电商产业。据有关统计数据显示，跨境电商占外贸进出口的比重大约是17%，其中90%为B2B模式。因此此次税收新政变革的重点是从过去鼓励所有类型的跨境电商转变为鼓励跨境出口电商和对实体经济促进作用较大的B2B模式跨境电商，同时限制跨境进口B2C模式。

综上所述，税收新政策实施一个月来各方的反应是：喜欢海淘的中国消费者认为税收新政不会让其“剁手”；跨境电商业内人士认为税收新政的出台恰逢其时；跨境电商的研究者认为税收新政的意义不在税，而是要限制跨境电商进口，或者说是限制B2C的发展而为B2B让路。总而言之，跨境电商的春天不会就此中断，但行业的洗牌确实已经开始。

10

解跨境电商困境　“通关单”新政暂缓执行*

自从 2016 年 4 月 8 日新政实施以来，大家一直在持续关注相关话题。最近有媒体报道，海关总署和质检总局表示，新政中的“通关单”一项将暂缓一年实施。对于电商来说，这会带来哪些变化？

说到跨境电商，其实很多人都不陌生，很多人也都尝试过通过跨境电商来购买进口商品，因为它紧跟潮流，价格也便宜。但是从 2016 年 4 月 8 日监管新政出台之后，有些跨境电商表示企业的发展遇到了困境，而困境的主要来源就是新政对于“通关单”的硬性要求。不过，今天从多家电商了解到，“通关单”新政将会在 10 个跨境试点城市暂缓一年实施，上海也名列其中。

这是位于嘉定区的嘉境通保税仓，工人们正在分拣、包装进口商品，准

* 本文内容主要源自：2016 年 5 月 23 日上视新闻夜线关注(21：30－22：00)，以及东方卫视新闻“入境货物通关单新政或暂缓实施，跨境电商称已收到口头通知”，记者王潇月对本文内容的形成亦有贡献，在此一并致谢；视频网址为 http://www.kankanews.com/a/2016－05－23/0017529249.shtml 以及 http://www.kankanews.com/a/2016－05－23/0017528604.shtml。

备配送到消费者手中。仓库管理人员说，这个 2 000 多平方米的仓库里原来的库存商品达 100 万件，但 2016 年 4 月 8 日跨境电商新政出台后，商品进口几乎完全停止。到现在，整个仓库已经卖空了 3/4，库存的商品大概只够支撑两个星期。

跨境电商坦言，之所以无法进口新的商品，关键在于"通关单"。以往进口的商品，只要符合进口国的标准，就可以备案，直接进入保税区仓库。但 2016 年 4 月 8 日出台的新政要求电商在商品入境时提交通关单。

这张通关单由中国的检验检疫机构签发，需要进口商提供原产地证书、检验检疫证书等文件。但现在大部分电商都是直接向海外批发商拿货，有的紧俏商品甚至直接在海外商场里采购，想要提供证明几乎是不可能完成的任务。

为了扶持跨境电商的发展，今天监管部门已经口头通知电商，将取消"通关单"的门槛。根据口头通知，取消通关单验核的政策将会持续到 2017 年 5 月 10 日，而与 4 月 8 日监管新政同步推出的跨境电商税收和"正面清单"的相关规定仍将继续实施。

眼下暂缓实施"通关单"的新政，无论是对跨境电商还是对消费者来说，都是一个利好。从监管部门出台的暂缓意见来看，也是正面的信号，无论如何，政策应该是有利于跨境电商健康发展的。

但需要注意的是，"通关单"政策只是暂缓，并不是说取消，相关企业应该充分利用这一年的缓冲期做好准备，加强与上游供应商的沟通，做好供应链的整合，积极谋求转型。当然，监管部门也会抓紧研究、推出更加适合的监管措施。

11

新政或暂缓一年，跨境电商做好准备了吗？*

面对“通关单”新政或暂缓一年执行，跨境电商平台如何应对？暂缓过后，跨境电商又该何去何从？

一、新政前后的差别

新政实施之前，跨境电商风头正健，这要归功于两年前的鼓励政策。

当初的情况是，品质消费需求上升但是国内有效供给不足，因此为吸引消费的回流，同时也想让海淘阳光化，所以 2014 年海关部门出台 56 号文，鼓励发展跨境电商。那个时候的行邮税分四档，50 元以下免征税。

这次 4 月 8 日的新政调整，税收最明显的变化就是 50 元的免征额取消了，行邮税由原来的四档变成了三档，最高税率略有上升，此外的话就是

* 本文内容主要源自：2016 年 5 月 24 日东方财经"632 观察"栏目访谈(19：30－19：45)，主持人周俊夫、嘉宾颜静对本文内容的形成亦有贡献，在此一并致谢；视频网址为 https://v.qq.com/x/page/t030233q94v.html?。

对于保税进口商品就不适用于这些规定，而是改征进口环节增值税、消费税，按70%来执行。

二、松绑传闻

距离跨境电商新政实施已经满一个月时间了，有关这个行业的传闻和争议却从未停止过。近日多家媒体传出跨境电商行业将再次因为政策引来变数。

有消息称，跨境电商试点城市海关及商检接到"跨境电商网购保税商品核验通关单政策暂缓一年"的上级通知，随后各地海关及商检部门相继通知跨境电商企业。根据这一内部通知，从新政开始执行后的一年内，包括上海、杭州、深圳等在内的10座跨境电商试点城市，跨境电商网购保税商品将按照新税制征税，但商品"一线"进区时免于核验通关单。

有消息人士透露，正式文件虽尚未公布，但这一内部通知相当于给了各试点城市及跨境电商企业一个过渡转型的机会，但从一年之后的2017年4月8日起，将严格执行一般贸易通关单管理。

三、通关单

通关单是一张进入保税区的通行证。如果想拿到这张通关单，则相应的商品必须在国家规定的出入境法检目录当中，其中奶粉、保健品、化妆品这类，不仅仅是要通过法检目录，同时还需要通过国家食药监局相关的准入门槛，要拿到相应的许可证，符合国标的相关要求。而获取这张通关单的过程也非常长。

四、新政暂缓的影响

第一，对消费者的影响。新政实施后，部分消费者会觉得，原本在过去几年里一直购买的海淘商品，可能因为无法获得通关单而买不到。但现在“通关单”新政暂缓执行一年，所以之后的一年里在这方面可以不必担心。但是有一点需要提醒，即只是暂缓一年执行，而不是不执行，一年后还是要执行的。

第二，对跨境电商企业的影响。“通关单”新政暂缓执行一年给了跨境电商企业一年的缓冲期，跨境电商企业要充分利用这个缓冲期，积极调整经营策略。

第三，对监管部门的影响。“通关单”新政暂缓执行一年也给了监管部门充分的时间来研究和出台更加有利于跨境电商健康发展的政策。

五、行业发展与政策支持

跨境电商这个行业之所以在过去几年取得了快速发展，主要得益于国家政策的支持。但这个行业的继续向前发展却不能只是依靠国家政策的支持，广大跨境电商企业也要积极修炼自身的内功，提升自身的能力。只有如此，跨境电商行业才能实现可持续发展。

12

应对跨境电商新政冲击波，行业如何继续健康发展？*

跨境电商新政落地，正面清单带来冲击。保税仓优势不再，新政颠覆原有模式。企业艰难求存，转型面临新挑战。

一、新政内容及暂缓

在过去的两年多时间里，跨境电商井喷式发展，一般贸易则忍受着消费者被分食之痛。4 月 8 日新政落地，对跨境电商的冲击很快显现。

新政规定，自 2016 年 4 月 8 日起，跨境电商进口商品将不再按邮递物品征收行邮税，而是按货物征收关税和进口环节增值税、消费税。此外，在 4 月 7 日和 15 日又分别出台两批正面清单，共包含 1 293 种 8 位税号商

* 本文内容主要源自：2016 年 5 月 28 日东方财经“聚焦自贸区”栏目访谈（19:30－20:00），主持人周俊夫、嘉宾郭冬东对本文内容的形成亦有贡献，在此一并致谢；视频网址为 https://v.qq.com/x/page/t030233q94v.html?。

品，对跨境电商进口正式以正面清单形式进行监管。同时，参照一般贸易形式，商品入关须要有检验检疫部门签发的入境货物通关单，所需要的文件材料包括原产地证书和检验检疫证书等等。这对于从国外批发商拿货和没有品牌方渠道的跨境电商来说，几乎是难以完成的任务。5 月 20 日，新政松绑措施浮出水面，“通关单”新政暂缓执行一年，但维持新政中新税率和正面清单等其他规定。

此外，消费者单次交易的限制从过去的人民币 5 000 元调整至 2 000 元，个人年度交易总额也被规定在人民币 20 000 元以内。

折合人民币 2 000 元以上单件不可分割的商品一直是海淘代购和中国消费者海外购物最爱购买的商品之一，也是跨境电商企业吸引消费回流的主力产品。据了解，目前在综合类电商平台中，有 30％以上的选品单价超过了 2 000 元。过去，这样的商品是可以在征税中予以特别处理的，但新政实施后，这些商品不仅面临着较大征税变动风险，甚至可能将无法继续售卖。

据海关统计，2015 年跨境进口保税贸易额总体规模为 176 亿元人民币，是 2014 年的 14.5 倍。中国消费者在境外消费折合人民币 1.5 万亿元，比 2014 年增长了 43％。而母婴类产品在整个消费品跨境业务中占比非常高，而新政一出，经营母婴商品的跨境电商受到冲击最大。

4 月 7 日和 4 月 15 日分别出台了两批正面清单。这两批正面清单上的商品在一线进区时需要货物验核通关单，二线出区时免于验核通关单。这张通关单意味着未来所有进入保税区的跨境电商都得按一般贸易方式申请各类入境许可证。而涉及食品、药品、保健品、配方奶粉类的要求又十分严格。

跨境电商进口新政从 4 月 8 日实施以来，在电商行业引发轩然大波。如今“通关单”新政暂缓执行一年让不少电商企业松了一口气，但毕竟只有一年的暂缓期，行业如何健康发展还是值得思考。

二、新政不断调整

从3月24日宣布新政到4月8日正式执行的两个月时间里，新政经历了几次调整，这间接反映了新政在出台的时候可能有一些不尽如人意和考虑欠周到的地方。同时也说明，政府相关部门正在倾听来自企业和来自市场的呼声。

4月8日晚上，我在上视新闻“夜线约见”直播时就说过4月7日晚间公布的第一批正面清单会“长大”，结果一周后的4月15日就公布第二批增加了151种商品品类的正面清单。这说明政府在听取企业的意见。

三、新政出台初衷是“税改之意不在税”

当初新政出台，其背后的原因可以从三方面来看。

第一，自2014年海关56、57号文发布以来的两年多时间里，跨境电商大踏步甚至是疯狂发展，随之带来碎片化的大量包裹，对于海关等方面的监管造成一定难题，所以新政是想以税作为入口进行调节。

第二，过去几年，跨境B2C有着突飞猛进的发展，同时还享受到各类税收政策优惠，但这对传统国际贸易不公平，需要调整。

第三，2016年我国外贸形势尚不明朗，但对任何一个国家，鼓励出口肯定是放在第一位的，因此也需要调节。

由于这三方面的原因的存在，所以我们说“税改之意不在税”。

四、自贸区效应要发挥

这次新政出来,可以说几家欢喜几家忧。受冲击最大的,一个是前几年把所有宝押在保税备货上的企业,还有是一批小企业,这次新政对直邮模式的企业影响相对小一些。但是我们不希望因为保税仓不行了,跨境电商企业就一窝蜂地全部转向其他模式。

作为全国第一个自贸区,上海具有先发优势。而自贸区创新的优势就在于优化流程,所以这方面应该可以与跨境电商碰撞出不少火花。

13

怎么理解跨境电商政策的反复?*

自 2016 年 4 月 8 日跨境电商新政正式实施以来,业内对新政的关注与讨论从未停歇,行业受到冲击较大。此外,新政实施不到两个月之际,国家出台新政暂缓政策,这透露出监管层对跨境电商的何种态度?面对一年的缓冲期,跨境电商企业又有怎样的战略调整?消费者今后还能开心地跨境购吗?

一、新政出台的本意

当初新政出台,其背后的原因可以从三方面来看。第一,自 2014 年海关 56、57 号文发布以来的两年多时间里,跨境电商大踏步甚至是疯狂发展,随之带来碎片化的大量包裹,对于海关等方面的监管造成一定难题,所

* 本文内容主要源自:2016 年 6 月 3 日上海人民广播电台 FM93.4"非常解读"直播(17:00 – 18:00),主持人任重,嘉宾陈家福、刘站对本文内容的形成亦有贡献,在此一并致谢;音频网址为 http://m.ajmide.com/p.html? p=12283&t=2970405&from=groupmessage&isappinstalled=1。

以新政是想以税作为切入口进行调节。第二,过去几年,跨境 B2C 有着突飞猛进的发展,同时还享受到各类税收政策优惠,但这对传统国际贸易不公平,需要调整。第三,2016 年我国外贸形势尚不明朗,但对任何一个国家,鼓励出口肯定是放在第一位的,因此也需要调节。

二、新政暂缓的原因和内容

从规则或者制度制定的角度来看,规则一定是适应人的需求,因为规则是为人制定的。

新政中部分措施暂缓主要是因为化妆品、婴幼儿配方奶粉、医疗器械、特殊食品等这些商品都是与消费者关系最密切的商品。同时,也是给跨境电商的企业一个缓冲期。

新政涉及三方面内容:通关单、税率、正面清单。此次暂缓的是通关单,税率和正面清单还是继续实施。

三、正面清单的局限性问题

关于正面清单,可以认为有局限性,但这种认识的产生主要是因为大家听多了“负面清单”的缘故。但“负面清单”针对的是行政审批事项,而“正面清单”则指的是跨境采购的商品。两次正面清单里的 1 293 种 8 位税号的商品是必须通过系统来管理的,只有在正面清单里的 8 位税号的商品,系统才能审核通过。因此如果是用“负面清单”,则系统就无法按清单进行管理。

四、并非所有企业都受冲击

从2015年开始就陆续听到一些有关新政会出台的消息，因此有些公司(如嘴巴子公司)在2016年年初就主动优化了自己的产品目录和模式。对这些公司而言，新政对公司发展是利好。当然，确实有一些企业受到了冲击，但并非所有企业都受冲击。应该说，得益于新政的企业还有不少，只是得益者一般都不愿意站出来说话。

五、不赞成企业一窝蜂转身

我想特别提请大家注意，不要认为保税进口受冲击特别大，海外直购冲击不大，大家就大家一窝蜂地都去做海外仓了。原因有三个：一是海外仓也不是那么容易做的，它对企业对整个供应链的把控、协调要求非常高；二是海外仓的物流便捷是比不上保税仓的；三是做保税进口不见得就一定会受非常大的影响，如果企业应对得当，更加规范，那可能就会不受新政影响，甚至逆势增长。

六、对于投票结果的评价

今天听众对于将来跨境电商服务需要改善的方面进行了投票，排在前三位的分别是：第一位是价格，占到49%；第二位是商品来源更加清晰，占到 38%;第三位是跨境物流的顺畅和安全,占到 12%。这样的投票结果很正常。如果让我以一个消费者的身份来投票,我也是先看看价格到底如何。但在关心价格的同时,我们也得考虑产品质量和安全以及售后服务等方面,因此如果价格的上涨能带来产品质量和安全方面更有保障以及更优质的售后服务,则涨价也是可行的。因此,同样道理,我认为,虽然新政实施后会带来一些进口商品的价格上涨,但消费者的得益之处也会很多。

14

跨境电商新政背后的大数据思考*

跨境电商新政出台，经历了被业内称为过山车式的“惊魂的 47 天”。作为研究者，我更愿意从数据的视角来审视它的前前后后。今天就跟大家谈谈“跨境电商新政背后的大数据思考”。

一、跨境电子商务发展热潮中的冷思考

记得 2015 年 11 月 26 日，我在上海市跨境电子商务创新论坛上也做过一次跟跨境电商有关的演讲，题目就是“跨境电子商务发展热潮中的冷思考”。那天上海的天气经历了断崖式降温，所以演讲题目中的“冷思考”部分也是契合了当时的断崖式降温，但更主要的是要给狂热的跨境电商泼冷水。那天我通过数据指出了跨境电商发展存在的几个问题：其一，跨境电商的发展存在监管与效率的矛盾和规范与创新的两难；其二，在跨境电

* 本文内容主要源自：2016 年 6 月 24 日中国（常州）跨境电商全球峰会上的演讲；全文网址为 http://mp.weixin.qq.com/s/QXZBmpa2KH4fPOLZgWGk9g。

商贸易中，进口多而出口少，但若站在国际贸易的角度来看，国家应该更多地鼓励出口；其三，其他问题，如跨境电商园区建设过多、跨境电商人才缺乏、跨境电商统计工作没有受到重视等。在这些问题中，跨境电商的统计问题引出了跨境电商如何应用大数据的问题。

二、跨境电商新政一波三折

2016 年 3 月 24 日，跨境电商税改新政出台，一石激起千层浪。4 月 7 日晚上，公布了第一批 1 142 种包含了 8 位税号产品的“正面清单”。4 月 15 日，又公布了第二批 151 种包含了 8 位税号产品的“正面清单”。进入 5 月份，出现各种传说，称新政会暂停，可后来又说不会暂停。但 5 月 20 日，当大家都认为新政不会暂停时，突然又传言称跨境电商平台已经接到内部通知，新政会暂停。5 月 24 日，海关总署发布了《海关总署办公厅关于执行跨境电子商务零售进口新的监管要求有关事宜的通知》，暂缓了新政中有关通关单方面规定的执行。这就是围绕跨境新政出台前后的一个多月的情况，这一个多月被跨境电商业界称为“惊魂的 47 天”。

三、跨境电商大数据

接下去还是谈一下跨境电商大数据的问题。

其一，在大数据时代，跨境电商要充分利用大数据去创造市场需求。前几年，跨境电商发展十分迅速，但其中很重要的原因是政策的支持，包括政府对跨境电商的财政补贴和其他优惠措施。在这种情况下，很少有跨境电商企业会考虑商业模式的问题和跨境电商供应链能力培养的问题，而是直接把政策优势变成了自己的商业模式。诚然，政策可以成为商业模式的补充，但一定不应该是企业商业模式的全部。跨境电商要加强自身修炼，多练内功，其中就包括要善于利用大数据去创造市场需求。

其二，在大数据时代，跨境电商既要做大数据成果的享用者，也必须要做大数据的贡献者。6 月 22 日下午，我参加上海市 2016 年浦东电商风云人物和风云企业的评选工作。在这次评选工作中，我对其中一条评选标准印象深刻，即参选企业必须参与电商统计，若不参加，一票否决。很多跨境电商企业对参与政府的电商统计工作似乎不大情愿，可能是担心商业秘密会泄露。但问题是，只有政府有了这份数据，将来做决策的时候才会有依据，才可以更加科学地决策和施策。当然，采集的数据的使用一定要注意安全和规范。

四、优进优出更要优服

2016 年 4 月，我参加了杭州市政府有关部门举办的“供给侧改革与跨境电商发展”专家咨询会。在这次会议上，杭州市政府有关部门共邀请了全国 12 位专家来为杭州跨境综试区下一轮的发展把脉。那天会议的重心落在供给侧结构性改革上，会议形成了专家的书面咨询建议。下面我就将书面咨询建议的一部分内容与大家分享。

第一，关于“优进优出”。所谓“优进”，这里就不谈了。在“优进优出”中，我可能更愿意突出“优出”。我们要考虑企业和“优出”之间的互相融合，要借“优出”来优化企业的产品结构，借“优出”来提高企业的产品质量，借“优出”来帮助企业提高自身在产业链上的地位，也借“优出”来优化企业的人才结构，借“优出”为企业创建品牌和做企业品牌的优选。

第二，关于“优服”。为了做好“优进优出”，我们必须做好“优服”工作。做好“优服”工作需要大家一起发力。政府要积极地倡导和支持，企业则要不断创造市场活力。“优服”的参与方应该有很多，所以我更愿意把优服工作的目的称为“打造一个生态圈”。在这个生态圈中，金融界的企业做金融服务，物流服务企业做最后一公里配送，培训机构做培训服务，学者做研究服务，相关协会做辅助服务，从而共同形成这个生态圈和产业协同。

第三，关于“优服”与大数据。今天要想做好“优服”工作，就更需要大数据做支撑。借助大数据，可以形成一个良好的电商信用体系，并由此可以提供风险的防控体系服务，也可以去预测国际市场需求的风向标，为相关产业做产品的风险预警。甚至当数据积累到一定程度时，可以掌握国际贸易的规则制定权。所以，我希望可以借助大数据更好地做好对跨境电商的“优服”工作。同时，我也希望在政府的积极引导下，跨境电商企业依托大数据和借助互联网工具进行自主创新成为“新常态”。

第四，关于“合需、合规、合力”。“合需”不需要多谈，因为今天企业所提供的产品必须符合市场需求，当然既包括国内市场需求，也包括国际市场需求，而从“优出”的角度来说，符合国际市场需求更为重要。在“合规”方面，我想说的是，今天大家必须认同一个事实，即如果跨境电商企业想发展得更好和更有持续性，那遵守规则是首要条件，并且有时候不得不放弃一部分的眼前利益。而“合力”是指在我们打造的生态圈里，我们互相之间就是利益和命运的共同体，所以必须抱团取暖、互惠互利、形成合力。

15

跨境电商撬动外贸，带来营销四大变化*

由江苏省进出口商会主办的“互联网+外贸新业态、新模式”跨境电子商务业务实务培训班吸引了江苏省160家企业和机构参会。与会嘉宾表示，跨境电商的出现，将带动外贸营销向新的模式“进化”。

在自然演化过程中，能够存活下来的，不是那些最强壮的物种，也不是那些最聪明的物种，而是那些最能适应变化的物种。这句出自达尔文的名人名言，放在外贸行业同样适用。

2015年，由于国际市场不景气，世界贸易深度下滑，中国进出口总额同比下降了7%，这要求企业主动去适应环境新变化。跨境电商是传统外贸企业的“破局之道”，摸清“玩法”，踏踏实实去干，就会有收获。

中国是外贸大国，过去我们没有自己的世界级流通渠道，没有家乐福、

* 本文内容主要源自:2016年8月4日《南京日报》A5版，记者陈少年、张希对本文内容的形成亦有贡献，在此一并致谢；网址为 http://njrb.njdaily.cn/njrb/html/2016-08/04/content_202641.html。

沃尔玛这些跨国零售渠道，但互联网时代来了，一切都改变了。过去被海外大批发商压榨到利润只有个位数，如今做跨境电商，可以将利润率提升到15%—30%。

跨境营销撬动外贸行业的变化之一，是从“卖给所有人”到“卖给一部分人”。过去中国企业面向所有人提供低价产品，现在是瞄准目标人群去生产。第二个变化是“卖多少”，即从大规模制造转型为小规模定制。第三个变化是“从无品牌到有品牌”，未来，小而美的品牌将会在跨境电商竞争中占据重要位置。第四个变化是“卖到哪儿”，欧美市场不再是跨境电商唯一的出路，企业要做的是布局全球，撬动新兴市场。

16

一周年之际,跨境电商新政情况如何?*

2017 年 3 月 31 日,我曾写过一篇《税改之意不在税》的立意,提醒大家注意,跨境电商的"4/8 新政"看似从税收入手,其实税改之意不在税,监管、公平、调结构、推动跨境电商由享受"灰色红利"的野蛮生长步入公平竞争的良性轨道,才是新政的真正意图。转眼新政即将满周岁,但一年来大家更多看到的是围绕新政的反复调整,那么新政反复调整究竟是为什么呢?

一、过渡:一延再延,监管确实有难度

2016 年 3 月 24 日晚,财政部、海关总署、国家税务总局正式发布《关于跨境电子商务零售进口税收政策的通知》,规定将从 2016 年 4 月 8 日起实施新的跨境电子商务零售进口税收政策并调整行邮税政策。4 月 7 日晚,

* 本文内容首发于:2017 年 4 月 7 日上海财经大学商学院微信公众号,随后搜狐网等进行了转载;网址为 http://www.sohu.com/a/132572881_556875。

正面清单出炉。一周后的 4 月 15 日，正面清单扩容，由第一批的 1 142 种再增加了 151 种，扩容后总品种数为 1 293 种。2016 年 5 月 24 日，企业收到跨境电商零售进口监管过渡期通知，将对于新政中有关通关单的规定暂缓至 2017 年 5 月 11 日后再执行。而 2016 年 11 月，商务部发言人表示，将再次暂缓执行新政中有关通关单的规定，期限缓至 2017 年底。2017 年 3 月 17 日，商务部发言人就跨境电商零售进口过渡期后监管安排发表谈话。可以说，以往很少有政策的推出像这次这般地来回拉锯，这从一个侧面也反映了跨境零售进口给监管带来了新考验。

不可否认，这些年互联网电商的发展催生了很多新模式和新业态，但同时也带来了许多监管方面的新问题。在电商领域，我国是走了先促进发展再加强监管的道路，所以监管所面临的挑战比较大。

二、政府：探索制度创新，监管或可走依托数据的新路

2016 年 5 月，跨境电商新政中有关通关单的规定暂缓 1 年执行，随后又将暂缓执行期延长，其目的应该是探索形成适应跨境电商特征的新监管模式。但目前来看，监管似乎还是没有跳出“个人物品”与“货物”的老模式，即是货物就需要通关单，是个人物品自用则无需通关单。但有没有新的模式呢？换一个角度讲，通关单的真正作用是为了保证进口商品的质量。那么，同样为了达到证明质量的目的，在互联网大数据时代，有没有其他方法呢？答案应该是有的。

2016 年 6 月 3 日，上海跨境电商公共服务平台与国家认监委认证认可信息共享公共服务平台（被称为“认证认可‘云桥’”）成功对接。当日，1 371种跨境电商产品信息与认证认可“云桥”的 CCC 认证信息完成自动

比对，26 种 CCC 认证的进口产品比对成功，并被标识。这可以说是一次非常有意义的质量认证尝试。

上海跨境电商公共服务平台是上海口岸跨境电商“单一窗口”和基础服务机构，也是跨境电商的大数据中心，认证认可“云桥”是中国最权威、最全面、最详细的认证认可信息数据库。通过对接，跨境电商向上海跨境公共服务平台提交的产品备案或订单信息，均可实现国家 CCC 产品验证服务。同时，上海跨境公共服务平台还实现与上海国检的对接。上海跨境电商公共服务平台对跨境电商订单信息进行验证后，验证结果可以发送给上海国检监管部门作为监管依据。在此基础上，上海跨境电商公共服务平台还可以向消费者提供跨境产品认证信息查询服务。通过这些认证信息，平台有了质量监控的依据，跨境电商有了质量的参考，监管部门有了监管的数据，消费者更有了质量识别的方法。

应该说，认证服务是适应跨境电商特征的一种产业基础服务，基于认证服务探索适应互联网特征的监管模式，有利于支持跨境电商监管的便利化。

我认为，以认证信息对接互通提供公共服务，在保证质量前提下便利通关，或许是以数据手段破除通关单魔咒最积极也是最有意义的尝试。

此外，还就考虑通关单简化工作。既然通关单是为了证明跨境电商货物来源的安全性，那是否可以通过出厂合格证件、海外检测报告、采购的证明书、建立溯源体系和保险保障体系等措施来完善流程，保障消费者权益呢？在注册程序上要予以简化，加速备案时间，减少企业负担。还要建立检验方面的国际互认、国际预检、国际追溯的机制，推动和出口国相关机构的沟通等。

一句话，政府探索类似通关单这类涉及跨境电商的制度创新时，可以尝试一下依托数据的新监管手段。跨境电商是互联网时代的新产物，对于跨境电商的监管也应该引入互联网思维和手段。

三、企业:与其纠结通关单,不如先通质量关

我认为,跨境电商新政的出台是希望跨境电商回归到外贸的本质——成本和效率,而不是像过去那样靠政策洼地来获利。而对于跨境电商平台而言,跨境电商新政是希望其回归零售的本质,即跨境零售进口电商只是商品抵达消费者的一种物流方式,更准确的表达是进口商品的国内销售,无论是通过线上也好,线下也好,本质上还是零售的一种。

回归零售的本质,就是要把合格的商品送达到合适的消费者手中。而商品质量正是人们舍近求远、舍易取难拥抱海淘和跨境零售进口电商得以发展的最主要原因。

但就如一位跨境电商分析师所称的一样,如果按照个人物品自用的原则,则跨境电商进口的商品就会像个人旅行归国后携带的物品一样,通关时并不需要提供产品的检验检疫报告,也无须向海关提供原产地资料。同时,为迎合消费者对爆款产品的需求,跨境电商就必须用最快的速度将产品从海外运往国内,并且减少通关手续和缩短入关速度。为此,部分跨境电商往往采取直邮或者其他方式,从而使进口商品不必通过海关系统检查。这也让很多商品在没有通过检验检疫的状态下就流入国内并到达消费者手中。

这种情况下,就可能会出现许多问题。其一是商品质量不合格问题增多。根据有关资料显示,2016 年总共对 26 273 批跨境电商进口的食品、化妆品进行了风险监测,其中,不合格的有 1 210 批,不合格率是 4.6%,比正常贸易渠道的不合格率高出 5 倍多。广东检验检疫局发布的一份《2016

年进口消费品质量安全信息》报告中提到，在2016年进口商品质量检测中发现，跨境电商是不合格产品的“重灾区”，在对108批次的涉及服装、食品接触产品、儿童用品及玩具等跨境电商在售进口消费品的线上抽查中，有72批次不合格，不合格率高达67%，其中品质不合格的有12批。其二是假货的日渐猖獗。第三方电商维权平台——中国电商研究中心投诉与维权公共服务平台发布的报告显示，在2016海淘十大典型投诉问题中，排在第一位的就是疑似售假问题。

不得不承认，过去相当多的跨境电商企业是躺在政策红利上分得了一杯羹，也是因为国内消费者对于国外进口商品质量的信任而获得了发展的机会。而如今，当质量这个“立身之本”被动摇的时候，跨境电商正在面临着一场信任危机，这把悬在跨境电商头上的“达摩克里斯之剑”随时将会落下。

对于跨境电商企业而言，与其纠结于通关单，还不如先把好商品质量关、把好服务质量关，这才是跨境电商的“立身之本”。

四、逆势而起，上海跨境电商开始起飞

2015年末，我曾经表达了对于上海跨境电商发展的企盼。令人欣慰的是，虽然由于跨境电商新政的出台使过去的一年成为跨境电商动荡的一年，但相较于其他口岸3%—4%的增长速度，2016年上海市的跨境进口电商则逆势而起，发展迅速，呈现了高速增长。2016年，上海市全年跨境电商试点模式进口订单达到1 150万单，金额为25亿元人民币，同比增长6倍。其中，直邮进口9.5亿元人民币，相比2015年订单和金额都增长了近13倍之多；保税进口15.5亿元人民币，订单和金额也增长了近3倍。上海

迅猛的增长速度在全国的试点城市中名列前茅。在出口方面,与传统贸易增幅放缓甚至下降不同,上海跨境电子商务出口业务呈现爆炸式增长,成为经济增长新亮点。以东浩兰生为代表的外综服系统服务商,正在努力为中小外贸企业打造一个集 B2B 撮合交易、外贸代理服务、国际物流服务为一体的跨境电商生态圈。

截至 2016 年底,全球 340 家跨境零售企业中 180 多家已入驻上海,数量仅次于伦敦和迪拜,在全球城市中名列第三。上海已成为全球商业开放程度最高的城市之一。在全球跨境零售企业争相入驻的背后,是上海持续增长的庞大的消费市场,更是讲规则、守信用的良好商业环境。上海商业的开放与聚焦魅力不仅辐射全国,对国际商旅游客的吸引力也在攀升,并有效引导部分境外消费回流。上海正在超越中国香港、新加坡等老牌“购物天堂”,已成为受人瞩目的新的“国际消费城市”。

2017 年 4 月 5 日召开的上海市电子商务发展联席会议提出了 2017 年全市电子商务保持 20%增长率、交易规模突破 2.4 万亿元的目标,而其中跨境电子商务交易要超越平均增速,实现 30%的增长,从中不难看出上海对于发展跨境电商的厚望。即将出台的《上海市电子商务发展“十三五”规划》,更是绘就了上海建成具有全球影响力的电子商务中心城市的路径图。

规划引领、环境优化、管理创新、企业投入,再加上强化规则话语权和造就良性生态圈,使上海跨境电商正在朝着全球电商中心城市的目标前进。

17

政策红利难做商业模式　跨境电商路在何方?*

对整个跨境电商行业来说,2016 年可以说是跌宕起伏和不平凡的一年。从突如其来的严苛新政到新政暂缓,让很多跨境电商企业经历了过山车式的体验。政策不甚明朗,跨境电商行业发展之路何去何从?

一、跨境电商新政的影响

2016 年 4 月 8 日,跨境电商新政出台,规定将对跨境电商零售进口商品按照货物征收关税和进口环节的增值税、消费税。

在经历了 2014 年和 2015 年的高速增长后,跨境电商在 2016 年遭遇了多次政策调整,其中 2016 年出台的跨境电商新政几乎成为了压垮中小跨境电商企业的最后一根稻草。免税额度优惠没有了,不少跨境电商从业

* 本文内容主要源自:2017 年 4 月 15 日东方财经"聚焦自贸区"栏目访谈(19:30－20:00),主持人周俊夫、嘉宾钟伟国和杨俊对本文内容的形成亦有贡献,在此一并致谢;视频网址为 https://v.qq.com/x/page/m0393z8e6dx.html。

者哀叹跨境电商政策收紧了，无法继续生存下去！

跨境电商新政主要包括三个方面：通关单、正面清单和税率计算的改变。跨境电商新政对价格较低的商品，包括食品、保健用品和母婴用品的影响较大，所缴纳的税额会有不同程度的提高。食品、保健用品和母婴用品在跨境电商新政实施前的税率为0，现在要按应纳税额的70%交纳各种进口环节的税，如果按17%的税率计算，则实际税率为11.9%，从而导致消费者的购买成本也有所增加。以人们最为关心的母婴类产品尿不湿为例，在跨境电商新政实施前，花王尿不湿一包单价折合人民币约120元，消费者购买四包共需480元，按照10%的尿不湿行邮税计算，应缴税48元，但由于没到起征点，所以免征税费，这样的话总价就为480元；在跨境电商新政实施后，不论总价值是否到500元都需要交11.9%的税，则四包花王尿不湿共需缴纳57.12元的税。

跨境电商新政实施之后，产生了一些影响。例如，进口商品同质化更加趋于激烈，商品同质化造成的问题就在于价格战，同质化竞争和价格战之后，跨境电商企业的利润受到极大的影响。又如，跨境电商的进口商品从保税仓撤出，撤出的原因在于应纳税额的计算方法，一般贸易商品的应纳税额是用成本乘以税率得出，而跨境电商通过保税仓进口商品的应纳税额是用销售额乘以税率得出，所以很多商品走一般贸易的应纳税额更少，进而导致跨境电商的进口商品从保税仓撤出。

跨境电商新政实施后大概半个月左右，有的保税区进口单量锐减70%，一线员工数从6 000人降到了700人，一些为跨境电商提供物流服务的企业的包装线从四条线降到了一条，小企业几乎全面停工。

跨境电商跟国内传统电商有着很大的不同，尽管跨境电商已经在市场活跃了好多年，但是仍旧存在一些目前难以解决的痛点。近年来，物流时间长，清单保税不成熟，产品质量标准和货源不稳定，售后服务困难，成为了跨境电商发展的阻力，而“资本寒冬”也让跨境电商行业雪上加霜。

跨境电商新政实施后，很多资本没有再进入跨境电商行业。其实资本不是不看好跨境电商，而是政策的不确定让资本比较痛苦。因为保税仓的投资是一个比较重的资产，所以很多资本是在观望。同时，资本也不希望跨境电商永远都是同质化商品的恶性价格战。

二、跨境电商的新路

作为新的外贸方式、新的交易模式和新的经济增长点，跨境电商有着巨大的市场潜力、生命力及广阔的发展空间，因此下一步要尽快推进跨境电商与跨境旅游、跨境服务的联系，围绕“一带一路”战略加快发展跨境电子商务。

今天跨境电商还是停留在商品的零售贸易交易的环节。其实，跨境旅游现在已经成为一种趋势，而跨境的服务也是很有发展潜力的领域，包括留学、医疗、海外置业置房等。在这些领域，跨境电商接下来都有文章可做，而且还要与“一带一路”战略进行结合。

三、不要把政策红利作为商业模式

国家电商运营环境的改善和相关扶持政策的出台，为跨境电商的发展提供了许多机遇，而跨境电商新政的出台也给跨境电商提供了机遇。在这样的大背景下，跨境电商的发展不应只是跟着政策走，而是要想办法走出自己的市场模式，让市场成为助力而非阻力！

这几年在跨境电商领域常见的情形是，政策往左，大家一窝蜂往左，政策往右，大家一窝蜂就都往右。太多的跨境电商企业把政策优势做成了商业模式。其实不应该如此，企业应该是从市场规律去提炼和凝聚商业模式，然后在可能的情况下，再适当借助政策的“东风”。

四、上海自贸区的探索

上海自贸区对跨境电商的模式也进行了积极探索，探索之一即跨境通。作为上海自贸区内第一家经政府审批的海淘网站平台，跨境通将在跨境电商行业的规范化方面进行先行先试，从而为如何进一步开拓中国庞大的消费市场积累经验。

从 2014 年开始，上海、宁波、重庆、杭州、郑州、广州六个城市试点跨境电商贸易。基于上述六大试点区域的保税口岸，几大电商推出了以保税备货及保税集货模式为核心供应链基础的备货模式。所谓的保税备货，即把商品从海外进入后免税存放在保税仓，消费者下单后商品直接从保税仓发出。以跨境通为例，其一直以来主营的都是保税仓业务，一直到目前为止，其从保税仓发货的业务量占整个平台业务量的 90%以上。

保税模式的健康发展与国家政策调整息息相关。监管过渡期再次延长，事实上也给了保税仓和用保税模式发货的商家一个喘息的空间。尽管跨境电商新政仍然是一柄高悬在头顶的剑，但从不断调整的政策中能够感受到，政府仍在积极寻找解决方案，以真正适应行业发展需要！

跨境行业的发展不能、也不应该完全依仗于政策的支持。面对监管过渡期延长的消息，多数平台和商家也表达了乐观的态度。在重新审视洗盘后的跨境电商行业之后，跨境电商企业只有真正适应市场并找到合适的商业模式，才能占有一席之地。

18

一支口红的自贸区之旅*

2017 年的"双十一"如期而至，虽然不是法定节日，却已成为消费者的购物狂欢节。给力的折扣，丰富的境内外商品，都让消费者们宁肯下个月"吃土"，也要在"双十一"尽情地买买买。为了保障消费者的权益，让我们的购物体验变得又快又好，上海自贸区又做出了哪些努力呢？

一、非特殊用途化妆品备案制

2017 年 9 月 2 日，品牌彩妆专柜在来福士店开业，这是该品牌在中国开设的第一家专柜，这些彩妆商品也是第一次进口到中国。

以前一款化妆品首次进口到中国，快则七八个月，慢则一两年。而现在在浦东，这样一个首次进入中国的化妆品品牌，从样品检测到摆在柜台

---

* 本文内容主要源自：2017 年 11 月 11 日东方财经"聚焦自贸区"栏目访谈（19:30－20:00），主持人周俊夫、记者张朝阳对本文内容的形成亦有贡献，在此一并致谢；视频网址为 http://v.qq.com/x/page/p0512kxenma.html。

上供消费者挑选，只用了四个月。这样一次速度上的飞跃，要得益于2017年3月1日起，浦东新区“非特殊用途化妆品备案制”试点的实施。

以一支口红为例，原先一支口红第一次进口到中国，首先要进行样品检测，接着把制作好的申报材料提交给国家食品药品监督管理总局进行审批。拿到许可批件后，才可以在海关办理通关手续，贴上中文标签，再运送到专柜，最后到达消费者手中。在这个过程当中，审批往往耗费很长时间，而在新的备案制模式下，企业完成样品检测后，可以直接在国家食药监总局的“备案信息管理系统”上备案电子版资料，产品备案成功后，企业持该系统生成的备案凭证至上海出入境检验检疫部门按照有关规定办理进口相关手续，并从浦东新区口岸进口相应产品。在这个过程中，获取备案凭证只需要短短5天。

二、新政体现监管模式的创新

彩妆的消费者通常有着追赶时尚潮流的需求，新一季的流行色，季节或者节日限定的产品，都会成为他们追捧的对象。这就对产品进口的效率提出了很高的要求。从审批转为备案这样一个转变，让消费者能够以最快的速度接触到最新的潮流彩妆，而这个转变的背后实际上是监管模式的创新和改变。

“非特殊用途化妆品备案制”的试点，首先让大家看到的是在这个特殊领域中的一种监管创新，同时在它的背后也是一种制度的创新。如果再进一步来看的话，制度和监管创新的背后是信息系统的支持。由原来的审批制改成备案制，大家会觉得，似乎是政策放松了，但是我的观点是，这只是表面上的松，实际上并没有放松。只不过是在时点上做了一个小小的变动。在“非特殊用途化妆品备案制”试点下，企业进口的产品会在进口后三个月内完成各项检测。相当于把原先审批这个环节里该做的事情，从进口前移到进口后。也许消费者心中会因此产生一个疑问：产品都完成进口并开始销售了才做检测，那产品的品质有保障吗？

产生这种疑问也很正常，因为产品没有检测，那第一批购买这种化妆品的购买者就会担心自己变成一个做实验的“小白鼠”了。但其实没必要担心，因为这个产品并不是刚刚研发出来的新品，而是在国外其他市场上已经销售了的产品，只不过它是第一次进入中国市场而已。

三、新政为产品追溯提供帮助

“非特殊用途化妆品备案制”的试点要求企业注册在浦东，有境内唯一责任人，产品也需要通过浦东的口岸进口。对于监管部门来说，这样能够实现产品来源可追溯，同时也能够进一步保障消费者权益。

通常消费者从专柜购买商品会相对放心，因为有质量问题知道可以找谁解决。而现在网购已经成为购物的重要选择，尤其是网购跨境商品。很多消费者会选择跨境电商或找人代购，但网购跨境商品的质量保障和质量追溯成为一大难题。不少消费者都感觉，有些化妆品无法在国内专柜直接购买，而网购来的商品又不那么让人放心。

实际上，自 2016 年跨境电商新政实施以来，跨境电商的商品备案问题一直是业内讨论的热点话题。跨境电商的优势就在于速度快、品类多。如果按照传统的模式进行审批，显然会拖慢跨境电商进口商品的速度。但是如果进口商品不经审批或备案而直接在国内卖，消费者的权益又很难得到保障。而“非特殊用途化妆品备案制”的试点或许可以成为解决跨境电商实现产品备案问题的一个方法。

在2016年消费者权益保护日期间，大家就听到不少抱怨海淘商品质量的问题，而中国消费者协会的报告也显示，跨境消费投诉呈现激增态势，已成为网购投诉的重灾区。而对于跨境商品的追溯，不是想追溯就能追溯的。但在实施“非特殊用途化妆品备案制”试点之后，针对每一个品类的备案化妆品都有一套相关追溯号码和追溯系统，消费者和监管部门可以方便地进行产品的追溯。所以，“非特殊用途化妆品备案制”是在保证质量的前提下，通过制度的变革，为跨境电商和对跨境电商的监管闯出了一条新路。

其实，不论是对一般贸易，还是对跨境电商，“非特殊用途化妆品备案制”的实施都使得行业的发展更加规范，监管更加高效，消费者的权益能够更有保障。目前备案制的试点范围还限定在浦东新区，产品的类型也规定在“非特殊用途化妆品”这个范围里。到2018年试点期满后，相信这个政策能够推广到更广泛的领域。而这些也是上海自贸区在先行先试方面取得的成果。

19

跨境+生鲜　激烈竞争下行业如何发展?*

做生鲜电商不容易,难度就在于"生"和"鲜",跨境生鲜电商更加不容易。

一、跨境+生鲜,难上加难

根据《浦东时报》的报道,在日前举行的美国肉品贸易商零售大会上,我国某生鲜零售商被美国肉类出口协会授予"指定新零售商家"。

在大平台电商竞争激烈的当下,生鲜电商领域难做是整个行业的共识。最近一段时间,生鲜电商可能又迎来了一个爆发期。盒马鲜生、天天果园、U掌柜等一系列的生鲜电商纷纷发力,从产品种类到配送时间都有了不小的提升。

很多人都把生鲜电商称为电商领域的最后一块"蓝海",但这块"蓝海"

---

* 本文内容主要源自:2017年12月16日东方财经"聚焦自贸区"栏目访谈(19:30－20:00),主持人周俊夫、记者张朝阳对本文内容的形成亦有贡献,在此一并致谢;视频网址为 https://v.qq.com/x/page/g0522d38434.html?。

也是"深水区"。想要把生鲜电商做好难度不小，这难度就在于"生"和"鲜"上。而生鲜电商再加上"跨境"这两个字就更是难上加难了。除了距离变得更远以外，由于进口的生鲜食品涉及的海关、检验检疫等，因此对整个行业的各个环节都提出了更高的要求。

在跨境生鲜的运输过程当中，不是一个冷链物流就能解决问题的。事实上，跨境生鲜运输还有更专业的按各种各样温度段进行的细分方式。所以对于跨境生鲜电商而言，专业的物流保障对其生存和发展都十分重要。

对生鲜电商来说，市场需求只是起点，只有在信息、生鲜食物、资本和人员四个层面上实现采购、仓储和运输、配送、回收等各个环节的全供应链融合，才有可能在竞争激烈的市场当中生存下来和实现盈利。

二、上海自贸区助力跨境生鲜

在推动跨境生鲜电商发展的过程当中，上海自贸区也起到了积极的作用。得益于洋山深水港的区位优势和上海自贸区"先进区后报关""两检合一""分送集报"等创新模式，上海自贸区的进口贸易商的周转效率显著提高，时间成本和物流成本都有所降低，最大程度地保证了生鲜产品在最短时间停靠检验平台和完成检验。在上海自贸区，货物靠港到进市场销售的时间由过去的 3 天缩短到了现在的 10 个小时左右，最快甚至只要 8 个小时。这些政策上的创新，吸引了包括天天果园、盒马鲜生等企业纷纷入驻上海自贸区。

三、生鲜试水无人技术

在生鲜电商行业的激烈竞争之下，除了选择主流的互联网交易模式外，近一段时间以来，一些生鲜电商企业也开始从线上拓展到了线下，试水无人超市和自动贩卖机领域，从而希望从消费者的购买体验上寻求进一步的突破。

在位于张江的一家联合办公室的一间茶水间里，我们可以找到一个名为“城市盒子”的自动贩卖机。这台机器与一般自动贩卖机有所不同，提供的是生鲜产品。在操作这台自动贩卖机时，消费者首先通过用手机软件扫描二维码并开通免密支付，之后再次扫描二维码，柜门会自动打开。在挑选了想要的商品之后，消费者关上柜门并通过手机软件进行支付。但是，这台自动贩卖机的水果区和果切区里摆放的并不是水果，而是一些酸奶和果汁等产品，换句话说，这里的生鲜产品种类现在还非常有限。

当然，生鲜电商想要进军线下和开展无人售货业务，还面临着很多难题。因为开展无人售货，一方面要以消费者的个人诚信为前提，另一方面还要以合理的购买和结算方式为依托。但是对于新的技术和营销方式，生鲜电商们一定会有自己的思考和尝试。但究其根本，保证供应链的高效运转才是生鲜电商企业的核心。只有妥善利用资本力量，对整个供应链上每个环节进行准确控制，建立生鲜产品快速流转的机制，生鲜电商们才能够发展得更好。我们也相信，上海自贸区会在这个过程中从各个方面提供更多支持。

附 录

附录 1 **关键字对照表**

序号	篇	文　章	文件来源	时长（分钟）	直播	关键字
1	第一篇“双十一”特辑	“双十一”购物节，我们要提防什么？	音频	60	直播	“双十一”，大数据，物流
2		“双十一”狂欢：让快递飞	视频	15		“双十一”，物流，跨境电商
3		“双十一”开席前的冷思考	视频	13	直播	“双十一”，电商监管，商务诚信，线上线下融合
4		“双十一”来了！	视频	240	直播	“双十一”，新技术，物流，电商监管，农村电商，实体经济，新零售
5		又到“双十一”，你买了吗？	视频	15		“双十一”，新技术，物流，实体经济
6		“双十一”没有奥数功底没法“剁手”	视频	30	直播	“双十一”，电商促销，电商监管，物流
7		“双十一”还值得期待吗？	音频	60	直播	“双十一”，电商促销，大数据，电商渠道
8		聚焦现象级网购节 2017 解码“双十一”	视频	120	直播	“双十一”，新零售，物流，跨境电商，新实体经济
9		新零售时代，线上线下如何融合？	视频	13	直播	“双十一”，新零售，线上线下融合，物流，大华虎城，顺丰

续表

序号	篇	文　章	文件来源	时长（分钟）	直播	关键字
10	第二篇 移动支付	第三方支付“免费午餐”还能吃多久？	视频	13	直播	第三方支付，微信支付
11		Apple Pay 来了，微信支付宝好日子到头了？	视频	15		第三方支付，Apple Pay，微信支付，支付宝
12		面对支付的竞争，你怎么选择？	音频	60	直播	移动支付，第三方支付，Apple Pay，微信支付，支付宝，无感支付，隐私保护
13		支付宝提现收费 你怎么看？	视频	13	直播	支付宝，微信支付
14		支付宝提现收费旨在固城	文字			支付宝，微信支付，二维码支付，第三方支付
15		电子账户财产如何继承？	视频	13	直播	支付宝，微信支付，第三方支付，网络安全
16		消费转型的阵痛如何化解？	视频	13	直播	支付宝，盒马，生鲜电商，大数据，转型创新，全渠道，线上线下融合
17		2016 账单经济学	视频	13	直播	支付宝，移动支付，大数据
18		备付金集中存管，第三方支付何去何从？	视频	15		第三方支付，备付金，金融监管，转型
19		利益博弈下的傲慢与偏见	视频	13	直播	苹果，微信，Apple Pay，微信支付，客户体验
20		“无现金”的真目的是“有数据”	文字			支付宝，微信支付，第三方支付，无现金，大数据，网联，备付金，普惠金融
21		中国移动支付为何领跑全球	视频	40	直播	移动支付，支付宝，微信支付，无现金，网联，大数据，支付安全
22		如何看待网络支付流程的改变？	音频	60	直播	互联网支付，网联，微信支付，支付宝，支付安全

续表

序号	篇	文章	文件来源	时长（分钟）	直播	关键字
23	第三篇 电商物流	无人机送货，拼噱头还是拼实力？	视频	15		物流，京东，无人机，农村电商，智能
24		派送费涨了，快递费涨价还远吗？	视频	15		物流，派送费，快递费
25		顺丰与菜鸟“决裂”的背后	视频	13	直播	物流，顺丰，菜鸟，大数据，网络安全，电商监管
26		顺丰与菜鸟物流之争：以“数据”的名义	视频	15		物流，顺丰，菜鸟，大数据，信息安全，公共服务
27		见证中国供应链十年变革 全程直击百世集团登陆纽交所	视频	240	直播	物流，智慧供应链，百世，新零售，新技术
28	第四篇 新零售	新零售如何带来新体验？	视频	13	直播	新零售，阿里巴巴，百联，新技术，试验场
29		百联“联姻”阿里巴巴“新零售”时代或已到来	视频	5		新零售，百联，阿里巴巴，商业转型，试验场
30		阿里巴巴与百联“联姻”零售业要变天？	视频	15		新零售，阿里巴巴，百联，转型创新，试验场
31		新实体经济，如何拥抱“大未来”？	视频	15		新实体经济，新零售，技术创新，电商中心城市
32		后电商时代，“新”零售如何“攻城略地”？	视频	15		新零售，百联，全渠道，RISO，线上线下融合
33		盒马鲜生创始人侯毅论新零售 日日鲜究竟打败多少“菜贩子”	文字			新零售，盒马，新技术，智慧供应链
34		聚焦新零售 浦东大力扶持电子商务	视频	15		新零售，浦东电商，电商服务业联盟，电商中心城市
35		新零售加速跑马圈地“互联网＋商业”打造“蓝海市场”	文字			新零售，新技术，转型升级，盒马
36		如何看待新零售？	音频	60	直播	新零售，全渠道，无界零售，线上线下融合，盒马，新技术

续表

序号	篇	文章	文件来源	时长（分钟）	直播	关键字
37	第五篇 转型创新	面对电商冲击，实体商业怎么办？	音频	60	直播	实体商业，电商平台，转型创新，客户体验，线上线下融合
38		如何杜绝网上违规餐饮店？	视频	10		第三方平台，监管，大数据，创新
39		资本热炒下，生鲜电商如何突围？	视频	15		生鲜电商，上海水产，食务链，B2B，创新
40		B2B 迎来新的春天？	视频	15		B2B，找钢网，大宗商品，供给侧改革，转型创新
41		O2O 为什么来得快又去的急？	音频	60	直播	O2O，本地生活，粉丝经济，社区电商，创新
42		传统百货转型 购物中心的出路在哪里？	音频	60	直播	传统商业，电商，共享办公，转型创新
43		“钱”途难料，生鲜电商变革突围	文字			生鲜电商，盒马，创新
44		食品过度包装 不顾“里子”的“面子”惹人厌	文字			电商，饿了么，盒马，包装，创新
45		无人业态站上创业风口 各路资本竞相追捧	文字			无人业态，大数据，创业，创新
46		“三国杀”成“二人转” 外卖格局怎么变？	文字			饿了么，在线餐饮，创新
47		浦东商业创新 打造实体零售新蓝海	视频	15		浦东，服务消费，实体零售，转型创新
48		绿色快递 好听更得好用	文字			“双十一”，绿色快递盒，创新
49		陆家嘴滨江金融城 助力打造“上海购物”品牌	视频	15		上海购物，体验型消费，文化，创新
50		打造“人人向往的购物天堂”	视频	13	直播	上海购物，商圈，品牌，电商中心城市，创新
51	第六篇 跨境电商	上海如何破解跨境电商“洼地”难题	文字			跨境电商，监管
52		2015 跨境电商盘点	视频	5		跨境电商，转型升级
53		如何破解“海淘”维权难？	视频	10		跨境电商，监管，溯源，消费者保护
54		税改之意不在税	文字			跨境电商，税改，新政，监管

续表

序号	篇	文　章	文件来源	时长（分钟）	直播	关键字
55	第六篇 跨境电商	海淘或将结束"野蛮生长"	文字			跨境电商，税改，新政
56		海淘还能"嗨淘"吗？	视频	13	直播	跨境电商，税改，新政，监管，正面清单
57		跨境电商 供给侧结构性改革的新通道	文字			跨境电商，供给侧改革
58		跨境电商税改进行时	视频	5		跨境电商，税改，新政
59		跨境电商开始征税，免费蛋糕不再有	视频	30		跨境电商，税改，新政，正面清单
60		解跨境电商困境"通关单"新政暂缓执行	视频	5		跨境电商，新政，通关单
61		新政或暂缓一年，跨境电商做好准备了吗？	视频	15		跨境电商，新政，通关单
62		应对跨境电商新政冲击波，行业如何继续健康发展？	视频	30		跨境电商，税改，新政，自贸区
63		怎么理解跨境电商政策的反复？	音频	60	直播	跨境电商，新政，正面清单
64		跨境新政背后的大数据思考	文字			跨境电商，新政，大数据
65		跨境电商撬动外贸，带来营销四大变化	文字			跨境电商，外贸，营销
66		一周年之际，跨境电商"新"政情况如何？	文字			跨境电商，监管，创新
67		政策红利难做商业模式 跨境电商路在何方？	视频	30		跨境电商，商业模式，自贸区
68		一支口红的自贸区之旅	视频	30		跨境电商，化妆品，创新，自贸区
69		跨境＋生鲜 激烈竞争下行业如何发展？	视频	30		跨境电商，生鲜，自贸区

附录 2　　全书文章一览(按时间顺序排列)

序号	时间	内　容
1	2015—09—24	面对电商冲击,实体商业怎么办?
2	2015—10—10	"双十一"购物节,我们要提防什么?
3	2015—11—11	"双十一"狂欢:让快递飞
4	2015—11—20	如何杜绝网上违规餐饮店?
5	2015—11—27	上海如何破解跨境电商"洼地"难题
6	2015—12—31	2015 跨境电商盘点
7	2016—01—13	资本热炒下,生鲜电商如何突围?
8	2016—01—19	B2B 迎来新的春天?
9	2016—02—16	第三方支付"免费午餐"还能吃多久?
10	2016—02—18	Apple Pay 来了,微信、支付宝好日子到头了?
11	2016—02—24	O2O 为什么来得快又去的急?
12	2016—03—01	面对支付的竞争,你怎么选择?
13	2016—03—14	如何破解"海淘"维权难?
14	2016—03—31	税改之意不在税
15	2016—04—02	海淘或将结束"野蛮生长"
16	2016—04—08	海淘还能"嗨淘"吗?
17	2016—04—14	跨境电商 供给侧结构性改革的新通道
18	2016—04—16	跨境电商税改进行时
19	2016—04—23	跨境电商开始征税,免费蛋糕不再有
20	2016—05—23	解跨境电商困境 "通关单"新政暂缓执行
21	2016—05—24	新政或暂缓一年,跨境电商做好准备了吗?
22	2016—05—28	应对跨境电商新政冲击波,行业如何继续健康发展?
23	2016—06—03	怎么理解跨境电商政策的反复?
24	2016—06—21	无人机送货,拼噱头还是拼实力?
25	2016—06—24	跨境新政背后的大数据思考

续表

序号	时间	内　容
26	2016—08—04	跨境电商撬动外贸,带来营销四大变化
27	2016—08—19	传统百货转型?购物中心的出路在哪里?
28	2016—09—12	支付宝提现收费　你怎么看?
29	2016—09—19	支付宝提现收费旨在固城
30	2016—09—22	电子账户财产如何继承?
31	2016—10—31	消费转型的阵痛如何化解?
32	2016—11—10	“双十一”开席前的冷思考
33	2016—11—10	“双十一”来了!
34	2016—11—11	又到“双十一”,你买了吗?
35	2017—01—05	2016 账单经济学
36	2017—01—19	备付金集中存管,第三方支付何去何从?
37	2017—02—20	新零售如何带来新体验?
38	2017—02—21	百联“联姻”阿里巴巴　“新零售”时代或已到来
39	2017—02—22	阿里巴巴与百联“联姻”　零售业要变天?
40	2017—03—22	新实体经济,如何拥抱“大未来”?
41	2017—04—07	一周年之际,跨境电商“新”政情况如何?
42	2017—04—15	政策红利难做商业模式 跨境电商路在何方!
43	2017—04—20	利益博弈下的傲慢与偏见
44	2017—05—04	“钱”途难料,生鲜电商变革突围
45	2017—05—24	派送费涨了,快递费涨价还远吗?
46	2017—06—02	顺丰与菜鸟“决裂”的背后
47	2017—06—06	顺丰与菜鸟物流之争:以“数据”的名义
48	2017—06—15	食品过度包装 不顾“里子”的“面子”惹人厌
49	2017—07—12	后电商时代,“新”零售如何“攻城略地”?
50	2017　08　21	“无现金”的真目的是“有数据”

续表

序号	时间	内　容
51	2017—08—22	无人业态站上创业风口 各路资本竞相追捧
52	2017—08—31	“三国杀”成“二人转” 外卖格局怎么变?
53	2017—09—07	盒马鲜生创始人侯毅论新零售　日日鲜究竟打败多少“菜贩子”
54	2017—09—20	见证中国供应链十年变革　全程直击百世集团登陆纽交所
55	2017—09—27	聚焦新零售　浦东大力扶持电子商务
56	2017—10—01	新零售加速跑马圈地　“互联网＋商业”打造“蓝海市场”
57	2017—10—17	中国移动支付为何领跑全球
58	2017—10—31	“双十一”没有奥数功底没法“剁手”
59	2017—11—06	浦东商业创新　打造实体零售新蓝海
60	2017—11—08	绿色快递 好听更得好用
61	2017—11—09	“双十一”还值得期待吗?
62	2017—11—10	聚焦现象级网购节　2017 解码“双十一”
63	2017—11—11	新零售时代,线上线下如何融合?
64	2017—11—11	一支口红的自贸区之旅
65	2017—12—8	如何看待网络支付流程的改变?
66	2017—12—16	跨境＋生鲜 激烈竞争下行业如何发展?
67	2017—12—22	如何看待新零售?
68	2017—12—26	陆家嘴滨江金融城　助力打造“上海购物”品牌
69	2017—12—28	打造“人人向往的购物天堂”